V&R

David Shapiro

Neurotische Stile

Vandenhoeck & Ruprecht
in Göttingen

Übersetzung aus dem Amerikanischen
von Sabine Behrens

CIP-Titelaufnahme der Deutschen Bibliothek

Shapiro, David:
Neurotische Stile / David Shapiro. [Aus dem Amerik. von Sabine Behrens]. – Göttingen: Vandenhoeck und Ruprecht, 1991
Einheitssacht.: Neurotic styles <dt.>
ISBN 3-525-45728-6

Printed in Germany
Druck und Einband: Hubert & Co., Göttingen

Inhalt

Vorwort

Das Erscheinen der deutschen Ausgabe dieses Buches ist ein Ereignis. Es enthält eine Fülle klinischer Details, reicher Beobachtungen und subtiler theoretischer Durchdringungen. Für Insider war es wegen des Reichtums klinischer Erfahrungen seines Autors, der sich auf jeder Seite mitteilt, seit seinem ersten Erscheinen im Jahre 1965 schon immer eine Quelle ersten Ranges. Jeder, der mit schwierigen Patienten arbeitet, konnte und kann sich hier einen originellen Standpunkt zu eigen machen, der ihn in seiner praktischen Arbeit weiter führen wird. Dies ist möglich, weil SHAPIRO nicht nur genau hinsieht, sondern mit dem Konzept des "Stils" den Anschluß an Entwicklungen kognitiver Theoriebildung findet, die außerhalb der klinischen Psychoanalyse stattfinden. Indem die "neurotischen Stile" als ein Sonderfall kognitiver Stile vorgestellt werden, kann eine klinische Neurosenlehre geschrieben werden, die nicht nur Konflikte und das Arsenal der Abwehrmechanismen auflistet, sondern die Neurose als mächtige Struktur zeigt, die ganze Weltsichten bestimmt. Das macht diese Neurosenlehre phänomenologisch so lebendig, aber natürlich auch so ungemein irritierend. Sie rückt uns die Neurose auf den Leib, und wir verstehen nachvollziehend, was mit der abstrakten Kennzeichnung eines "Mechanismus" in der Tat gemeint ist; aber wir sind auch irritiert, weil SHAPIRO uns zwar in der Form behutsam, aber in der Sache eindringlich, damit konfrontiert, daß alle "Stile" auf ihre Ursprünge hin befragt werden können.

Das Buch ist ein Klassiker. Wie die Klassiker der Psychoanalyse ist auch SHAPIRO der guten Tradition verpflichtet, seine Erfahrungen an die Bestände anderer Wissenschaften anzuschließen und sich in umgekehrter Richtung nicht zu scheuen, andernorts entwickelte fruchtbare Konzepte aufzunehmen. Nicht Abschottung, sondern lebendiger Dialog - daß die Furcht, die Essentials der Psychoanalyse könnten unter einer solchen offenen Einstellung verloren gehen, unbegründet ist, davon kann sich der Leser auf jeder Seite überzeugen. Insofern kann es ein Beitrag dazu sein, den Austausch zwischen der Psychoanalyse und neueren kognitiven Orientierungen in den Sozialwissenschaften mit zu befruchten.

Daß es nun auf deutsch vorliegt - zumal in einer schönen und gelungenen Übersetzung - wird somit Praktiker und Theoretiker gleichermaßen freuen.

MICHAEL B. BUCHHOLZ

1. Einleitung

Zu diesem Buch ergaben sich erste Anstöße, als ich aus der Beobachtung pathologischer Zustandsbilder bestimmte klinische Schlußfolgerungen zog - lange bevor ich daran dachte, daß dies einen neuen "Ansatz" bedeuten könnte. Nun stelle ich aber rückblickend fest, daß daraus faktisch eine neue Perspektive erwachsen ist; es geht mir in diesem Buch jedoch weniger um deren Darstellung als vielmehr um ihre praktische Anwendung. Insofern ist dies ein *klinisches Buch* über Neurosen oder neurotische Funktionsweisen, und wenn ich mich in dieser Einführung darum bemühe, seine theoretische Orientierung zu erläutern, geschieht dies nicht im Sinne einer Theoriediskussion, sondern nur, um dem Leser das für die nachfolgenden klinischen Kapitel notwendige Verständnis zu vermitteln. Allgemeinere theoretische Implikationen meiner Betrachtungsweise werden im letzten Kapitel diskutiert.

Zunächst möchte ich erläutern, was ich unter neurotischen Stilen verstehe. Mit "Stil" meine ich die Art und Weise des Funktionierens, das "Wie" eines bestimmten Verhaltensbereichs, das in der spezifischen Handlungsweise eines Individuums als durchgängig vorhanden identifiziert werden kann. Mit "neurotischen Stilen" bezeichne ich jene Funktionsmodi, die für die verschiedenen neurotischen Zustandsbilder charakteristisch erscheinen. Insbesondere gehe ich hier auf unterschiedliche Denk- und Wahrnehmungsweisen ein, ebenso auf das emotionale Erleben, Formen subjektiven Erlebens allgemein und die für die unterschiedlichen Pathologien charakteristischen Modalitäten des Handelns. Das Thema kann hier jedoch nicht systematisch oder gar erschöpfend behandelt werden, ebenso wie viele interessante Aspekte des individuellen "Stils" hier nicht einmal gestreift werden können - zum Beispiel der Stil der Körperbewegungen. Ich hoffe jedoch, vier der wichtigsten neurotischen Stile zumindest grob umreißen zu können: den zwanghaften, den paranoiden, den hysterischen und den impulsiven Stil.

Nicht immer ist der Funktionsmodus oder -stil eines Individuums ohne weiteres feststellbar. Wir sind es gewohnt, hauptsächlich auf den Inhalt einer Aussage oder Handlung des anderen zu achten; um das "Wie" zu erfassen, bedarf es einer anderen, in gewisser Hinsicht vielleicht passiveren Art von Aufmerksamkeit. Wird dieses "Wie" jedoch erkannt, vermittelt es oft eine schlagartige, überaus deutliche Einsicht - auch vertraute Dinge zeigen sich dann unter ganz neuen Aspekten.

Mein erstes Interesse an den Varianten psychischer Funktionsstile - insbesondere des Denkens und Wahrnehmens - bei verschiedenen Psychopathologien erwuchs aus meiner testpsychologischen Arbeit. Insbesondere beim Rorschach-Test liefert die Art und Weise des Denkens und Wahrnehmens *das* grundlegende Material für Schlußfolgerungen über Diagnose, Abwehrmechanismen und Charakterzüge des Probanden. Mir schien, daß diese Formen des Denkens - anhand derer sonst Abwehrmechanismen, Charakterzüge, Syndrome und ein psychologisches Gesamtbild bestimmt werden - selbst wesentliche psychische Strukturen repräsentieren.

Ebenso scheint mir, daß diese Strukturen einen allgemeineren Charakter haben als die speziellen Eigenschaften oder Mechanismen, die man aus ihnen erschließen könnte. Wenn es beispielsweise möglich ist, im Denk- und Wahrnehmungsstil eines Individuums bestimmte zwanghafte Abwehrmechanismen und Symptombilder zu benennen, kann man den Standpunkt vertreten, daß dieser Stil eine eigenständige psychische Struktur repräsentiert. Wenn, was häufig vorkommt, geringfügige Variationen desselben Denkstils andere, manchmal adaptive Eigenschaften und Charakterzüge deutlich werden lassen, dann ist dieser generelle Stil vielleicht als Matrix zu betrachten, aus der sich die unterschiedlichen Symptome, Charakterzüge und Abwehrmechanismen im einzelnen herauskristallisieren. Mit anderen Worten: Es scheint plausibel, daß die Art und Weise des Denkens als einer der Faktoren angesehen werden kann, die die *Form* oder die Gestalt des Symptoms, des Abwehrmechanismus und auch der Anpassungsleistung prägen.

Mit besonderer Prägnanz erheben sich diese Fragen im Umgang mit Verfahren und Ergebnissen psychologischer Tests. Diese wurden schließlich dafür entwickelt - oder eignen sich zumindest dazu -, formale Eigenheiten individuellen Wahrnehmens und Denkens zu erfassen. Die Fragen selbst jedoch sind von allgemeinerer Bedeutung: Ist es möglich, Funktionsmodi des Denkens, Erlebens und Verhaltens zu beschreiben, die für unterschiedliche Pathologien charakteristisch sind - Funktionsstile also, aus denen spezifische Symptome und Charakterzüge eines Menschen erwachsen und die für die Form, in der sich ein Symptom oder Charakterzug beim Individuum ausprägt, bestimmend sind?

Für ein solches Konzept spricht die einfache Tatsache, daß ein Mensch in weiten Persönlichkeitsbereichen eine gewisse Konsistenz aufweist, aber auf noch speziellere Art schlägt sich diese Tatsache im klinischen Bereich nieder: Der klinisch erfahrene Leser und überhaupt jeder, der für solche Dinge sensibel ist, weiß, daß Symptome oder auffällige pathologische Charakterzüge in der Regel in einem Zusammenhang mit Werthaltungen, Interessen, intellektuellen Neigungen und Begabungen und sogar der Wahl des Berufes und der sozialen Bezugsgruppe stehen, so daß sie in gewisser Weise zur Symptomatik bzw. zu einem bestimmten Charakterzug passen.

Es überrascht uns beispielsweise nicht, wenn wir hören, daß ein Buchhalter oder ein Gelehrter eine Neurose mit zwanghaften Zügen entwickelt hat, oder daß eine Frau, die sich wegen schwerer emotionaler Ausbrüche in Psychotherapie begibt, Schauspielerin ist und in Gesellschaft eine strahlende, lebendige Unterhalterin sein kann, während sie sich für Mathematik und Naturwissenschaften nicht im geringsten interessiert. Man hat in solchen Fällen das Gefühl, daß die Art der Symptomatik der Art des sonstigen Handelns, Strebens und Vermeidens entspricht, das sozusagen den persönlichen Hintergrund ausmacht. Oder, um eine andere Art Beispiele zu bringen: Wenn wir hören, daß ein Patient im akut paranoiden Zustand, das heißt mit kompliziert verschachtelten und "systematisierten" Wahnvorstellungen, vor dem Einsetzen des aktuellen Zustandsbildes ein sehr zwanghafter, rigider, dogmatischer und von fixen Ideen geprägter Mensch war, würden wir wahrscheinlich wieder eine gewisse Konsistenz oder Ähnlichkeit beider Zustände feststellen, obwohl wir wohl kaum in der Lage wären, diese Ähnlichkeit in wirklich klare Formulierungen zu fassen.

Mir scheint, diese Konsistenzen des individuellen Funktionierens lassen sich nicht als Manifestationen bestimmter Abwehrmechanismen oder als Abkömmlinge spezieller Triebinhalte erklären: dafür sind sie zu weitreichend und umfassend. Es handelt sich um formale Konsistenzen, und ich möchte hier behaupten, daß es sich um die Konsistenz des persönlichen Stils handelt. Damit will ich nicht etwa sagen, daß ein einzelner Modus oder Stil alle Funktionsbereiche eines Individuums beschreiben kann, sondern nur, daß Stile oder Modi identifiziert werden können, die allgemeine Aspekte der Persönlichkeitsfunktionen (z.B. Kognition, emotionales Erleben usw.) beschreiben - Stile, die dann ihrerseits miteinander verknüpft und organisiert werden.

Konsistenzen im psychischen Funktionieren wie hier bei Symptom und Charakterzug können dann als Widerspiegelung solcher generellen Modi gelten, denn sie bestimmen symptomatische wie nichtsymptomatische Verhaltensweisen und die Impulsabwehr genauso wie das adäquate Umsetzen der Impulse. Sie sind nur schwer veränderbar und garantieren daher nicht nur eine Konsistenz über die gesamte Persönlichkeit hinweg, sondern auch eine gewisse Dauerhaftigkeit ihrer (relativen) Stabilität.[1] Wir müssen jedoch einräumen, daß diese Konsistenzen bisher nur den Status klinisch gewonnener Eindrücke haben - bis wir jene Funktionsweisen benennen können, die sie tatsächlich erklären.

Diese Vorstellung von einem durchgängigen Modus oder Stil psychischer Funktionen als Matrix für einzelne Charakterzüge oder Symptome rührt an zwei Probleme, die sich in der Psychoanalyse sehr deutlich herausgeschält haben, aber nie befriedigend gelöst wurden. Das erste ist das Problem der "Neurosenwahl", womit die Frage gemeint ist, welche Faktoren die betreffende Person dazu disponieren, gerade diese Symptomatik in dieser speziellen Ausformung zu entwickeln; das zweite Problem ist die Frage, was man unter "Charakter" versteht. In gewisser Weise sind beide Probleme eng miteinander verknüpft, man kann sie sogar ohne weiteres als zwei unterschiedliche Aspekte desselben Grundproblems ansehen, das heißt, die Disposition für die eine oder andere Symptomwahl kann als zutiefst charakterbedingt angesehen werden, und ebenso kann man den Charakter als Gefüge eben jener übergreifenden und relativ stabilen Funktionsmodi ansehen, von denen gerade die Rede war.

---

1 Das illustriert die folgende Beobachtung von ESCALONA und HEIDER aus ihrer Entwicklungsstudie: "Wenn man Verhaltensänderungen während der Entwicklung vom Säugling zum späten Vorschulalter beobachtet, wird deutlich, daß nicht eine einzige Verhaltensweise gleich bleibt. Und dennoch beeindruckt uns die dem Kind eigene Kontinuität im Verhaltensstil und in den Anpassungsmustern." (SIBYLLE K. ESCALONA u. GRACE HEIDER: Prediction and Outcome. Basic Books, New York 1959, S. 9).

In den frühen Jahren der Psychoanalyse dachte man jedoch anders über diese Probleme.

Bekanntlich galt das Hauptinteresse zu Beginn der Psychoanalyse-Entwicklung dem Studium der Triebe und der Triebschicksale. Dementsprechend wurde das pathologische Symptom hauptsächlich unter diesem Aspekt untersucht. Auf den Inhalt des Symptoms kam es an, nicht auf die generelle Art und Weise des psychischen Funktionierens, und das Problem der Neurosenwahl bestand darin, den vom Symptom repräsentierten Triebinhalt zu identifizieren und ihn einer psychosexuellen Entwicklungsstufe zuzuordnen. Die darüber hinausgehende Frage nach den Gründen für die Fixierung - gerade in dieser psychischen Phase - blieb ungelöst.

Inwiefern bleibt diese Sichtweise beschränkt? Während einige Aspekte des neurotischen Symptoms auf diese Weise verständlich werden, sind andere nicht so einfach auf den ursprünglichen Triebinhalt oder Triebkonflikt zurückzuführen. Während man zum Beispiel im Händewaschen oder im Putzzwang des Zwangsneurotikers eine Reaktionsbildung auf anal-erotische Impulse sehen kann, sind die Tatsache der Reaktionsbildung als solche (warum etwa wirkt nicht einfach nur ein Verdrängungsmechanismus?), die moralisierenden Haltungen solcher Menschen und die meistens mit solchen Symptomen einhergehende Hyperaktivität nicht ohne weiteres aus den speziellen Inhalten des Triebkonflikts abzuleiten. FREUD[2] war sich darüber im klaren, daß der Versuch, das Problem der Symptomwahl ausschließlich auf der Basis von Libidoentwicklung, Konflikt und Fixierung zu lösen, unzureichend war. Er schrieb:

"Wir wissen, daß die entwicklungsgeschichtliche Disposition für eine Neurose nur dann vollständig [erklärt] ist, wenn sie die Phase der Ich-Entwicklung, in welcher die Fixierung eintritt, ebenso berücksichtigt wie die der Libidoentwicklung. Unsere Aufstellung hat sich aber auf letztere bezogen, sie enthält also nicht die ganze Kenntnis, die wir fordern dürfen. Die Entwicklungsstadien der Ichtriebe sind uns bis jetzt sehr wenig bekannt..."

Damals gab es noch keine Theorie des Charakters im heutigen Sinne, schon gar nicht eine Theorie allgemeiner, umschriebener Funktionsmodi des Individuums. Vielmehr ging es in den frü-

---

2 FREUD, SIGMUND: Die Disposition zur Zwangsneurose (1913). GW, Bd. VIII, Fischer, Frankfurt, S. 442-452, hier S. 451.

hen psychoanalytischen Schriften über den Charakter[3] eher um die Suche nach Repräsentanzen oder Abkömmlingen der Triebinhalte (seien es Fortentwicklungen früherer Triebe, deren Sublimierungen oder auch Reaktionsbildungen gegen sie) bei speziellen Charakterzügen.

Man kann zwar in diesen Schriften FREUDS, JONES' und ABRAHAMS Hinweise auf relativ übergreifende und recht dauerhafte Verhaltens- und Erlebensweisen finden, die nicht immer deutlich mit symbolischen Repräsentanzen des ursprünglichen Objekts verknüpft sind und zuweilen eine beträchtliche Anpassungsleistung darstellen - mit anderen Worten: es gab bereits damals die Annahme, daß ein Triebmodus zu einem übergreifenden Stil psychischen Funktionierens generalisiert werden kann. Das waren aber nur Vermutungen und Nebengedanken, der Schwerpunkt des Interesses und des Entdeckereifers war deutlich anders gelagert. Insbesondere das Konzept der Sublimierung scheint häufig die Vorstellung von der Generalisierung eines Triebmodus über dessen ursprüngliches Objekt hinaus zu implizieren. Das liegt jedoch wahrscheinlich eher an unserer heutigen Lesart, während das Konzept ursprünglich die Entwicklung alternativer Möglichkeiten meinte, zum ursprünglichen Triebobjekt oder seinen Repräsentanzen zu gelangen. Wir finden also, anders ausgedrückt, in diesen Schriften Konzepte bestimmter Ich-Funktionen, Persönlichkeitstendenzen oder Mechanismen (zum Beispiel Sublimierung und Reaktionsbildung), aber sie stehen nicht im Vordergrund und beschreiben auch nicht jene übergreifenden psychischen Funktionsweisen, die dem gleichkämen, was wir mit Charakter bezeichnen.

Ein solches Konzept des "Charakters" entstand später, in WILHELM REICHS "Charakteranalyse".[4] Er meinte, daß der infantile Triebkonflikt eine neurotische Lösung findet, indem eine generelle Änderung des gesamten Verhaltens und Erlebens [functioning] vollzogen wird, die sich schließlich als neurotischer Cha-

---

3 Siehe z.B. SIGMUND FREUD: Charakter und Analerotik (1908). GW, Bd. VIII; ERNEST JONES: Anal-erotic Charakter Traits (1918) in: Papers on Psychoanalysis. - Baltimore 1938, S. 531-555, deutsch: ERNEST JONES: Über analerotische Charakterzüge. In: Int. Zschr. f. Psychoanalyse, V., 1919; KARL ABRAHAM: Beiträge zur Theorie des Analcharakters (1921). In: DERS.: Psychoanalytische Studien zur Charakterbildung und andere Schriften. - Frankfurt 1969, Bd. 1, S. 184-205.

4 WILHELM REICH: Charakteranalyse (Wien 1933).

rakter herauskristallisiert, und dieser, "der Charakter als Gesamtbild", wurde Gegenstand der Untersuchung, denn er und nicht irgendwelche speziellen Abwehrmechanismen oder Charakterzüge standen im Mittelpunkt seines therapeutischen Interesses. "Unser Problem", schrieb er, "ist nicht der Gehalt oder die Natur dieses oder jenes Charakterzugs, sondern der Ursprung und das sinnvolle Funktionieren des typischen, generellen Reaktionsmodus."[5]

Diese Reaktionsmodi - zum Beispiel "eingeschränkte und regelmäßige Lebensführung" beim Zwanghaften - waren nicht mehr ausschließlich anhand früherer Triebinhalte zu erfassen. Charakterformen "können nicht von individuellen Impulsen abgeleitet werden wie einzelne Charakterzüge; sie geben dem Individuum seine spezielle Prägung."[6]

Diese Grundmuster psychischen Funktionierens sind nicht nur weitgehend generalisiert, sondern auch ausgesprochen stabil, häufig sogar starr. Das Ich ist "verhärtet", die Abwehr wird nach diesen Mustern festgeschrieben und der frühere Konflikt wird "in chronische Haltungen, chronisch-automatische Reaktionsmuster umgewandelt."[7] Diese Sichtweise löst also die Funktionsmodi vom Inhalt jenes infantilen Konflikts, der ihnen zugrunde liegen soll; zumindest in dieser Hinsicht erreichen sie also eine gewisse Autonomie und Unabhängigkeit von jenem Primärkonflikt, eine Eigenschaft, die für das Konzept generalisierter Funktionsweisen entscheidend ist.[8]

In zwei Punkten, die eng verknüpft sind, ist REICHs Bild des Charakters allerdings unzulänglich. Im ersten geht es um den Ursprung des generalisierten Reaktionsmodus bzw. der Charakterform, und im zweiten geht es um deren Funktion. Nach seiner Ansicht entwickelt sich der Charakter vollständig aus dem infantilen Triebkonflikt heraus, eigentlich als die Art und Weise, in der der Konflikt bewältigt wird. Die spezielle Natur des Charakters ist damit bestimmt durch: die Eigenart des frustrierten

---

5 Ebd., S. 165.

6 Ebd., S. 221.

7 Ebd., S. 178.

8 Daß dieses Konzept nicht äquivalent mit HEINZ HARTMANNs Konzept der "sekundären Autonomie" ist (HEINZ HARTMANN: Kommentare zur psychoanalytischen Theorie des Ich. In: DERS.: Ich-Psychologie. Studien zur psychoanalytischen Theorie. Stuttgart 1972, S. 119-144; insbesondere S. 128) wird im folgenden Absatz deutlich.

Impulses einerseits und die Art und Weise der Frustration (Ausmaß, Dauer, Intensität etc.) andererseits.[9] Hat sich der Charakter erst einmal verhärtet, hat er fürderhin ausschließlich eine Abwehr- (und damit Schutz-)Funktion. Er "bindet" Impulse in eingegrenzten Bahnen, reduziert die Flexibilität und formt einen Panzer sowohl gegen die Außenwelt als auch gegen die eigene Innenwelt.

Anders ausgedrückt: Er erfüllt alle notwendigen Abwehrfunktionen wesentlich ökonomischer als einzelne, situationsspezifische Abwehrreaktionen. Da seine Funktion sich auch nicht mehr nur darauf beschränkt, den Primärkonflikt zu bewältigen, nimmt er die zentralen Abwehr- und Schutzfunktionen wahr, die der "fortwährende Aktualkonflikt" zwischen Triebwünschen und frustrierender Außenwelt erforderlich macht. REICH schrieb, daß "der andauernde Aktualkonflikt zwischen Trieb und Außenwelt ihm (dem Charakterpanzer) seine Macht und seine fortwährende Existenzberechtigung verleiht."[10]

Insofern ging REICH nicht so weit, daß er sich diese generalisierten, stabilen Muster unabhängig von Erfordernissen der Abwehr oder von Triebkonflikten dachte. Damit bleiben jedoch jene charakteristischen psychischen Funktionen unberücksichtigt, die in bezug auf die Außenwelt als Anpassungs- oder Ausdrucksfähigkeit wirksam sind. Auch die psychische Ausstattung, Fähigkeiten oder Dispositionen, die von Geburt an, unabhängig von Triebkonflikten, bestanden haben können, werden auf diese Weise nicht als mögliche Determinanten der Charakterbildung erfaßt. Ebensowenig geht diese Sichtweise darauf ein, daß auch die äußere Wirklichkeit - insbesondere die frühe soziale Umgebung - mit den ihr eigenen Chancen, Anforderungen und Gegebenheiten die adaptive Entwicklung charakteristischer Modi essentiell beeinflußt. Erst später wurde diese Perspektive in die Psychoanalyse eingeführt, hauptsächlich durch HEINZ HARTMANN und ERIK H. ERIKSON.

---

9 REICH räumt ein, daß außer den Trieben auch andere konstitutionelle Faktoren eine gewisse Rolle bei der Entwicklung der Charakterformen spielen: "Selbst das Neugeborene hat seinen 'Charakter'" (1933, S. 177) - aber diese Annahme ist ganz klar eine Konzession an die Gegner seiner Auffassung. Zu jener Zeit vertrat er eine Determinierung der Charakterpathologie durch die Umwelt und sprach sich gegen ein Konzept anlagebedingter Charaktereigenschaften aus.

10 REICH 1933, S. 167.

Allerdings scheint das direkte psychoanalytische Interesse am Problem des Charakters in der Zeit nach REICH sehr nachgelassen zu haben. Weiterführende Untersuchungen hätten wahrscheinlich zusätzliches theoretisches Rüstzeug und neue Konzepte erfordert. Allerdings ist seither das Studium des Ich ins Zentrum des allgemeinen psychoanalytischen Interesses gerückt, und zu diesem Gebiet hat REICHS Arbeit ohne Zweifel ihr Gutteil beigetragen. Parallel dazu gab es einige spezielle Entwicklungen, die Wichtiges zu unserem Thema beitrugen, ich denke dabei vor allem an drei Bereiche:

1. HARTMANNS[11] Konzept, das einen Hinweis aus FREUDS späten Schriften aufnahm und vertiefte, nämlich daß es Quellen psychischer Entwicklung gibt, die unabhängig von Triebinstinkten und Triebkonflikten wirken.

2. ERIKSONS[12] Arbeiten, die diese Vorstellung triebunabhängiger psychischer Strukturen (die dennoch mit dem Triebleben eng verknüpft sein können) ausgestalteten und darüber hinaus ein neues Konzept generalisierter Funktionsmodi hervorbrachten.

3. Die experimentelle und theoretische Arbeit von GEORGE S. KLEIN[13], RILEY GARDNER[14] und deren Mitarbeitern, die kognitive Repräsentanten genereller Kontrollprinzipien darstellen konnten.

Aus diesen drei Quellen, von denen keine sich ausdrücklich mit dem Problem des Charakters beschäftigt, speist sich die Konzeptualisierung generalisierter, stabiler psychischer Funktionsmodi, die für die Neuerforschung des pathologischen Charakters unerläßlich ist.

HARTMANN untersuchte und betonte die Bedeutung konstitutionell gegebener mentaler Ausstattungen und Apparate (zum Beispiel Gedächtnis- oder Wahrnehmungsfunktionen) für die psychische Entwicklung. Wie HARTMANN betont, umfassen diese Apparate die grundlegenden menschlichen Anpassungsmechanismen und bilden den Kern einer vom Triebkonflikt relativ un-

---

11 HEINZ HARTMANN: Ich-Psychologie und das Problem der Anpassung. Stuttgart 1970.

12 ERIK H. ERIKSON: Kindheit und Gesellschaft. Stuttgart 1984.

13 GEORGE S. KLEIN: Cognitive Control and Motivation. In: Assessment of Motives, hrsg. v. GARDNER LINDZEY, New York 1959, S. 87-118.

14 RILEY GARDNER, PHILIP S. HOLZMAN, GEORGE S. KLEIN, HARRIET LINTON u. DONALD P. SPENCE: Cognitive Control: A Study of Individual Consistencies in Cognitive Behavior. In: Psychological Issues, I, No. 4, 1959.

abhängigen Sphäre psychischer Anpassungsfunktionen. Diese angeborenen Fähigkeiten und ihre Reifungsresultate (zum Beispiel Denken und Sprechen) sind jedoch nicht nur für adaptive Funktionen von Bedeutung. Je nach ihrer individuellen Ausprägung und speziellen Charakteristik beeinflussen sie nicht nur die Form oder spezielle Richtung der Anpassungsleistung, sondern auch die Art und Weise der Abwehr und des Umgangs mit Konflikten, oder schaffen hierfür zumindest bestimmte diesbezügliche Präferenzen. HARTMANN nennt zum Beispiel den autonomen Faktor "Intelligenz" als unabhängige Co-Determinante dafür, ob und mit welchem Erfolg ein Individuum den Abwehrmechanismus der Intellektualisierung benutzt.[15]

Es braucht wohl kaum betont zu werden, daß diese Konzeption in keiner Weise den Einfluß externer, besonders der sozialen Faktoren oder der Triebe und Triebkonflikte auf das Wie der Anpassungs- und Abwehrprozesse herabsetzt. Sie bietet uns jedoch - was es in der Psychoanalyse zuvor nicht gab - einen biologisch verankerten Kern psychischer Strukturen, der die charakteristischen Tendenzen der Anpassungs- und der Abwehrfunktionen von Anfang an beeinflußt, einen Kern, um den herum sich andere Kräfte und Einflüsse sammeln und durchsetzen.

HARTMANN hat ein theoretisch-allgemeines Konzept zu triebunabhängigen Quellen des Ich und der Ich-Entwicklung formuliert. ERIKSON hat dann dieses Konzept mit spezifischen Inhalten versehen.[16] Wo HARTMANNS Arbeit gewissermaßen die Basis für ein vollständigeres Bild der Chrakterentwicklung erweiterte, da zeichnete ERIKSON im Detail nach, wie eine solche Entwicklung vor sich geht, zumindest für bestimmte Bereiche. ERIKSON beschreibt die allmähliche Entfaltung der allgemeinen Verarbeitungs- und Verhaltensmodi - "bestimmte Muster, an Dinge heranzugehen, Annäherungsmodi, verschiedene Arten der Beziehungsaufnahme"[17] - parallel zur psychosexuellen Entwicklung, daß heißt, daß die Entwicklung in jeder Phase durch den dominanten Triebmodus geformt, aber auch durch gleichzeitig (im Zuge der allgemeinen Reifung) aufkommende Fähigkeiten und Neigungen bestimmt wird. Das Resultat einer solchen Entwicklungsphase ist nicht ein reines Abbild des Triebschicksals, son-

---

15 HARTMANN, 1970, S. 14.

16 Vgl. DAVID RAPAPORT: Present-Day Ego Psychology. - Vortrag in San Francisco 1956.

17 ERIKSON, S. 65.

dern - weil sein Modus in sozial vermittelten Formen kristallisiert ist - eine bestimmte Art und Weise des Funktionierens, eine Grundhaltung und eine bestimmte Art des Denkens und Wahrnehmens. So geht zum Beispiel mit der Phase, die psychosexuell als "phallisch" zu beschreiben wäre, eine allgemeine Ausweitung der lokomotorischen Fähigkeiten und "umherschweifenden und eindringenden Verhaltensmuster"[18] einher, daher kann diese Phase allgemeiner mit der Dominanz des aktiv-vorwärtsdrängenden Modus charakterisiert werden, die letztlich in einer allgemeinen Bereitschaft zur Initiative (oder einer Relativierung und Abschwächung derselben durch Schuldgefühle) resultiert.

Im Gegensatz zu REICHS "Reaktionsweisen" haben also die allgemeinen Formen psychischen Funktionierens bei ERIKSON drei Wurzeln: die Triebentwicklung, die Entfaltung reifungsabhängiger Fähigkeiten und Dispositionen und die äußeren sozialen Gegebenheiten, die dem Individuum in der jeweiligen Entwicklungsphase gesellschaftlich vermittelt werden.

Bei aller Globalität der Modi und Modalitäten ERIKSONS lassen sich mit ihnen dennoch auch winzigste Aspekte individuellen Verhaltens einheitlich erfassen. Mit ihrer Hilfe kann man beschreiben, was ein Mensch tut und wie er sich fühlt, und zwar im Hinblick darauf, welche Kräfte ihn treiben und welche inneren Instanzen ihn hemmen. Auf diesen Aspekt solcher generellen Beschreibungsmodi werde ich später noch einmal zurückkommen. ERIKSON hatte keineswegs eine systematische Charakterologie[19] zum Ziel, und ebensowenig hat er seine Funktionsmodi im einzelnen auf damals herrschende psychiatrische Lehrmeinungen bezogen. Wenn eine solche systematische Studie auch ohne Zweifel außerordentlich wertvoll wäre, wären wahrscheinlich doch viele der für psychopathologische Studien relevanten psychischen Funktionen - etwa kognitive Prozesse - mit

18 Ebd., S. 85.

19 Auf keinen Fall konnte eine solche Charakterologie so beschaffen sein, wie es zuvor angestrebt worden war, nämlich als Reduktion des Erwachsenencharakters auf den anzunehmenden infantilen Prototyp. Schließlich dauert nach ERIKSONS Auffassung die Ich-Entwicklung weiter an, auch wenn die psychosexuelle Entwicklung abgeschlossen ist. Nichtsdestoweniger kann die eine oder andere Entwicklungsphase nach wie vor für die Bestimmung des Erwachsenencharakters von entscheidender Bedeutung sein.

den Modi und Modalitäten des ERIKSONschen Schemas nicht adäquat zu erfassen.

WHITE[20] hat hierzu eingewandt, die ERIKSONschen Kategorien seien zu sehr an der Libidoentwicklung orientiert, um der Vielzahl und Bandbreite psychologischer Funktionen gerecht zu werden. In der Tat wird man, wenn man von kognitiven Prozessen als forschend-eindringend oder aber rezeptiv spricht, den dabei beteiligten Prozessen etwa der Wahrnehmung, des Denkens usw. nicht gerecht. Mit solchen Begriffen lassen sich diese Prozesse nur allgemein und auf der Verhaltensebene beschreiben. Man muß jedoch nicht zwingend annehmen, daß ein bestimmter Modus in allen Funktionsbereichen und auf allen Ebenen "durchschlägt". Wenn also zum Beispiel ein bestimmtes Verhalten unter psychosexuellen und sozialen Aspekten als forschend-eindringend beschrieben werden kann, folgt daraus nicht unbedingt, daß die dazugehörige Art und Weise der Kognition ebenfalls am ehesten "forschend-eindringend" zu nennen wäre. Es ist im Gegenteil viel einleuchtender, anzunehmen, daß wir eine Vielzahl unterschiedlichster Formen und Arten des psychologischen Funktionierens werden untersuchen müssen; und jede einzelne sollten wir in eine Begrifflichkeit fassen, die dem jeweiligen Inhalt gerecht wird und berücksichtigt, daß all diese Modi untereinander verknüpft sind und sich gegenseitig beeinflussen.

KLEIN, GARDNER und ihre Mitarbeiter haben sich in ihren Arbeiten überwiegend mit kognitiven Prozessen beschäftigt, und dabei wurde - unter der generellen theoretischen Orientierung an HARTMANN und ERIKSON - klar und gründlich wie sonst nirgends ein psychologisch-psychoanalytisches Konzept zum Stil oder Modus psychischen Funktionierens entwickelt und angewendet. Kurz nach dem zweiten Weltkrieg gab es im Bereich der Wahrnehmung etliche Experimentalstudien, die üblicherweise unter dem Begriff "new look" zusammengefaßt werden. Sie machten deutlich, welchen Einfluß Bedürfnisse und Motivationen auf die Wahrnehmung haben. Etwas später und zum Teil als Antwort auf die "new look"-Forschungen zeigte KLEIN, daß sich die Bedürfnisse und Motive des Individuums nicht gradlinig

20 ROBERT W. WHITE: Competence and the Psychosexual Stages of Development. In: Nebraska Symposion on Motivation. Hrsg. v. MARSHALL R. JONES. Lincoln: University of Nebraska Press 1960, S. 97-141.

und direkt auf die Wahrnehmung auswirken, sondern daß sie verschiedene Menschen auf verschiedene Art beeinflussen. Er konnte darüber hinaus nachweisen, daß die Natur dieser Einflüsse oder auch die spezielle Richtung, die sie einschlagen, individuell konsistent bleibt - über unterschiedliche kognitive Aufgabenstellungen hinweg und in den unterschiedlichsten Motivationslagen. So wurden zum Beispiel in einem Experiment durstigen Versuchspersonen Stimuli präsentiert, die den Durst thematisch ansprachen. Die Kognitionen der durstigen Versuchspersonen wichen allgemein von denen einer nichtdurstigen Vergleichsgruppe ab. Aber in der Art der Abweichung gab es große Unterschiede zwischen den Versuchspersonen, und die jeweilige Eigenart des Individuums, seine Tendenz zu bestimmten Kognitionen, blieb konsistent und entsprach dem, was zu beobachten gewesen war, als die Person noch durstig gewesen war.[21] Es ist, mit anderen Worten, nachweisbar, daß ein Individuum relativ stabile kognitive Tendenzen besitzt, die festlegen, in welcher Form ein Motiv oder Bedürfnis seine Wahrnehmung beeinflußt.

KLEIN und Mitarbeiter haben eine Vielzahl solcher kognitiven Grundhaltungen [cognitive attitudes] untersucht und sie schließlich als regulierende oder kontrollierende Strukturen von beträchtlicher intrapsychischer Tragweite erkannt. "Die kognitiven Grundhaltungen", schrieb KLEIN, "scheinen stark generalisierte Steuerungsmechanismen widerzuspiegeln, die sich ebenso im Wahrnehmungsverhalten des Individuums zeigen können wie auch in seiner Art des Sich-Erinnerns und der Gedächtnisarbeit überhaupt."[22]

Im Hinblick darauf, daß ein Individuum über viele unterschiedliche kognitive Grundhaltungen verfügen kann, hat KLEIN den Begriff des "kognitiven Stils" geprägt, der auf das entsprechende intraindividuelle Gesamtarrangement verweist. Basis dieser kognitiven Steuerungsmechanismen, meinte KLEIN[23], könnten jene konstitutionellen Gegebenenheiten sein, von denen HARTMANN sprach. Die Frage, in welcher Beziehung solche Mechanismen oder Stile zur Abwehr stehen, die ja bisher in der Psychoanalyse der bekannteste Regulationsmechanismus war,

---

21 KLEIN: Need and Regulation, ebd., 1954, S. 224-274.

22 KLEIN: ebd., S. 89.

23 Zitiert nach DAVID RAPAPORT: Psychoanalytic Theory of Motivation, ebd., 1960, S. 219.

ist zwar bis zu einem bestimmten Punkt bei KLEIN diskutiert, bleibt jedoch noch eingehender zu klären. Zu dieser Frage werde ich im letzten Kapitel dieses Buches zurückkehren, allerdings kann schon hier gesagt werden, daß die individuellen kognitiven Stile sicherlich als ein Bestandteil jener Struktur anzusehen sind, die die Gestaltung der individuellen Abwehr und das Erscheinungsbild des pathologischen Symptoms determiniert.

PHILIP RIEFF hat in seinem Buch "Freud: The Mind of the Moralist"[24] an FREUDS psychologischem System kritisiert, daß es die Bedeutung der im Erwachsenen vorfindlichen Grundhaltungen, Tendenzen oder "Denkweisen" vernachlässige, und meint damit zum Beispiel jene generellen Wahrnehmungstendenzen, die von der Gestaltpsychologie erforscht wurden. Nach RIEFFS Einschätzung beging FREUD den Irrtum, Einstellungen oder Charakterzüge des Erwachsenen mit deren vermutlichem Ursprung gleichzusetzen. Er argumentiert, "auch wenn eine Eiche ihren Ursprung in einer Eichel hat, kann man doch nicht behaupten, der ausgewachsene Baum sei 'im Grunde genommen' immer noch eine Eichel."[25] Diese Kritik ist meines Erachtens in nicht unerheblichem Ausmaß berechtigt, und möglicherweise ist der Mangel, den RIEFF hier aufzeigt, auch weitgehend verantwortlich für den heutigen Mangel an einer psychoanalytischen Psychologie des Charakters. Gleichzeitig muß aber ergänzt werden, daß das Manko nie so vollständig bestand, wie RIEFF es annimmt, und daß FREUD selbst mit der Entwicklung einer Theorie des Ich und einer strukturellen Betrachtungsweise die direkt zu den späteren, von mir beschriebenen Entwicklungen führten, die ersten Schritte tat, diesen Mangel zu beheben.

Ich habe jedenfalls hier zu zeigen versucht, daß uns mittlerweile ein allgemeines Bild davon, was solche geistig-seelischen Grundformen ausmacht, zur Verfügung steht, ebenso auch Grundlagen - wie fragmentarisch sie auch sein mögen - für ein Verständnis des menschlichen Charakters. Es ist klar, daß das Problem, woher diese Formen und Stile psychischer Funktionen kommen und woraus sie sich bilden, nicht einfach zu lösen ist; vieles weist darauf hin, daß es sich um Ergebnisse der Wechsel-

---

24 PHILIP RIEFF: Freud: The Mind of the Moralist. New York 1959.

25 Ebd., S. 49. RIEFF kritisiert damit jedoch nicht den historischen oder genetischen Standpunkt als solchen.

wirkung verschiedenster Faktoren handelt. Zu den möglichen Ursprüngen der hier erörterten neurotischen Stile werde ich bis auf gewisse allgemeine Punkte im letzten Kapitel wenig zu sagen haben. Nach meiner Überzeugung ist es für ein weiterführendes Verständnis der Ursprünge unerläßlich, zunächst die Stile selbst sorgfältig zu erforschen und von den Kognitions-, Handlungs- und Erlebensformen, die unterschiedliche pathologische Zustände charakterisieren, ein deutlicheres Bild zu erstellen. Zu solchen Forschungen gehören auch sorgfältige Beobachtungen und Analysen jener Tendenzen, die sich in den mehr oder weniger durchgängig manifesten, vielleicht alltäglichen und normalerweise unbemerkten Dimensionen des Erlebens und Handelns finden - in der konstanten Art und Weise der Lebensführung, in bewußten Einstellungen und manifestem Verhalten -, und das ist genau das, was ich hier versuchen möchte.[26]

Im folgenden möchte ich mich der klinischen Bedeutung neurotischer Stile zuwenden und einige Punkte zu dem ergänzen, was man eine "formale" Sicht der Neurose nennen könnte. FREUD hat uns gelehrt, daß selbst die befremdlichsten Symptome und das bizarrste Verhalten auf irgendeine Weise "sinn-voll" sind. Heute können wir mit Sicherheit annehmen, daß das Befremdliche nur zunächst so wirkt und daß, wenn wir nur erst die Hintergründe kennen, das zuvor merkwürdig Anmutende plausibel oder sogar unvermeidlich erscheint. Die wohl wichtigste jener Entdeckungen, die diese Annahme glaubwürdig untermauerten, war die Entdeckung der Bedeutsamkeit der frühen Triebe. Das waren die Kräfte, die es zu entdecken galt - verzerrt oder fehlgeleitet, aber dennoch allgegenwärtig - hinter dem, was so bizarr wirkte; und die Entdeckung und Benennung dieser Kräfte ließ das Bizarre schnell als einfach Menschliches erkennbar werden. Die für die Verzerrungen verantwortlichen Instanzen sind eigentlich immer benannt worden, aber nur, weil man die hinter ihnen versteckten universellen menschlichen Triebkräfte herausfinden wollte. In den letzten Jahren hat sich jedoch in der Forschungsrichtung, die sich "Ich-Psychologie" nennt, das Interesse auf diese Instanzen selbst verlagert, und wir fragen

26 Siehe HARTMANN: "Richtig und selbstverständlich ist es, daß der rein deskriptive, der phänomenologische Aspekt für die Ich-Psychologie eine besondere Bedeutung gewinnt. Details der psychischen Oberfläche werden für sie wesentlich, die früher vernachlässigt werden konnten." 1970, S. 12.

uns: Wie funktioniert und verarbeitet das Individuum? und ebenso: Wodurch wird es motiviert? - Diese Frage ist nicht nur theoretisch wichtig, sondern auch von klinischer Relevanz. Eine Antwort darauf kann unser Neurosenverständnis um eine zusätzliche Dimension erweitern.

Eine Analogie mag das verdeutlichen: Nehmen wir an, wir beobachten einen Indianer, dessen Kultur uns unbekannt ist, bei einem merkwürdigen, mit großer Inbrunst ausgeführten Tanz. Während wir verwundert zuschauen, fällt uns vielleicht beiläufig auf, daß Dürre herrscht und daß es sich um ein Landwirtschaft treibendes Volk handelt. Wir erwägen die Möglichkeit, daß dieser Tanz eine Art Gebet um Regen ist und auch Ehrfurcht ausdrücken mag. Wenn wir genauer hinschauen, können wir vielleicht bestimmte immer wiederkehrende Gesten identifizieren, die unsere Annahme untermauern. Zweifelsohne haben wir zu diesem Zeitpunkt bereits ein beträchtliches Maß an Verständnis entwickelt. Aber die Grenzen unseres Verstehens werden schnell deutlich, wenn wir nun berücksichtigen, daß in der Nähe ein nichtindianischer Farmer steht, der unter der Dürre genauso leidet, aber nur zuschaut und sich an dem Tanz nicht beteiligt. Es kommt ihm gar nicht in den Sinn, all diese Bewegungen auszuführen. Stattdessen geht er sorgenvoll heim. Der Indianer tanzt nicht nur, weil Trockenheit herrscht, sondern auch, *weil er Indianer ist.* Sein Tanz folgt aus bestimmten Überzeugungen und Denkweisen, aus einem Bewußtseinsrahmen, der wahrscheinlich schon lange existiert und relativ stabil ist. Das so in stabile Formen gefaßte Wissen gibt seinem Verhalten eine zusätzliche Dimension von Plausibilität und Sinn.

Ganz Ähnliches läßt sich über neurotische Symptome oder pathologische Charakterzüge sagen. Der zwanghafte Mensch zum Beispiel ist mit Zweifeln, Besorgnissen und Ritualen beschäftigt. Ein psychodynamisches Verständnis, ganz gleich, wie stimmig es in sich ist, kann diese spezielle Ausformung seines Interesses nicht erklären. Er führt seine Rituale nicht nur durch, weil er ein Gleichgewicht zwischen Triebforderungen und triebfeindlichen Instanzen herstellen will, sondern auch, weil er eine zwanghafte Persönlichkeit ist, das heißt eine Persönlichkeit mit bestimmten, relativ stabilen Denk- und Wahrnehmungsweisen, bestimmten Grundhaltungen und so weiter. Und damit sind nicht nur die Funktionsweisen gemeint, sondern auch die Art und Weise, wie Impulse, Bedürfnisse und Affekte wahrgenommen werden. Mit anderen Worten: Wir können annehmen, daß der Zwanghafte unter dem Einfluß eines gegebenen Impulses oder Außenreizes in der ihm eigenen Weise handelt, weil er bestimmten Reaktions- oder Handlungsmodi folgt *und* weil er den Impuls oder Reiz in einem bestimmten Modus *erlebt*. Und genau darauf muß sich bei einer klinischen Untersuchung neurotischer Stile unser Interesse richten. Diese stabilen und ubiquitären Funktionsweisen sind verantwortlich für die ganz individuelle Transformation des Triebimpulses oder Außenreizen in bewußtes subjektives Erleben, manifestes Verhalten oder beobachtbare Symptome.[27]

Insofern ist die Frage der "Neurosenwahl" von mehr als nur theoretischem Interesse. Wenn wir hinsichtlich jener psychischen Funktionsweisen, aus denen sich diese Wahl ergibt, im Dunkeln tappen, bleibt uns damit ein beträchtlicher Teil der subjektiven Welt des Individuums verborgen. Aber nur im Kontext dieser subjektiven Welt (das heißt, dieser psychischen Funktionsweisen) kann die individuelle Bedeutung der jeweiligen Denk- oder Gefühlsinhalte wirklich verstanden werden. Ein Vorstellungsinhalt oder ein Aspekt manifesten Verhaltens - zum Beispiel eine Fantasie oder ein Symptom - spiegelt nicht nur den Triebimpuls oder den entsprechenden Gegenimpuls wider, sondern ist auch ein Produkt des jeweiligen psychischen Funktionsstils. Nur wenn wir diesen Stil und die generelle Tendenz der psychischen Verarbeitungsprozesse erkannt und verstanden haben, können wir die subjektive Bedeutung eines Vorstellungsinhaltes, eines Verhaltens oder eines Gedankengangs verstehen. Für verschiedene Personen wird also derselbe Vorstellungsinhalt oder dieselbe Handlung verschiedene Bedeutungen haben, oder unterschiedliche Inhalte können für verschiedene Personen sehr ähnliche Bedeutungen haben. Ohne diese Einsicht riskieren wir - und das gilt für Therapeuten genauso wie für Testleiter -, daß wir nur lexikalische Bedeutungen erfassen, die möglicherweise korrekt, aber weit entfernt von dem sind, was dem Erleben des Individuums seinen individuellen Sinn und seine persönliche

---

27 Auch in ALFRED ADLERs Psychologie wird dieser Punkt betont, wobei die subjektive Bedeutung von Ereignissen als abhängig vom individuellen "Lebensstil" betrachtet wird. In diesem Konzept, wie ich es verstehe, bedeutet "Stil" jedoch eine Zweckausrichtung und meint eine Lebensweise, die das Individuum annimmt, um seine Lebensziele zu verwirklichen.

Prägung gibt. Damit will ich nicht behaupten, es habe ein solches Verständnis bisher überhaupt noch nicht gegeben. Ich meine nur, daß man es nun unter Anwendung formaler Kriterien explizit und konsistent formulieren kann.

Diese Betrachtungsweise der Neurose wirft meines Erachtens auch noch eine weitere Frage auf, und zwar das Konzept des "Aktivseins" [activeness] in der neurotischen Verarbeitung, ein Konzept, das vom psychiatrischen Verständnis der Neurose abweicht. Ich will erklären, was ich meine.

Beim Studium der neurotischen Stile muß man immer wieder beeindruckt feststellen, daß alles Handeln des neurotischen Menschen, seine spezifische Art und Weise des Handelns, seine bewußten Einstellungen und seine Sicht der Dinge grundlegende funktionelle Bestandteile seiner Neurose sind. Seine Denkweise, seine Einstellungen und seine Interessen scheinen genau so zu sein, daß sie dem neurotischen Prozeß seinen Fortgang sichern und die charakteristischen neurotischen Erfahrungen unvermeidlich machen, wie unangenehm sie auch sein mögen. Das soll natürlich nicht heißen, daß er sich bewußt dafür entscheidet oder daß man sie ihm ausreden könnte. Es heißt nur, daß seine innere Haltung und die Weise, wie er die Welt sieht - wobei er keine Wahl hat -, ihn dazu bewegen, so zu empfinden, zu denken und zu handeln, wie es für die Kontinuität des neurotischen Erlebens unerläßlich ist.

Ein allgemein bekanntes Beispiel dazu: Wir wissen, daß es Menschen gibt, die stets verärgert, mißtrauisch und dabei masochistisch sind; anscheinend *fühlen* sich diese Menschen nicht nur häufig gedemütigt und übervorteilt, sondern nutzen auch jede Gelegenheit, sich tatsächlich in entsprechende Situationen zu bringen. Manchmal scheinen sie sogar große Umwege zu machen, bloß um nicht die geringste Chance zu verpassen, wieder einmal Opfer zu werden. Manchmal lassen sich ihre Motivation und die Befriedigung, die sie daraus ziehen, verstehen: jede einzelne Ungerechtigkeit bringt dem Gegner einen weiteren moralischen Punktverlust. Nachvollziehen läßt sich eine solche Motivation für die meisten Menschen schon, die wenigsten jedoch finden solche Ziele so überaus attraktiv. Einige aber offensichtlich doch, wobei wir uns fragen müssen, warum. Oft fühlen sich solche Menschen mehr oder weniger ständig bekämpft, und zwar von in jedem Fall überlegenen Gegnern. Gegen solche Feinde ist der moralische Triumph die einzige Waffe. Aus der

Position des Schwachen heraus haben sie ein extrem feines Gespür für Machtverhältnisse und dafür, wer wen mit wieviel Respekt behandelt. Sie vertreten die Prinzipien zwischenmenschlicher Gerechtigkeit geradezu militant und entwickeln ein nicht nachlassendes Interesse daran. Für die von solchen Einstellungen und Anliegen strukturierte innere Welt eines Menschen bedeutet das, daß ihnen auch die entfernteste Möglichkeit eines Affronts geradezu ins Auge springt, und nur ein Dummkopf könnte es anders sehen. Mit anderen Worten: bei solchen Einstellungen und inneren Rahmenbedingungen sind sowohl die Wachsamkeit hinsichtlich möglicher Demütigungen und Mißhandlungen als auch das "eindeutige Feststellen" derselben das einzige Plausible, was man tun kann.

Allgemein gesagt: Einstellungen und Interesse des Neurotikers sind so gelagert, daß sie sicherstellen, daß die nächste neurotische Handlungssequenz - die objektiv betrachtet den neurotischen Prozess aufrechterhält und fortschreibt - ihm selbst immer als die einzig plausible Reaktion erscheint.[28]

Insofern wird bei genauerem Hinsehen, um ein anderes Beispiel zu nennen, der Zwanghafte von seinen Zweifeln und Befürchtungen nicht etwa nur bestürmt und überfallen; er geht vielmehr regelrecht auf die Suche nach einem Grund, verunsichert zu sein, um sicherzustellen, daß er, wann immer eine Entscheidung droht, etwas findet, was gewissermaßen die Waage wieder ins Lot bringt. Seine Einstellungen und Denkweisen garantieren, daß genau dieses Vorgehen ihm als das klügste und angemessenste erscheint und daß der nächste Grund zum Zweifeln auf jeden Fall das ist, was ihn als nächstes interessiert. Ganz ähnlich wird der paranoide Mensch nicht einfach von Befürchtungen und defensiven Verdächtigungen heimgesucht; er ist aktiv auf der Suche und gönnt sich keine Ruhe, bevor er nicht neue Hinweise auf neue Gefahren dingfest gemacht hat. Oder: der ständig Verdrängende ist nicht nur Opfer jener Kräfte, die deutliche Erinnerungen verhindern, sondern scheut, wenn ihm Fakten nahegebracht werden, verkennend vor diesen zurück, wechselt lieber das Thema oder meint, man solle doch "nicht alles so

---

28 Diese Sicht des "Aktivseins" neurotischer Funktionen wird in HELLMUTH KAISERs therapeutischen Vorstellungen besonders klar berücksichtigt. Siehe HELLMUTH KAISER: The Problem of Responsibility in Psychotherapy. In: Psychiatry 18, Nr. 3, 1955, S. 205-211.

ernst nehmen". Und so weiter. Aus dieser Sicht leidet der Neurotiker also nicht einfach unter seiner Neurose, wie man etwa unter Tuberkulose oder einer Erkältung leidet, sondern hat einen aktiven Anteil an ihr, funktioniert sozusagen ihr gemäß, das heißt auf eine Art und Weise, die das für sie charakteristische Erleben aufrechterhält; nie sieht er irgendeine ernstzunehmende Alternative zu dem, was genau diese Auswirkung hat.

Diese Sicht individueller psychischer Prozesse gab es in den frühen Jahren der Psychoanalyse noch nicht, vielmehr meinte man eher, das bewußte Handeln eines Menschen sei entweder (passiv) von seinen libidinösen Kräften gesteuert[29] oder durch Abwehrmechanismen vor dem Imperativ dieser Triebkräfte geschützt. ERIKSON schreibt:

"Auch die frühe Psychoanalyse beschrieb die menschlichen Motivationen so, als sei die Libido die primäre Substanz, während das individuelle Ich lediglich als eine Art schützender Puffer oder dünne Trennschicht zwischen dieser Substanz und der sie vage umgebenden "Außenwelt" galt. ... Während wir immer mehr individuelle Lebensläufe erforschen sollten, indem wir die möglichen Wechselfälle ihrer Libido verfolgen, müssen wir die Gefahr vermeiden lernen, lebende Menschen in die Rolle von Marionetten eines mysteriösen Eros zu pressen - was weder der Therapie noch der Theorie weiterhilft."[30]

Ein solches "Marionetten"-Konzept folgt nicht zwangsläufig aus dem Postulieren und näheren Erforschen von Trieben oder unbewußten Kräften; es ist eher ein Zeichen unzureichender Kenntnis der Ich-Funktionen und besonders wohl auch der Funktionsweise menschlichen Bewußtseins. Unter Umständen zeigt sich darin auch eine zu ausschließliche Beschäftigung mit rein intrapsychischen Teilbereichen, Instanzen und Kräften. Die modernen Konzepte der Ich-Funktionen haben diese Sichtweise entscheidend modifiziert; weitere Forschungen zum menschlichen Bewußtsein werden wohl auch noch zu weiteren Modifikationen führen, wenn Aufmerksamkeit, Denkprozesse und Wahrnehmung, Intentionalität, willentliches Handeln und ähnliches näher untersucht werden. Trotzdem ist die Vorstellung, der Mensch sei eine Art Marionette seiner unbewußten Triebe, noch

---

29 Diese Sicht wurde von GEORG GRODDECK in seinem berühmten Ausspruch auf den Punkt gebracht, daß wir von unbewußten und von unkontrollierbaren Mächten "gelebt" werden. FREUD bezieht sich darauf in: Das Ich und das Es.

30 ERIKSON 1984, S. 60.

heute im psychiatrischen wie auch im psychoanalytischen Denken weit verbreitet, und die grundlegende Frage, wieweit der neurotische Mensch sich mit seiner Neurose passiv oder aktiv verhält, ist nach wie vor ungeklärt.

Wir finden das Problem zum Beispiel dort, wo ein bestimmtes (falsches) Verständnis des Determinismus in der Psychologie den Schluß nahe legt, der neurotische Mensch sei von Kräften gesteuert (oder gar "in ihren Klauen"), die unmittelbar manifestes Verhalten auslösen, das der Betreffende dann nur noch als passiver Zeuge seiner selbst registrieren kann. Dasselbe Problem stellt sich dort, wo es um das Verstehen historischer Ursachen (Kindheitserlebnisse etwa) heutigen Verhaltens geht und die "Marionetten"-Auffassung suggeriert, daß sich Bruchstücke aus der Geschichte eines Menschen ohne Rücksicht auf seine aktuellen Erlebens-, Verarbeitungs- und Verhaltensweisen in sein jetziges Verhalten hineindrängen und ihn wiederum zum passiven Zeugen des eigenen manifesten Handelns und zum Opfer seiner Geschichte werden lassen. Ich möchte betonen, daß ich damit nicht den psychologischen Determinismus an sich, die geschichtliche Verursachung von Verhalten oder Existenz unbewußter Motive in Frage stelle. Was ich allerdings in Frage stelle, ist die Annahme, daß das aktuelle Bewußtsein und die erworbenen psychischen Funktionsmodi so übergangen werden können, wie es die oben angeführten Auffassungen implizieren. Aus meiner Sicht ist der neurotische Mensch heute nicht mehr lediglich Opfer seiner Geschichte im oben zitierten Sinn; seine Denkweise wie auch seine Einstellungen und Grundhaltungen - mit anderen Worten: sein Stil - sind, wenn auch gleichfalls von dieser Geschichte geprägt, integrale Bestandteile des neurotischen Funktionierens und veranlassen ihn, zu denken, zu empfinden und zu handeln, wie es in seinem Sinn unerläßlich scheint.

Wichtig scheint mir noch zu erwähnen, daß wir uns mit dem "Marionetten"-Modell bei der Behandlung bestimmter Patientengruppen ganz bestimmte Schwierigkeiten einhandeln, vor allem bei Patienten mit mangelnder Impulskontrolle oder etwa bei Alkoholikern, die uns über sich selbst genau das sagen, was dieses Denkmodell nahelegt, nämlich, daß sie nur Opfer ihrer Impulse sind oder "einfach nicht anders können". Wir fühlen uns dann immer irgendwie irritiert. In gewissem Sinn muß der Patient wohl recht haben, das jedenfalls sagt uns unser Determinismus-Verständnis, und schließlich wollen wir nicht auf die scheinbar einzige Alternative zurückgreifen, dem Neurotiker mit moralischen Vorhaltungen zu begegnen. Auf der anderen Seite können wir die Vorstellung vom gänzlich unschuldigen Opfer in solchen Fällen nicht einfach hinnehmen, weil sich kaum übersehen läßt, daß die Betreffenden das, was die Impulse mit ihnen anstellen, letztlich überhaupt nicht bedauern. Bei manchen Therapeuten führt das "Marionetten"-Modell dazu, daß sie sich wissenschaftlich verpflichtet fühlen, ein solches Ablehnen eigener Verantwortung auf seiten des Patienten ohne Einwand zu akzeptieren, während andere am Ende doch sich selbst untreu werden und auf moralistische Standpunkte zurückfallen. Bei näherer Untersuchung dieses "Ich-kann-nichts-dafür"-Stils stellt sich heraus, daß solche Menschen in gewisser Hinsicht wirklich "nicht anders können": In bestimmten Motivationslagen neigen sie nämlich sehr dazu, das Gefühl zu entwickeln: "Ich kann einfach nicht anders"; das normale Gefühl für die willentliche Selbststeuerung ist dabei herabgesetzt - was für den impulsiv-ungesteuerten Stil insgesamt charakteristisch ist.

Nach meiner Überzeugung ergibt sich diese allgemeine Sicht der Neurose logisch und konsistent aus der Untersuchung neurotischer Stile - und konsistent *nur* aus einer solchen, genauen Untersuchung. Ich möchte aber nochmals betonen, daß mein Hauptziel das Erforschen der Stile selbst ist. Möge der Leser selbst entscheiden, ob die Tatsachen, die die Untersuchungen ergeben, auch ihn zu den gleichen Schlußfolgerungen führen.

2. Der zwanghafte Stil

WILHELM REICH beschrieb den Zwangsneurotiker als "lebende Maschine".[1] Diese Kennzeichnung ist durchaus treffend und erfaßt auch das subjektive Erleben solcher Menschen (siehe S. 47). Wir haben hier ein gutes Beispiel für eine allgemein-formale Beschreibung, denn dieses Maschinenhafte läßt sich weder aus einem Triebimpuls noch aus bestimmten Bewußtseinsinhalten ableiten.

Viele formale Charakteristika des zwanghaften Verhaltens und Erlebens sind uns recht vertraut, vielleicht besser als bei anderen neurotischen Zustandsbildern. So kennen wir zum Beispiel jene Art zu denken, die wir mit dem Begriff "Rigidität" bezeichnen, eine ganz bestimmte Art von angespannter Aktiviertheit also, und ähnliches. Ebenso weisen zwanghafte Menschen in ihrer intellektuellen Verarbeitung das wahrscheinlich gängigste Beispiel einer formalen Charakteristik auf, mit mißtrauisch abwehrenden wie auch adaptiven Aspekten. Daß uns solche Persönlichkeitszüge bekannt sind, heißt jedoch keineswegs, daß sie in ihren formalen Eigenheiten wirklich verstanden oder auch nur ernsthaft untersucht sind. Mir ist zum Beispiel keine Untersuchung über die intellektuelle Rigidität des Zwanghaften bekannt, obwohl sie doch eins der am leichtesten beobachtbaren psychiatrischen Phänomene ist und obwohl die Zwangsneurose aus dynamischer Sicht, also unter dem Gesichtspunkt von Trieb und Triebhemmung, sehr intensiv erforscht wurde.

Für die Untersuchung des zwanghaften Stils habe ich drei Aspekte ausgewählt: 1. die Rigidität, 2. den Modus der Aktivität und die Verzerrung des Autonomieerlebens und 3. den Realitätsverlust. Der erste und dritte Aspekt beziehen sich überwiegend auf Kognition und Denken, während der zweite Aspekt sich auf die Art der Aktivität bezieht, die wir oft als "getrieben" bezeichnen, und auf die für den Zwanghaften wohl typische Art des Erlebens; mit diesem Bereich läßt sich möglicherweise am ehesten der Lebensstil des Zwanghaften insgesamt beschreiben.

1 REICH, WILHELM: Charakteranalyse. Wien 1933, S. 224.

Mitunter wird der Begriff "Rigidität" gebraucht, um ganz unterschiedliche, für zwanghafte Menschen jedoch charakteristische Züge zu beschreiben. Damit kann man zum Beispiel eine starre Körperhaltung meinen, ein gestelzt wirkendes Sozialverhalten oder die Tendenz, ein gewohntes Handeln beizubehalten, auch wenn es irrelevant oder sogar absurd geworden ist. Vor allem aber beschreibt "Rigidität" eine bestimmte Art zu denken.

Was genau aber soll gemeint sein, wenn von der Rigidität des Denkens die Rede ist? Jene Art des Denkens zum Beispiel, der wir begegnen, wenn wir mit einem rigiden, zwanghaften Menschen diskutieren, mit jemandem, den wir auch "dogmatisch" oder "starrsinnig" nennen würden. Selbst beiläufige Gespräche mit solchen Menschen werden schnell frustrierend, und zwar aus einem bestimmten Grund. Es ist nicht etwa nur die Tatsache, daß man unerwartet auf Widerspruch trifft. Im Gegenteil, solche Diskussionen sind gerade deshalb in so typischer Weise frustrierend, weil man weder wirkliche Zustimmung noch echten Widerspruch erfährt. Es gibt gar keinen wirklichen Meinungsaustausch, und man hat den Eindruck, daß der andere überhaupt nicht zuhört und höchstens oberflächlich aufmerksam ist. Der folgende Gesprächsausschnitt wird das deutlich machen. Zwei Freunde, K. und L., sprechen über den Kauf eines Hauses, für das K. sich ernsthaft interessiert.

K.: Du meinst also, ich soll es lieber nicht kaufen?

L.: Ein Haus mit schadhaftem Dach sollte man niemals kaufen. Da kannst du den Kaufpreis nochmal drauflegen.

K.: Aber andererseits meint der Bauunternehmer, der es in meinem Auftrag begutachtet hat, daß es sonst in Ordnung ist.

L.: Und das Dach ist ja nur der Anfang. Erst ist es das Dach, dann sind's die Wasserleitungen, dann die Heizung und dann der Außenputz.

K.: Aber das alles scheint doch in Ordnung zu sein.

L.: Und nach dem Putz dann die elektrischen Leitungen.

K.: Aber die Leitungen sind ...

L.: (unterbricht ihn mit ruhiger Gewißheit) Ich sage dir, da legst du den Kaufpreis nochmal drauf und hast immer noch nicht alles in Ordnung.

L. ist in diesem Beispiel nicht wirklich anderer Meinung als K., er widerspricht dessen Argument nicht direkt und kann daher nicht "negativistisch" genannt werden. Er geht einfach gar nicht auf ihn ein. Dieses Nichtbeachten hat obendrein eine spezielle Qualität und unterscheidet sich zum Beispiel deutlich von der abschweifenden Aufmerksamkeit eines Menschen, der einfach müde ist. Dieses Nichtbeachten scheint irgendwie einen aktiven und prinzipiellen Charakter zu haben. Und genau in diesem Ignorieren neuer Gesichtspunkte oder anderer Sichtweisen scheint sich die Rigidität (oder deren speziellere Ausformung, der Dogmatismus) des Zwangsneurotikers zu manifestieren. Eben dieses aktive Nichtbeachten läßt uns solche Menschen als so ausgesprochen unbeeinflußbar erscheinen. Ohne das jetzt schon näher zu definieren, möchte ich darum sagen, daß eine ganz spezielle Form der Einschränkung der Aufmerksamkeit als ein Kernpunkt der zwangsneurotischen intellektuellen Rigidität erscheint - sicher nicht der einzige.

Um diesen Punkt näher zu klären, möchte ich darauf aufmerksam machen, daß intellektuelle Rigidität durchaus nicht ausschließlich bei Zwangsneurotikern auftritt. Insbesondere lassen sich recht dramatische Formen solcher Rigidität bei Patienten mit hirnorganischen Verletzungen beobachten. Der Vergleich mag zunächst befremdlich wirken, ist aber durchaus brauchbar. Die mit dem Wort "Rigidität" erfaßten Phänomene beider Pathologien stimmen sogar in wesentlichen Zügen überein. Ein kurzer Exkurs soll hier bestimmte Züge des rigiden Denkens bei hirnorganischen Fällen untersuchen, denn dort erleben wir es noch plastischer, und in diesem Bereich ist es besser erforscht als in der Neurosenforschung.

GOLDSTEIN[2] und andere haben gezeigt, daß es sich bei der Rigidität des hirnorganisch Verletzten um einen Aspekt der ihm eigenen konkreten, stimulusabhängigen Kognitions- und generellen Auffassungsweise handelt. Die Aufmerksamkeit des Hirnverletzten scheint von einem mehr oder weniger momentanen, manifest-konkreten Aspekt einer Situation oder Aufgabe erfaßt und gefesselt zu werden, von dem er sich nicht lösen kann. Seine so von einem Teilaspekt der Situation oder Aufgabe gefesselte Aufmerksamkeit kann wohl auch auf etwas anderes gelenkt und abgelenkt werden, er kann sie jedoch nicht von sich aus verschieben oder neu gewichten. Er hat, mit anderen Worten, die Fähigkeit verloren, seine Aufmerksamkeit willentlich zu steuern.

---

2 KURT GOLDSTEIN und MARTIN SCHEERER: Abstract and Concrete Behavior: An Experimental Study with Special Tests. In: Psychological Monographs III, 1941, Nr. 2.

Zum Beispiel: Ein Patient, der gerade eben die Wochentage aufgezählt hat, wird anschließend aufgefordert, das Alphabet herzusagen. Er kann sich auf diese Aufgabe nicht einstellen und beginnt erst nach mehrfacher Aufforderung, um genau zu sein: nachdem der Testleiter begonnen hat, das Alphabet aufzusagen, selbst mit der Aufzählung ... Ein anderer Patient kann durchgehend zählen, wenn er bei "eins" anfängt; wenn der Untersucher ihn jedoch auffordert, mit einer anderen Zahl zu beginnen, weiß der Patient nicht mehr weiter und muß doch wieder mit "eins" anfangen.[3]

Im Gegensatz dazu hat der normale Mensch die Fähigkeit, sich von konkreten oder momentanen, unmittelbaren Aspekten einer Situation oder Aufgabe zu lösen und seine Aufmerksamkeit schnell und flüssig auf den einen oder anderen neuen Aspekt zu verlagern. Er verfügt also über die besagte Fähigkeit, seine Aufmerksamkeit willentlich zu steuern.

Was ich soeben beschrieben habe, ist natürlich das, was wir "Flexibilität" nennen. Meiner Ansicht nach kann man kognitive Flexibilität als eine entsprechend ausgebildete, willentlich steuerbare Mobilität der Aufmerksamkeit bezeichnen. Wir hatten ja schon festgestellt, daß die rigide Intellektualität des Zwanghaften durch eine spezielle Einengung der Aufmerksamkeit gekennzeichnet ist. Können wir also, bei allen offensichtlichen Unterschiedlichkeiten, sagen, daß hirnorganisch Geschädigte und Zwanghafte eins gemeinsam haben, nämlich den generellen Verlust oder eine Beeinträchtigung der willentlichen Mobilität ihrer Aufmerksamkeit?

Man kann von der Aufmerksamkeit des Zwanghaften sicher nicht sagen, sie sei stimulusfixiert oder offenkundig nicht willentlich zu steuern (wie bei den Hirnorganikern), jedoch ist sie auch alles andere als frei und mobil. Im folgenden möchte ich diese Art der Aufmerksamkeit und ihre Einschränkungen etwas näher beschreiben.

Die auffallendste Eigenschaft der bewußten Aufmerksamkeit des Zwanghaften ist ihre intensive, scharfe Fokussierung. Diese Menschen richten ihre Aufmerksamkeit nie vage auf etwas, sondern konzentrieren sich immer dabei, und zwar besonders auf Einzelheiten. Das zeigt sich zum Beispiel, wenn sie im Rorschachtest zeitweise sehr zahlreiche Detail-Antworten geben, meist auch mit sehr präzisen Beschreibungen (z.B., wenn sie lauter kleine Gesichtsprofile in den Grenzlinien der Tinten-

---

3 GOLDSTEIN und SCHEERER, ebd., S. 5.

kleckse erkennen usw.). Ähnliches läßt sich ohne weiteres auch im Alltag beobachten. Daher finden sich solche Charakterstrukturen sehr häufig bei Technikern: Sie interessieren sich für alle Einzelheiten und kennen sich damit aus. Dieselbe Schärfe der Beobachtung und Aufmerksamkeit findet sich natürlich auch in vielen zwangsneurotischen Symptomen wieder. Der Zwanghafte regt sich über das kleinste Stäubchen oder irgendeine unbedeutende Unregelmäßigkeit auf, die ein anderer unter Umständen nicht einmal wahrnimmt. Aber bei all ihrer Schärfe ist die Aufmerksamkeit des Zwanghaften auf gewisse Weise deutlich eingeschränkt, was ihre Mobilität und ihre Bandbreite betrifft. Diese Menschen konzentrieren sich nicht einfach auf etwas; sie scheinen ständig konzentriert zu sein. Und manche Dinge in dieser Welt lassen sich mit einer scharf fokussierenden, konzentrierten Aufmerksamkeit eben einfach nicht erfassen. Insbesondere scheint diese Art der Aufmerksamkeit untauglich für die Aufnahme und Verarbeitung zufälliger oder momentaner Eindrükke, für jene eher passive und impressionistische Art kognitiven Erlebens, bei der man auch etwas wahrnehmen oder bei etwas "hängenbleiben" kann, das ursprünglich peripher oder nur zufällig zum eigentlichen Zentrum der Aufmerksamkeit gehört oder ihm zunächst gar nicht klar zugeordnet war. Solche Leute erscheinen uns unfähig, ihre Aufmerksamkeit einfach frei schweifen zu lassen oder sie passiv von etwas "erfassen" zu lassen. Von daher haben sie kaum jemals irgendwelche Vorahnungen von etwas und werden von vielem überrascht oder sogar überrollt. Das liegt nicht etwa daran, daß sie allgemein zu wenig hinschauen oder zuhören, sondern daran, daß sie auf bestimmte Dinge zu sehr schauen und hören.

Solche Menschen hören sich beispielsweise eine Schallplattenaufnahme mit größtem Interesse und besonderer Aufmerksamkeit an - sie achten nämlich auf die Qualität der Instrumente, die Aufnahmetechnik und -qualität und so weiter; aber sie hören dabei kaum die Musik als solche und lassen sich schon gar nicht von ihr gefangennehmen.

Im allgemeinen hat der Zwanghafte ein bestimmtes, klar umrissenes Interesse und wird daran festhalten; er wird es verfolgen und Fakten dazu sammeln - und sie auch bekommen -, aber oft werden ihm jene Aspekte einer Situation verlorengehen, die das Atmosphärische oder Beeindruckende an ihr ausmachen. Entsprechend scheinen uns solche Menschen oft sehr unsensibel zu sein, was die "emotionale Tönung" einer sozialen Situation angeht. Sie weisen sogar oft mit Stolz darauf hin - und darin zeigt sich die Fähigkeit des Menschen, aus der Not eine Tugend zu machen -, daß sie oft mit ihrer Meinung allein dastehen und dennoch unerschütterlich bleiben.

Diese scharfe, aber enge Fokussierung der zwanghaften Form der Aufmerksamkeit kann also bestimmte Aspekte der Außenwelt nicht erfassen, während sie mit anderen durchaus erfolgreich umgeht. Nicht jeder Modus der Kognition, der intensive Konzentration und scharf fokussierte Aufmerksamkeit bereitstellt, muß auch in dieser Weise eingeschränkt sein. Es gibt Menschen, die einen beiläufigen Eindruck mit einer beiläufigen Aufmerksamkeit wahrnehmen, die entsprechenden Vorahnungen im Sinn behalten, ein peripheres Element kurz zur Kenntnis nehmen und dann mit mehr oder weniger Gewinn wieder zum Eigentlichen übergehen können - wenn sie es noch wollen. Das ist die freie Mobilität der Aufmerksamkeit, ein flexibler Modus der Kognition. Die zwanghafte Persönlichkeit jedoch ist nicht in dieser Weise ausgestattet. Für sie ist ein rein gefühlsmäßiger Eindruck oder eine en-passant-Wahrnehmung nur eine potentielle, unerwünschte Störung oder Ablenkung von seiner Konzentration auf das "Wesentliche". Und genau diese Ablenkung scheint der Zwanghafte durch die Intensität des scharf eingestellten, engen Aufmerksamkeitsfokus zu vermeiden. Das möchte ich näher erklären.

Bei der Geburt verfügen wir noch nicht über die Fähigkeit, uns intensiv zu konzentrieren, etwas "technisch" zu sehen oder zu hören oder unser inneres Auge über längere Zeit auf einen bestimmten Punkt zu richten und bestimmte Gedankengänge stringent zu verfolgen. In der Kindheit ist die menschliche Kognition in höchstem Maße von unmittelbaren Eindrücken bestimmt und leicht abzulenken. Die Aufmerksamkeit des Kindes ist offen und immer bereit, sich von etwas einnehmen zu lassen. Jene aktiven und normalerweise willkürlichen kognitiven Fähigkeiten, wie die intensive und anhaltende Konzentration, die der Zwanghafte besonders entwickelt, reifen langsam während der Kindheit[4] und entwickeln sich wahrscheinlich auch während der

4 ERNEST G. SCHACHTEL: Metamorphosis. New York 1959. Darin besonders Kapitel 11: The Development of Focal Attention and the Emergence of Reality, S. 251-278.

Adoleszenz noch weiter. Zumindest die Anfangsphasen der Fähigkeit, die Aufmerksamkeit willentlich auf etwas zu richten, fallen wahrscheinlich in die Zeit, in der das Kind auch andere Fähigkeiten der willkürlichen Ausrichtung auf etwas entwickelt, einschließlich der Motorik, und in die Zeit der Entwicklung der Intentionalität ganz allgemein. Im Normalfall sind diese Fähigkeiten dann irgendwann vollständig erworben; die willentliche Ausrichtung und Aufrechterhaltung der Aufmerksamkeit etwa in Form der fortdauernden Konzentration wird möglich. Normalerweise wird diese Fähigkeit der intensiven und scharf fokussierenden Aufmerksamkeit soweit hinreichend entwickelt, daß sie geschmeidig willkürlich aktiviert oder deaktiviert werden kann. Der normal entwickelte Mensch kann sich mit anderen Worten sowohl konzentrieren als auch einen gefühlsmäßigen Eindruck wahrnehmen, und er kann nicht nur die Ausrichtung, sondern auch die Intensität seiner Aufmerksamkeit verändern, und all das geschmeidig und ohne merkliche Brüche. In manchen Fällen jedoch - und einer, wenn auch nicht der einzige, ist der Zwangsneurotiker - scheint die einmal vollzogene Ausrichtung der Aufmerksamkeit nur unter ständiger Anspannung aufrechtzuerhalten zu sein, unter großer Intensität und extremer Enge der Fokussierung - mit anderen Worten, in einer starren, rigiden und in gewisser Weise hypertrophierten Form.

Wir können nun also sagen, daß dieser Modus der Kognition eine Beeinträchtigung der normalen willentlichen Steuerung und Mobilität der Aufmerksamkeit beinhaltet. Die normale Fähigkeit, fließend und willkürlich von einer gezielten und punktgenauen Kognition zu einer entspannteren, eher impressionistischen Wahrnehmungsweise überzugehen, fehlt dabei. Periphere Elemente der Wahrnehmung, die neuen oder überraschenden also, die nur impressionistisch aufgenommen werden können - sie alle gelten dem Zwanghaften nur als potentielle Ablenkung oder Störfaktoren und werden durch die eingeengte Intensität seiner Fixierung auf die eigenen Ziele oder Vorstellungen gezielt vermieden. Dabei geht es zu wie bei dem Versuch, an einem windigen Tag einen Pfeil abzuschießen: je stärker der Bogen gespannt ist und je kraftvoller der Pfeil losfliegt, desto weniger werden aufkommende Winde ihn von seiner Bahn ablenken können. Das ist genau das, was ich unter der intellektuellen Rigidität des Zwanghaften verstehe und was wir beim zwanghaft-dogmatischen Menschen als eine gewisse "aktive Unaufmerksamkeit" gegenüber jeglichem äußeren Einfluß oder neuen Ideen erleben. Betrachtet man den zwanghaften Modus von dieser Seite, wird auch verständlich, daß dieselbe Eigenschaft, die diese Menschen einerseits so rigide erscheinen läßt, sie in anderer Hinsicht mit exzellenten technischen Fertigkeiten und einer beeindruckenden Konzentrationsfähigkeit auf technische Probleme ausstattet.

Der Modus der Aktivität und die generelle Verzerrung des Autonomieerlebens

Für jeden neurotischen Stil lassen sich neben dem charakteristischen Modus der Kognition auch die dazugehörigen Modi der Aktivität, des affektiven Erlebens usw. beschreiben. Aber zweifelsohne gibt es bei den neurotischen Stilen nicht nur Unterschiede in der Funktionsweise solcher Persönlichkeitsbereiche, sondern auch Unterschiede hinsichtlich der Ausprägung und des Stellenwertes der unterschiedlichen Bereiche innerhalb der psychischen Gesamtorganisation. So scheint beispielsweise im hysterischen Stil das Dasein des Individuums überwiegend vom affektiven Erleben dominiert zu sein. Beim zwanghaften Stil jedoch spielt das affektive Erleben insgesamt nur eine geringe Rolle, wie im weiteren noch deutlicher werden wird. Es liegt in der Natur dieses Stils, daß sich das Leben im wesentlichen um die Arbeitsaktivitäten herum zentriert - und um bestimmte, damit verbundene subjektive Erlebensweisen.

Das Auffallendste an der Aktivität des Zwanghaften ist schon allein ihre Quantität und, damit einhergehend, ihre Intensität und Konzentriertheit. Diese Menschen können in sozial anerkannten Bereichen enorm produktiv sein - oder auch nicht; wie es auch sei, in der Regel sind sie intensiv und mehr oder weniger ständig irgendwie mit Arbeit beschäftigt. Dabei handelt es sich insbesondere und typischerweise meistens um intensive Routinearbeit oder technische Aufgaben. In der Tat handelt es sich bei vielen zwangsneurotischen Symptomen um groteske Intensivierungen solcher Aktivitäten.

Wir kennen zum Beispiel den Zwangsneurotiker, der den ganzen Tag lang immer wieder das Haus von oben bis unten putzt oder jenen, der mit enormem Zeitaufwand alle erreichbaren Angaben und Daten über Schulen und Hochschulen allerorten sammelt und auf Karteikarten archiviert, mit der vagen Begründung, so werde er eines Tages "die beste von allen" besuchen können.

Dieses mehr oder weniger kontinuierliche Absorbiertsein durch derlei intensive Aktivitäten ist eine bezeichnende Grundtatsache des zwangsneurotischen Stils, und wir sollten zur Kenntnis nehmen, daß es sich um einen Funktionsmodus handelt, der genau zur rigiden, technischen Kognition paßt. Diese Form der Aktivität hat jedoch auch noch eine andere Eigenheit, die ebenso kennzeichnend ist: Jede Aktivität - man könnte genauso gut sagen, das Leben - dieser Menschen ist ebenso charakterisiert durch ein mehr oder weniger durchgängiges Erleben angespannter, selbstgewählter Zielgerichtetheit, ein Gefühl der Anstrengung und des Alles-Versuchens.

Alles erscheint ihnen beabsichtigt und überlegt, und nichts geht ohne Anstrengung. Diese angespannte Zielstrebigkeit ist nicht nur ein "Mehr" dessen, was man normalerweise an Anstrengung für eine Aktivität aufbringt, die die eigenen Fähigkeiten herausfordert. Für die zwanghafte Persönlichkeit gehört die Anstrengung zu jeder Aktivität, ob sie nun wirklich viel von ihr verlangt oder nicht. Oder, um es genauer zu sagen, jede Aktivität scheint so ausgeführt zu werden, als sei sie eine Herausforderung an alle vorhandenen Fähigkeiten. Im Arbeitsleben wird eine solche ständige Angestrengtheit in der Regel eher erwartet und fällt daher dort weniger auf, und zweifelsohne ist die Arbeit der vom Zwanghaften eindeutig bevorzugte Daseinsbereich. Aber die Angestrengtheit und angespannte Zielstrebigkeit erstreckt sich dann auch auf Bereiche, die der normale Mensch als spielerisch oder entspannt erlebt. Der zwanghafte Mensch versucht genauso angestrengt, "es sich gutgehen zu lassen", als habe er eine ernste Aufgabe zu erfüllen.

Ein so strukturierter Mensch plant seine Sonntage zum Beispiel regelmäßig mit allen möglichen Aktivitäten "durch", um "maximale Freude und Entspannung" zu erreichen. Er ist ganz entschieden darauf aus, seinen Spaß zu haben und regt sich ziemlich auf, wenn etwas seinen Plan durcheinanderbringt, nicht etwa nur, weil er eine bestimmte geplante Aktivität verpaßt, sondern weil sein freier Tag nun ineffektiv vergeht. Ein anderer Zwangsneurotiker versucht angestrengt, im sozialen Leben endlich einmal "spontan" zu reagieren.

Wie können wir die ständige Angestrengtheit, Bemühtheit und angespannte Zielstrebigkeit dieser Lebensweise verstehen? Woran können wir sie, außer an der Kontinuierlichkeit, von der Anstrengung unterscheiden, die ein normaler Mensch für ein zu erreichendes Ziel unternimmt? Man könnte sagen: Dem normalen Menschen fällt die Anstrengung schwer, für den Zwanghaften ist sie mühsam. Diese Unterscheidung möchte ich noch weiter erklären: Wenn ein normaler Mensch erklärt, daß er etwas zu erreichen versuchen will, meint er, daß er dabei sein Bestes versuchen wird, der Zwanghafte aber meint das etwas anders. Wenn er sagt, er will es versuchen, meint er nicht unbedingt, daß er tatsächlich die Absicht hat, es zu *tun* oder es zumindest zu versuchen, sondern daß er sich mit der Aufgabe belasten will, daß er sich immer wieder ermahnen will, es zu tun und daß er sich wohl viele Gedanken darum machen will. Manchmal hat er sogar, wenn er sagt, er will es versuchen, keineswegs die Absicht, es wirklich zu tun.

Eine Patientin erklärte, sie wolle versuchen, das Rauchen aufzugeben und sah dabei in der Tat aus, als nähme sie durchaus eine psychische Anstrengung auf sich. Gleichzeitig griff sie jedoch zur Zigarettenschachtel, nahm eine Zigarette heraus und steckte sie an. So war klar, daß ihre Erklärung nicht die wirkliche Absicht bedeutete, das Rauchen aufzugeben. Sie signalisierte vielmehr ihre Absicht, einen bestimmten Zustand des "Sich-Mühe-Gebens" zu entwickeln oder vielleicht die Absicht, sich über das Aufgeben des Rauchens Gedanken zu machen.

Angestrengte Zielstrebigkeit, das Sich-Abmühen und die Willensanstrengung sind offensichtlich Teil des normalen wie des zwanghaften Erlebens. Aber beim normalen Menschen ist das Objekt seiner Absichten, insgesamt betrachtet, etwas, das sich außerhalb seiner selbst befindet; er beschließt, mit dem Rauchen aufzuhören. Beim Zwanghaften scheint das Objekt des Willens zumindest teilweise er selbst zu sein. Er beschließt, zu "versuchen", mit dem Rauchen aufzuhören.

Die Aktivität des zwanghaften Menschen wird zuweilen auch als "getrieben" bezeichnet. Das bezieht sich ohne Zweifel teilweise auf die bloße Quantität und Intensität seiner Aktivität, die, wie ich meine, den Gedanken nahelegt, daß kein Mensch freiwillig so ausdauernd arbeiten und sich anstrengen würde. Aber außerdem scheint die Aktivität des zwanghaften Menschen motiviert oder unter Druck gesetzt durch etwas, was außerhalb der Interessen der handelnden Person liegt, sie selbst scheint gar nicht so überzeugt von der Aufgabe zu sein. Mit anderen Worten, das wirkliche Interesse des Zwanghaften an der einen oder anderen Aktivität scheint in keinem Verhältnis zu der Intensität zu stehen, mit der er sie verfolgt. Stattdessen verhält (und erlebt) er sich, als ob ihn eine Notwendigkeit, ein Sachzwang unter Druck setzt, dem er um jeden Preis gerecht werden muß. Und in der Tat steht er unter einem solchen Sachzwang, allerdings keinem äußeren. Die Notwendigkeit und den Druck stellt er selbst her.

Solche Menschen stellen sich zum Beispiel selbst für bestimmte Vorhaben Ultimaten, die unter logischen Gesichtspunkten ganz willkürlich wirken. Ein Patient beschloß zum Beispiel, er müsse bis zu seinem nächsten Geburtstag eine bessere Stellung haben, andernfalls sei er als Versager zu betrachten. Als der entsprechende Tag nahte, fühlte er sich natürlich zunehmend und schließlich extrem unter Druck, wie es wohl jedem unter solchem Vorzeichen gehen würde. Als der Geburtstag vorüber war, verschob er das Ultimatum auf den nächsten Neujahrstag und so weiter.

Wenn wir, mit anderen Worten, die Aktivität des Zwanghaften als "getrieben" bezeichnen wollen, müssen wir gleichzeitig ihn selbst als Antreiber benennen. Er leidet nicht nur unter dem Druck des Ultimatums - er setzt es auch. Und nicht nur das, er erinnert sich selbst auch kontinuierlich daran und daran, daß es näher rückt. Er wird sich über diesen Aspekt seines Verhaltens nie beklagen und ihn auch nicht als "neurotisch" einstufen. Obwohl diese Haltung vom objektiven Standpunkt aus für den neurotischen Prozeß ziemlich entscheidend ist, ist sie aus seiner Sicht die einzig sinnvolle. Allerdings wird er sich oft und in gewisser Weise ja berechtigt darüber beklagen, daß er sich ständig unter Druck fühlt.

Insofern handelt es sich nur um zwei Variationen desselben Modus, wenn man vom Getriebensein zwanghafter Aktivität einerseits und der angespannten Zielstrebigkeit und Angestrengtheit andererseits spricht. Es ist also ein Modus der Aktivität, bei dem sich das Individuum mehr oder weniger kontinuierlich selbst unter Druck setzt, während es gleichzeitig unter der Bürde dieses Drucks lebt und arbeitet. Der zwanghafte Mensch fungiert als sein eigener Aufseher, der Befehle, Direktiven, Mahnungen oder Warnungen austeilt, nicht nur bezüglich dessen, was zu tun und zu lassen ist, sondern auch im Hinblick darauf, was gewünscht, gefühlt und sogar gedacht werden soll. Das ist im Grunde der charakteristischste Denkinhalt zwanghafter Charaktere: "Eigentlich sollte ich." Je nach Tonfall mag es eine Anweisung sein, eine Erinnerung, eine Warnung oder eine Ermahnung; aber in jedem Falle sagt der Zwanghafte fast ständig zu sich selbst: "Eigentlich müßte/sollte ich ...". Ich möchte nun behaupten, daß dieser Modus von Aktivität und Erleben eine beträchtliche Verzerrung des normalen Funktionierens und Erlebens des eigenen Willens oder Wollens widerspiegelt, eine generelle Verzerrung, vergleichbar mit jener - allerdings spezifischeren -, die wir im Zusammenhang mit dem Problem intellektueller Rigidität diskutiert haben.

Beim relativ hilflosen Säugling, der sich reflexgesteuert verhält und unter dem Druck sowohl innerer Triebe als auch äußerer Anforderungen der Triebobjekte steht, kann man von Wollen oder Intentionalität höchstens in einem äußerst rudimentären Sinn sprechen. Im Laufe seiner Entwicklung erwirbt der Mensch jedoch die Fähigkeit zu vielerlei willentlichen Aktivitäten und Funktionen oder, allgemein gesprochen, er erwirbt die Fähigkeit, bestimmte Dinge absichtlich, willentlich und mit bestimmten Zielen zu tun. Damit ist die Fähigkeit gemeint, verschiedene Aspekte des Verhaltens gerichtet auszuführen, etwa Handlungen, in gewissem Ausmaß auch die Aufmerksamkeit zu steuern usw.; sie kann somit als Fähigkeit zum "autonomen" Funktionieren bezeichnet werden. Ich kann nicht sagen - und es ist auch nicht notwendig, das hier zu versuchen -, welche Ausstattung und Reifungsprozesse an dieser allgemeinen Entwicklung beteiligt sind, obwohl wir einige Meilensteine dafür kennen (zum Beispiel die willentliche Beherrschung der Schließmuskeln). In ihrer Anfangsphase ist nicht nur die muskuläre Entwicklung beteiligt, vielmehr sind auch verschiedene kognitive Fähigkeiten, wie etwa Antizipation, elementares Planen und so weiter, unerläßlich, wenn die neuen muskulären Fähigkeiten ihre normale Ausformung erreichen und mit normaler Kompetenz ausgeübt werden sollen. Auf jeden Fall wird im Verlauf dieser Entwicklung - die sich wohl über die ganze Kindheit und Adoleszenz erstreckt und nicht mit irgend einer kurzen Entwicklungsphase gleichzusetzen ist - vieles, was ursprünglich unwillkürlich geschah, durch willentliches Handeln ersetzt oder abgelöst. Die Mittel und Wege, Hunger zu stillen, die Funktion der Körperausscheidungen und selbst Vorstellungsbilder und Denkprozesse fallen, zumindest in gewissem Ausmaß, unter die Herrschaft der intentionalen Ausrichtung. Dieses Entwickeln der Fähigkeit zum absichtlichen und zweckgerichteten Handeln bringt mit der Zeit viele neue psychische Erfahrungen und neue Wege und Dimensionen der Selbstwahrnehmung mit sich. Dazu gehört auch ein neues Gefühl von Selbststeuerung, Autonomie oder Entscheidungsfreiheit, das wir üblicherweise als das Erleben des eigenen Willens bezeichnen; wir kennen es von Kindern, die von dieser neuen Erfahrung so eingenommen sind, daß ihnen das Ausüben ihrer Autonomie und dessen, was wir "Willkürlichkeit" nennen, besonders wichtig ist und ihnen besondere Befriedigung bereitet.

Nicht alle Aspekte von Verhalten und psychischer Verarbeitung unterliegen der willentlichen Steuerung. Während die Art der Triebbefriedigung bis zu einem gewissen Grad Gegenstand von Intention und Willen werden kann, werden die Triebe selbst niemals unter die Herrschaft der Intentionalität geraten. Es widerspricht der Natur der Triebe und Affekte, nach Belieben willentlich herbeigerufen oder vertrieben werden zu können (eine Tatsache, die der Zwanghafte konsequent ignoriert, wenn er zu sich selbst sagt: "Ich sollte so und so empfinden"). Allgemein gesagt: während die Fähigkeit zur willentlichen Entscheidung oder Aktivität eine immense Erweiterung der Interessen und Befriedigungsmöglichkeiten bedeutet, sind die eigenen Interessen, Vorlieben oder Gefühle selbst keineswegs Gegenstand bewußter Entscheidungen oder willentlich festzulegen. Dem normalen Menschen bereitet es keine besonderen Probleme, daß der eine Bereich seines Lebens sozusagen unter der Herrschaft von Wollen und Intentionalität steht und der andere nicht. Sind die Fähigkeiten zum eigenen Willen und das Gefühl der Autonomie gut entwickelt, können beide auch gelegentlich vernachlässigt werden, um Raum zu lassen für plötzliche Einfälle, Spielerisches, den spontanen Ausdruck von Gefühlen und ähnliches. Mit anderen Worten: ein Mensch, der sich seiner Fähigkeiten zur Selbststeuerung sicher ist, kann es sich auch leisten, sie gelegentlich - auf unterschiedliche Art und in unterschiedlichem Ausmaß - beiseite zu lassen, ohne daß irgendwelche verheerenden Folgen zu befürchten wären oder gar einträfen. Insgesamt wird also im Normalfall die Intentionalität soweit hinreichend ausgebildet, daß sie geschmeidig, ohne Selbstbeobachtung und in weiten Teilen ohne besondere Spannungszustände funktioniert, und die Willkürlichkeit der Kindheit scheint sich beim Erwachsenen zu einem Gefühl der Kompetenz und der Freiheit zu entwickeln, mit sich selbst das anzufangen, wofür er sich entscheidet.

In bestimmten Fällen jedoch entwickeln sich Wollen und

Willen nur in deutlich verzerrter und rigider Weise. Einen solchen Fall stellt der Zwanghafte dar, und ein anderer ist, wie ich später ausführen werde, der Paranoide. Die zwanghafte Persönlichkeit lebt in einem Zustand ständiger Willensanspannung. Einem Aspekt dieses Zustandes sind wir in Form seiner intellektuellen Rigidität begegnet, aber er durchdringt im Grunde alle Bereiche seines Lebens. Selbststeuerung bedeutet bei ihm nicht, wie normalerweise, willentliches Entscheiden und absichtliches, zweckgerichtetes Handeln, für ihn bedeutet sie eine Selbstbeobachtung, die jede seiner Handlungen dirigiert, um wie ein Aufseher einen ständigen willkürlichen Druck auf sich selbst auszuüben, und, so befremdlich es klingen mag, sogar den Versuch, die eigenen Wünsche und Emotionen willentlich zu steuern. Diese Leute sind mit ungeheurem Nachdruck "Willensmenschen". Jede Handlung, jede Absicht ist gewichtig, wird zelebriert wie ein Staatsakt. Sie dulden nicht nur keine Störung ihrer eigenen willentlichen Zielgerichtetheit durch andere, sind also nicht nur halsstarrig, sondern dulden ebensowenig Störungen durch die eigene Person oder Psyche. Willkürliche Selbststeuerung ist hier nicht, wie normalerweise, eine Auswirkung und, sozusagen, ein Spiegelbild der eigenen Wünsche, sondern eine Handlung, die die Wünsche bevormundet und sogar zum Ziel hat, sie direkt zu steuern. In einer solchen Ordnung ist der Impuls nicht Initiator oder erstes Stadium willentlicher Absichten oder Bemühungen, sondern ihr Feind. Daher sind Impuls und Wunsch für diese Menschen nur Versuchungen, die ihre wirklichen Ziele und Bestimmungen korrumpieren, sie von der Arbeit abhalten und von dem ablenken könnten, was sie tun wollen "sollten", oder die sonst irgendwie ihre rigide Zielstrebigkeit gefährden könnten. Sie sind deshalb abgeschnitten von jenen inneren Quellen, die der willentlichen Anstrengung normalerweise ihre Richtung geben - eine Tatsache, die, wie später noch deutlicher werden wird, viele Konsequenzen hat.

Im Leben des zwanghaften Menschen gibt es zahlreiche Manifestationen dieses generellen Modus psychischen Funktionierens, von denen übrigens einige so sehr zu unserer Kultur, besonders zur Arbeitskultur gehören, daß sie als selbstverständlich empfunden werden und kaum auffallen. Ein wichtiges und interessantes Beispiel für diesen Stil des Erlebens und Handelns ist das, was wir "Willenskraft (oder -stärke)" nennen. Diese Willenskraft, die so charakteristisch für den Zwanghaften und so günstig für das routinemäßige Arbeiten ist, bedeutet ja gerade, daß willentliche Befehle und Direktiven an das eigene Ich ausgegeben werden.

Dieser Stil des Handelns und Erlebens impliziert des weiteren, wie wohl deutlich ist, eine bestimmte Art der Selbstwahrnehmung, etwa wie mit einem Aufseher im Nacken, der Befehle, Anweisungen und Ermahnungen ausgibt und den zwanghaften Menschen nie verläßt. Es ist die Selbstwahrnehmung eines Menschen, der unter Zwang und Zeitdruck arbeitet. Da für den Zwanghaften nahezu das ganze Leben in eine solche Form der Aktivität transformiert ist, ist dieses Erleben für ihn durchgängig.

Das läßt sich zum Beispiel am für diese Menschen charakteristischen Rollenverhalten erkennen. Für den zwanghaften Menschen ist es wichtig, immer genau zu wissen, was er gerade "darstellt". Diese Wahrnehmung der eigenen Rolle und das Interesse daran, sie herzustellen, sind ein wichtiger Schritt zur Transformation ganzer Lebensbereiche in seinen für ihn so charakteristischen Modus. Hat er seine Rollenvorstellung erst voll entwickelt, wird sie zu einer allgemeingültigen Leitlinie für sein Verhalten, wobei oft sogar Feinheiten wie Mimik, Sprachstil und ähnliches miteinbezogen sind. Dementsprechend sind zwanghafte Menschen sich ihrer Berufsrolle natürlich besonders bewußt - der zwanghafte Arzt spielt einen Arzt -, und ähnliches gilt für die Rolle als Elternteil oder Ehepartner. Oft sind sie sich sogar der Rolle der eigenen Person bewußt und spielen auch diese. Das soll heißen, in bestimmter Hinsicht ist ihnen durchaus bewußt, wie sie sind, und sie passen sich im Verhalten entsprechend an. Dieses Rollenbewußtsein und das Handeln nur nach den Leitlinien dieser Rolle ist es, was das Verhalten dieser Menschen oft so gestelzt und aufgesetzt erscheinen läßt. Ein gutes Beispiel dafür gibt FENICHEL, ohne daß er jedoch dessen allgemeinere Gültigkeit anspricht:

> Ein Patient fühlte sich nur solange wohl, wie er sicher wußte, welche "Rolle" er erwartungsgemäß zu "spielen" hatte. Bei der Arbeit dachte er: "Jetzt bin ich Arbeiter", und das gab ihm die notwendige Sicherheit. Beim Heimkommen dachte er: "Nun bin ich der Ehemann, der von der Arbeit zu seiner geliebten Familie zurückkehrt."[5]

---

5 OTTO FENICHEL: Psychoanalytische Neurosenlehre. Olten und Freiburg 1981, Bd. III, S. 115.

Es soll jedoch ergänzt werden, daß diesem Patienten nicht nur das *Rollenbewußtsein* grundlegend wichtig ist, sondern daß dieses Bewußtsein auch von grundlegender Bedeutung für die *Verhaltensregeln* und den gesamten charakteristischen Modus des Erlebens und Handelns ist. Insofern meint der Patient also, wenn er denkt "Jetzt bin ich Arbeiter": "nun habe ich mich zu verhalten, wie es sich für einen Arbeiter gehört."

Ein anderes, moderneres Beispiel für denselben Vorgang ist der zwanghafte Psychotherapiepatient, der anhand seiner Träume, Phantasien und so weiter unbedingt herausfinden möchte, was er "wirklich" denkt, möchte und empfindet. Denn wenn er es herausfände, bräuchte er sich im Verhalten nur noch danach zu richten ...

Woher leitet die zwanghafte Persönlichkeit all diese Direktiven, Befehle und Sachzwänge ab, denen sie sich unterwirft - und wie tut sie das? Objektiv betrachtet, stammen sie ohne Zweifel von ihr selbst. *Sie* erinnert sich an die einzuhaltende "Rolle", setzt und fixiert die Ultimaten und gibt sich selbst die Befehle. Aber ungeachtet der Tatsache, daß die Urheberschaft und Verantwortlichkeit für alle Befehle und Direktiven objektiv bei niemand anderem als ihm selbst liegt, hat der Zwangsneurotiker keineswegs das Gefühl, daß sie von ihm stammen und daß er dies alles vollständig aus der eigenen Autorität und Entscheidungsfreiheit heraus formuliert. Im Gegenteil, er hat vielmehr ständig den Eindruck, daß er sich lediglich an eine zwingende, *objektive* Notwendigkeit erinnert, an eine fordernde Instanz, die weit über seinen persönlichen Wünschen und Entscheidungen anzusiedeln ist und der er sich zu unterwerfen hat.

So meinen diese Menschen, daß es der Anstand fordert, daß sie sich gepflegt kleiden, die Pflicht verlangt, daß sie Tante Tilly besuchen, der Chef erwartet, daß die Arbeit schnellstens erledigt wird; für die Gesundheit muß man täglich ein bestimmtes Maß an körperlicher Ertüchtigung ableisten, für das seelische Gleichgewicht muß man eine Reihe von Hobbies pflegen und ein bestimmtes Maß an "Entspannung" einplanen, für den kulturellen Horizont ein bestimmtes Lese- und Musikpensum absolvieren und so weiter. Dem zwanghaften Menschen kommt es nicht in den Sinn, daß zahlreiche andere Menschen keine einzige dieser Pflichten und "Notwendigkeiten" irgendwie wichtig finden; und wenn es ihm doch klar wird, spielt das keine Rolle - für ihn sind sie schließlich außerordentlich wichtig.

Indem der Zwanghafte als sein eigener Aufseher fungiert, hat er das Gefühl, sich hinsichtlich einer objektiven Notwendigkeit, insbesondere auch einer moralischen, verantwortlich zu verhalten. Er empfindet sich selbst als Agenten oder Repräsentanten jener objektiven Notwendigkeiten oder moralischen Imperative. Diese mit so zwingender Autorität versehenen, selbst geschaffenen "äußeren" Zwänge oder Imperative können die unterschiedlichsten Formen annehmen. Beispielsweise haben diese Menschen eine feine "Antenne" für alle möglichen Erwartungen anderer an sie und auch für ihnen eventuell drohende Kritik. Ebenso fein ist ihr Gespür für das, was "man" meint und wichtig findet, für Regeln, Reglementierungen und Konventionen und vor allem wohl für größere Arsenale moralischer oder pseudomoralischer Prinzipien. Sie fühlen sich nicht im eigentlichen Sinne gezwungen, ihnen nachzukommen und unterwerfen sich ihnen nicht wirklich. Sie erkennen aber ihre Autorität an und setzen sich unter Druck, das heißt, fühlen sich beispielsweise verpflichtet, ihnen nachzukommen.

Ein solches Leben zwingender Notwendigkeiten und moralischer Imperative, die über den eigenen Wünschen und Entscheidungen stehen, ist notwendig, wenn man einen rigiden und kontinuierlichen Zustand ziel- und zweckgerichteten Aktivseins aufrechterhalten und sich selbst fortlaufend unter Druck setzen muß. Das Regime dieses willkürlichen, rigiden Drucks, das Regime der Anstrengung und Anforderung also, hat keine intrinsische Ausrichtung. Der Zwanghafte ist stets bereit zur Pflichterfüllung, Selbstüberwindung und Arbeit - oder zumindest bereit, es zu "versuchen", aber er braucht, um so funktionieren zu können, irgendeine autoritäre Anweisung, die es ihm möglich macht. Diese Menschen empfinden und funktionieren wie getriebene, hart arbeitende Roboter, die sich selbst zwingen, nie endende Pflichten zu erfüllen, "Verantwortung" und Aufgaben zu übernehmen, die sie sich ihrem Gefühl nach nicht ausgesucht haben, sondern die es eben einfach gibt.

Ein zwanghafter Patient verglich sein ganzes Leben mit einem Zug, der zügig vorankam und eine wichtige Ladung transportierte - aber die vorgeschriebenen Gleise nicht verlassen konnte.

Mit anderen Worten: sie fühlen sich nicht als freie Menschen. Vielmehr fühlen sie sich in Situationen, die ein paar Freiheitsgrade mehr eröffnen, extrem unwohl. Bekanntermaßen kommen die zwanghaften Menschen in solche Schwierigkeiten, wenn sie in Urlaub fahren oder Ferien machen. Genau in solchen Situationen, wo die regulären Pflichten, Verantwortlichkeiten und Arbeitsbelastungen, über die sie sich immer so beklagen, aufgehoben sind, sind sie deutlich unzufrieden, bis sie irgend einen neuen Sachzwang oder eine neue, unausweichliche Pflicht geortet haben.

Einer meiner Patienten beklagte sich oft über die Probleme am Wochenende: "Ich weiß einfach nicht, was ich gern tun würde." Er versuchte das Problem zu lösen, indem er auf eine psychologische Suche nach sich selbst ging, auch anhand seiner Träume, um herauszufinden, was er "gern" täte, weil er annahm, für die seelische Gesundheit sei es wichtig, das zu tun, was man möchte.

Ohne Zweifel sind die Zwänge und Direktiven, mit denen der Zwanghafte lebt, für ihn eine gewisse Belastung, aber gleichzeitig sind sie ihm autoritative Wegweiser. Sie bieten einen Rahmen, innerhalb dessen er vergleichsweise gut zurechtkommen kann und ohne den er sich extrem unwohl fühlt. Am wohlsten fühlen sich viele dieser Menschen bei der Arbeit, weil sie dort ihre eigenen kleinen Nischen und Domänen haben, innerhalb derer sie sich der Erfüllung ihrer angestammten und von höheren Autoritäten festgelegten Pflichten widmen können. Wenn sie Entscheidungen treffen müssen, dann rein formale - die beste Gewähr, Fristen einhalten und Erwartungen auch erfüllen zu können. Befriedigung bedeutet für sie nicht, entscheiden zu können und sich frei zu fühlen, sondern einen Auftrag in der vorgegebenen Zeit zu erfüllen, die Autorität vorübergehend erfreut zu haben und, oft, die Befriedigung, die in einer hoch entwickelten formalen Virtuosität und Erfindungsgabe liegt.

Wie bereits angemerkt, ist das Erleben der zwanghaften Persönlichkeit, wenn sie auf sich selbst einen scheinbar äußerlichen Druck ausübt und unter ihm lebt, durch einen speziellen Denkinhalt besonders gut repräsentiert, nämlich durch den Gedanken: "Ich müßte/sollte eigentlich ..." Das ist der Gedanke, mit dem sie sich zur Arbeit antreibt, sich zu bestimmten Verhaltensweisen zwingt und auch sich selbst ermahnt oder sich Sorgen macht. (Zum Beispiel: "Ich hätte das und das tun sollen" oder: "Vielleicht hätte ich ... sollen"). Wahrscheinlich ist dieser Gedanke - mit Variationen - (etwa: "Ich muß jetzt ...") expliziter Bestandteil zwangsneurotischer Symptome ("Ich sollte mich jetzt waschen"), und vielleicht ist er implizit auch in anderen Symptomen enthalten (zum Beispiel in tics). So oder so ist der zwanghafte Mensch kaum jemals ohne sein "ich müßte". Im allgemeinen bezieht sich das "ich müßte" auf moralische Prinzipien, und zwanghafte Menschen werden bei den entlegensten und unwahrscheinlichsten Themen moralische Gesichtspunkte ins Spiel bringen. Es sollte jedoch angemerkt sein, daß sich das "ich müßte" auch auf viele andere Arten von Imperativen beziehen kann, auf Anstandsregeln und "gute Sitten" etwa oder auf die Erwartungen des Chefs. Ich betone das deshalb, weil es die moralischen Empfindungen des Zwanghaften in ein bestimmtes Licht rückt.

Die moralischen Aspekte dieses "Müßte"-Gefühls fallen zusammen mit dem, was wir sonst als Über-Ich-Funktionen bezeichnen. Betrachten wir diese Über-Ich-Funktionen im Lichte des vorher Gesagten, wird jedoch eine grundlegende Tatsache klar: Das moralische Empfinden des Zwanghaften, sein moralisches "ich müßte" ist nur ein spezifischer, wenn auch enorm wichtiger Aspekt seines generellen und mehr oder weniger durchgängigen Lebensgefühls, unter einem scheinbar äußeren Druck zu stehen (den er auch sich selbst gegenüber vertritt). Dementsprechend gibt es zwischen so deutlich moralischen Imperativen wie "ich sollte zur Kirche gehen" oder "ich sollte nett zu ihm sein" und anderen Zwängen, die mit Moral nichts zu tun haben (wie etwa dem Druck eines Ultimatums), eine beliebige Vielzahl pseudo-moralischer Prinzipien, Pflichten und Erfordernisse, die abwechselnd das Erleben des Zwanghaften, daß er unter Druck und äußeren Sachzwängen steht, konstellieren.

Der spezifisch moralische Inhalt - oder: die Über-Ich-Funktion - scheint also in dieser generellen Form subjektiven Erlebens seine eigentliche Charakteristik zu verlieren. Man kann das überprüfen, indem man sich einfach zu einer bestimmten moralischen Aussage vorstellt, sie sei aus einer allgemeineren Form des Erlebens abgeleitet, oder man kann versuchen, dem Über-Ich diese generelle Form insgesamt zuzuschreiben - in beiden Fällen wird es schwierig, eine psychische Funktion, die relativ unabhängig vom generellen Modus des Daseins existiert und "Über-Ich" genannt werden könnte, zu identifizieren. Wir brauchen uns jedoch hier nicht mit diesem theoretischen Problem auseinanderzusetzen; allerdings möchte ich noch auf eine bestimmte Eigenschaft zu sprechen kommen, die dem Über-Ich des Zwanghaften in der Regel zugeschrieben wird, nämlich seine "Strenge".

Das Über-Ich des Zwanghaften ist häufig als außergewöhnlich streng beschrieben worden. Auch, oder vielleicht andererseits, wurde es als nicht adäquat integriert bezeichnet. Ohne Zweifel fußen diese Beschreibungen teilweise auf der offensichtlichen Spannung und Besorgtheit, die diese Menschen in Verbindung mit dem "müßte"-Gefühl zu plagen scheint und der sie anscheinend kaum entrinnen können. Die an sich klaren Phänomene erscheinen uns vom eben formulierten Standpunkt aus in einem anderen Blickwinkel: Bedenkt man die eigentliche Natur dieses generellen Aktivitäts- und Erlebensmodus (das "müßte"-Gefühl ist dabei nur ein Aspekt), dann wird schnell deutlich, daß die "Strenge" oder "unzureichende Integration" für das gesamte Funktionieren dieses Modus absolut unabdingbar sind.

Wenn wir sagen, der Druck durch das "müßte" sei "streng" und unzureichend integriert, sagen wir im Grunde, daß das Individuum einen konstanten Druck erlebt, den es als den eigenen Wünschen zuwiderlaufend und fremd empfindet. Das aber sind genau die Bedingungen, die es ihm möglich machen, jene unbequemen, aber letztlich doch Sicherheit gebenden Befehle oder Direktiven zu erleben, denen er sich unterwerfen und denen er gerecht werden kann. Wäre der Anforderungsdruck nicht "streng" oder würde er, mit anderen Worten, zu einer Veränderung in Richtung freier Wünsche und Entscheidungen tendieren, würde sich dieses Gefühl einer Anweisung von außen verflüchtigen. Insofern ist es nicht überraschend, daß der Zwanghafte jedes anscheinend erleichternde Angebot, wie er die "strengen" Forderungen seines Gewissens reduzieren könnte, kategorisch zurückweist. Für ihn bedeutet eine solche Erleichterung eher einen Verlust anstatt einen Gewinn. Im Gegenteil, wenn er zeitweilig von diesen Forderungen freigestellt ist, wie etwa im Urlaub, sucht er sich umgehend neue.

Bei einem solchen Stil psychischen Funktionierens wird, abgesehen von der Arbeit, das Leben an sich ausgesprochen verarmen und gravierend eingeschränkt sein. Es gibt eben Lebensbereiche, denen ein durchgängig rigider Zustand zielgerichteten Aktiv- und Angespanntseins einfach nicht gerecht werden kann. Bestimmte Arten subjektiven Erlebens, insbesondere das affektive, erfordern naturgemäß ein Aussetzen oder zumindest Nachlassen der angestrengt-zielstrebigen Einstellung, und wo solch eine Abmilderung unmöglich ist, wie beim zwanghaften Stil, verarmen jene Bereiche des psychischen Seins. Daher auch das oft dröge, mechanische Erscheinungsbild oder die sture Schwerfälligkeit, die diese Menschen zuweilen charakterisieren. Manchmal ist man Zeuge jenes unglückseligen Schauspiels, in dem ein solcher Mensch angestrengt versucht, einen seelischen Zustand, etwa eine gelöste Fröhlichkeit, zu erreichen, für den die allererste Voraussetzung wäre, daß jede willentliche Anstrengung unterbleibt.

Zuweilen wird diese Affekthemmung fälschlich auf die "Überkontrolliertheit" des Zwanghaften zurückgeführt, was bedeuten würde, daß diese Menschen absichtlich, durch Willensanstrengungen oder sonstwie die eigenen Impulse oder ihr Affektleben kontrollieren können. Das können sie natürlich nicht, auch wenn sie es sich sicherlich sehr wünschen; was sie - allerdings auch nur bis zu einem gewissen Grad - kontrollieren können, ist der äußere Ausdruck eines Affektes. Aber auch, wenn das Affektleben nicht willentlich zu zügeln oder zu unterbinden ist, unterbindet die Tatsache eines solchen Zustandes willentlicher Anspannung - und des unvermeidlichen Unbehagens, wenn er einmal nachläßt - *automatisch* nicht nur affektives Erleben, sondern auch spontane Einfälle, Spielerisches und spontanes Verhalten überhaupt.

Das Unbehagen, das diese Menschen empfinden, wenn sie einmal versucht sind, ihr Angestrengtsein und die Ziel- und Zweckgerichtetheit etwas zu lockern, äußert sich auf vielfältige Weise und veranlaßt sie häufig zu den ausgefeiltesten Rationalisierungen.

So verbot beispielsweise ein Patient sich das Fernsehen, weil es ihm so gefallen könnte, daß er noch mehr würde sehen wollen, möglicherweise nicht mehr davon loskäme und nichts anderes mehr würde tun wollen - und was sollte dann aus dem Buch werden, das er gerade schrieb?

Ganz allgemein haben zwanghafte Menschen das Grundgefühl, daß jedwede Lockerung der Anspannung oder Zweckorientiertheit unschicklich, bedrohlich oder Schlimmeres ist. In der Regel sind sie der Meinung, daß sie, wenn sie nicht gerade arbeiten, zumindest über ein bestimmtes Problem nachdenken müßten (was bei ihnen heißt: sich Sorgen machen), und die Vorstellung, sich über ein tatsächlich existierendes Problem keine Sorgen zu machen, erscheint ihnen außerordentlich verwegen, selbst wenn es eins ist, an dem sie nichts ändern können. Bei einer Tätigkeit, die neben Spaß oder Entspannung keinen Zweck oder kein Ziel verfolgt, fühlen sie sich einfach nicht wohl, und in der Regel erkennen sie keine Möglichkeit, das Leben auch ohne ein ständiges Gefühl von Zweck und Anstrengung, Karrierevorantreiben und Geldverdienen befriedigend zu finden.

Manchmal erleben zwanghafte Menschen einen für sie ungewöhnlichen Impuls oder Drang, der mit einer speziellen Art von Angst und Unbehagen einhergeht und hier nicht unerwähnt bleiben soll: Ich meine die Angst, "verrückt zu werden" oder, wie es manchmal auch beschrieben wird, das Gefühl von drohendem "Kontrollverlust", das uns von diesen Menschen recht geläufig ist. Manchmal wird angenommen, darin spiegele sich die akute Gefahr einer Psychose, eine Abwehrschwäche und ein akuter Druck primitiver und sehr intensiver Impulse. Auch wenn dies ohne Zweifel manchmal der Fall ist, muß es nicht immer so sein. Diese Angst scheint dann im zwanghaften Menschen aufzusteigen, wenn, aus welchen Gründen auch immer, ihre übliche rigide Angespanntheit unterbrochen ist, zum Beispiel wenn sie versucht sind, sich irgendwie unkontrolliert (was nicht unbedingt aggressiv oder primitiv heißen muß) zu verhalten.

Rigide Menschen erleben die Angst, "die Kontrolle zu verlieren", häufig in Therapiesitzungen und sprechen sie dann auch aus, wenn sie zum Beispiel nicht aufhören können zu lachen oder ungewohnt aufgewühlt sind und ihre übliche Fassung verlieren.

Mit anderen Worten, wenn diese Menschen fürchten, kurz vor einem "Kontrollverlust" zu stehen, scheint sich darin lediglich ihr Gefühl auszudrücken, daß die gewohnte willentliche Anspannung nachläßt oder ganz verlorengeht, eine Lockerung des "Willens" also; dieses Gefühl mag ihnen selbst wirklich wie ein "Verrücktwerden" erscheinen, es hat aber mit dem Zusammenbruch der Abwehr oder anderer impulskontrollierender Strukturen, wie es bei einer akuten psychotischen Episode der Fall wäre, überhaupt nichts zu tun.

Es gibt noch eine andere Art des Erlebens, die dem zwanghaften Menschen mindestens genauso viel Unbehagen bereitet wie das zeitweilige Sicheinlassen auf Launen und Impulse. Ich meine das Fällen von Entscheidungen. Es gibt kaum eine Anforderung des Alltagslebens, für die dieser Stil weniger geeignet ist.

Keine noch so harte Arbeit, kein noch so gnadenloses Sich-Antreiben und nicht die größte Willensstärke helfen bei einer Entscheidung auch nur im geringsten weiter. Die Schwierigkeiten und Unbilden, denen diese Menschen ausgesetzt sind, wenn eine Entscheidung droht, werden häufig als Widerspiegelung ihrer Ambivalenz verstanden. Was aber den zwanghaften Menschen angesichts einer Entscheidung auszeichnet, ist nicht, daß seine Gefühle einfach nur "gemischte" wären, sondern vielmehr die Tatsache, daß diese Gefühle jederzeit so wunderbar perfekt ausbalanciert sind. Man kann in der Tat gut beobachten, wie der Zwanghafte genau in dem Moment, wo er im Begriff ist, sich tatsächlich zu entscheiden, gerade dann also, wenn die Waage beginnt, sich deutlich zu einer Seite zu neigen, irgendeinen ganz neuen Gesichtspunkt entdeckt, der die perfekte Balance alsbald wiederherstellt. Der Zwangsneurotiker scheut sich also vor Entscheidungen. Das braucht uns nicht zu wundern. Für einen Menschen, der sich von äußerem Druck getrieben und durch moralische Richtlinien gelenkt fühlt, für den rigiden Soldaten der Pflicht, der keine eigenen Wünsche kennt, kann der Akt des Entscheidens, der von Natur aus Wünsche aktiviert und das Gefühl von Freiheit und Wahlmöglichkeiten mit sich bringt, nur extremes Unbehagen bedeuten. Aber niemand kann es vermeiden, sich zu entscheiden, und es ist interessant, die psychischen Mechanismen zu betrachten, die in solchen Momenten beim zwanghaften Menschen wirksam werden und ihm, so oder so, über diese Situationen hinweghelfen.

Wenn der zwanghafte Mensch vor einer Entscheidung steht, und sei sie noch so trivial, wird er typischerweise versuchen, eine Lösung zu finden, indem er irgendeine Regel, ein Prinzip oder eine äußere Erfordernis heranzieht, die mit einer gewissen Wahrscheinlichkeit die "richtige" Antwort liefert. Er wird also Mittel und Wege suchen, mit denen der Prozeß der Entscheidungsfindung in seinen üblichen Funktionsmodus eingepaßt wird. Kann er tatsächlich irgendein Prinzip oder Erfordernis finden, das auf die fragliche Situation anwendbar ist, verschwindet die Notwendigkeit einer Entscheidung als solche, das heißt sie wird transformiert in das rein technische Problem der richtigen Anwendung des richtigen Prinzips. Wenn er sich also etwa klarmachen kann, daß es immer klug ist, von allen Kinos das billigste zu wählen, oder "logisch", zum nahegelegensten zu gehen, oder "gut", den anspruchsvollsten Film zu sehen, reduziert sich das Problem auf ein rein technisches, nämlich herauszufinden, welches Kino das billigste, nächste oder anspruchsvollste *ist*. Bei dem Bemühen, solche Erfordernisse, Maßstäbe und Prinzipien zu finden, greift er auf Moral, "Logik", das "Übliche" und Anstandsregeln zurück, auf die Regeln "normalen" Verhaltens (insbesondere, wenn er Psychiatrie-Patient ist) und ähnliches. Kurz, er wird versuchen herauszufinden, was er tun "sollte". Manchmal wird er ein Prinzip oder mehrere im Sinn behalten und die verschiedenen Fürs und Widers auflisten - z.B. die Vorteile für die Kinder einerseits, die anfallenden Kosten andererseits - und dabei hoffen, daß das Ergebnis dieses komplizierteren Verfahrens die Entscheidung bringt. Manchmal klappt das, oder es scheint zumindest so, und im Alltagsleben des Zwanghaften spielen so getroffene Entscheidungen eine wichtige Rolle. So beschließt er etwa, lieber den einen statt den anderen Anzug zu tragen, weil er "angemessener" ist. Viele Entscheidungen jedoch, speziell solche, die außerhalb der tagtäglichen Routine fällig werden, können nicht ohne weiteres so angegangen werden. Entweder fehlt ein passendes Prinzip, oder viele kommen in Frage, und keines ist hinreichend dominant. Und das ist bei eher trivialen Angelegenheiten fast genauso wahrscheinlich wie bei nicht-trivialen.

Kann der Zwanghafte seine Entscheidung nicht mit Hilfe einer Regel oder Formel finden, dann gerät er ins Grübeln; er *kämpft* regelrecht um die *richtige* Lösung. Er gibt dann sich selbst kein Pardon, arbeitet Tag und Nacht daran und wird sich immer wieder zwingen, darüber "nachzudenken". Aber dieses Grübeln des Zwanghaften hat wenig Ähnlichkeit damit, wie normale Menschen die relevanten Fakten überdenken. Der zwanghafte Mensch wird noch lange Grübeln, wenn alle relevanten Fakten schon längst ausdiskutiert und alle Möglichkeiten, sie neu oder anders zu deuten, erschöpft sind. Er wird alle nur möglichen Kombinationen durchgespielt haben, und das wieder und wieder. Er hat, mit anderen Worten, wieder einmal versucht, dem Problem der Entscheidung mit seinem Stil beizukommen. Er behandelt es, als sei es ein außerordentlich schwieriges technisches Problem - die Suche nach der "richtigen" Antwort. Aber meistens wird diese Suche ein Fehlschlag, denn eine "richtige" Antwort, wie er es meint, wie bei einem technischen Problem also, gibt es nicht. Die Entscheidung ist, so sehr er auch davor zurückschreckt, eine Wahl, je nach den persönlichen Präferenzen.

Oft ist zu beobachten, daß die Entscheidung des zwanghaften Menschen trotz allen vorangehenden Zögerns und Abwägens von Pro und Contra außerordentlich abrupt wirkt, wenn sie denn fällt. Trotz der langen Zeit, die er gebraucht hat, ist die Entscheidung, die er schließlich trifft, oft vergleichsweise wenig plausibel und wirkt häufig sprunghaft. Anscheinend sagt er schließlich irgendwann zu sich selbst: "Verdammt nochmal!" oder: "Jetzt muß einfach was passieren!" und nimmt dann den nächstbesten Anzug, den der Verkäufer gerade in der Hand hat oder unterschreibt den Vertrag auf der Stelle. Und ist die Entscheidung einmal gefallen, dann betrachten solche Menschen sie oft als neue Direktive, lassen keine anderen Gesichtspunkte mehr zu und ziehen es vor, die Situation so zu definieren, daß nun nichts mehr geändert werden darf. Hat der Zwanghafte dies arrangiert, kann er sich wieder erleichtert der begrenzteren und vertrauteren Aufgabe zuwenden, die Direktive gewissenhaft auszuführen. Nun finden Willensstärke und der generelle Modus des getriebenen Aktivseins wieder ihr Anwendungsfeld. Aber das für die Aktivität eines flexiblen Menschen zentrale Zusammenspiel zwischen Entscheidung und neuen relevanten Daten, die im Laufe des Handelns kontinuierlich anfallen, existiert für den Zwanghaften kaum.

Realitätsverlust

Manchmal machen sich zwanghafte Menschen Sorgen (d.h., verrichten ihre anstrengende Denkarbeit) wegen Dingen, die nicht nur unwahrscheinlich, sondern ganz absurd sind. Ihre Sorgen - hypochondrische Vorstellungen zum Beispiel - können so abwegig sein, daß sie fast an Wahn oder Selbsttäuschung grenzen. Auch wenn man dem Betreffenden alle jene Gründe abnimmt, die er für seine Besorgnis haben mag: Wenn er offenbar glaubt, er habe sich wohl durch eine Kette beiläufiger Kontakte eine ernsthafte Erkrankung zugezogen, ist das nicht zumindest das Anfangsstadium einer Wahnvorstellung? Oder: Wenn jemand gerade peinlich genau den Tisch abgewischt hat und sich nun verhält, als glaube er, der Tisch sei im selben Moment wieder schmutzig geworden und müsse wieder geputzt werden - kann das nicht als Wahn betrachtet werden? Wenn wir diese Frage beantworten wollen, müssen wir sorgfältig im Auge behalten, daß er sich nur verhält, "als ob" er glaubt, der Tisch sei wieder schmutzig. Es wird sich nämlich herausstellen, daß der Zwanghafte all diese Dinge keineswegs wirklich glaubt. Er glaubt nicht wirklich - in dem Sinn, wie wir "glauben" sonst gebrauchen -, der Tisch sei schmutzig oder er selbst sei mit gefährlichen Krankheiten infiziert, und eine nähere Unterscheidung zeigt, daß er auch nie *behauptet*, daß er das glaubt. Er sagt nie: "Ich habe Krebs", oder "ich habe mich angesteckt". Vielmehr sagt er, er *könne* sich angesteckt haben oder *befürchte*, er habe Krebs, und das ist ein wichtiger Unterschied.

Weiterhin möchte ich darauf aufmerksam machen, daß der Zwanghafte an solchen Dingen ein anderes Interesse als die normale Besorgnis hat. Am meisten interessieren ihn - typischerweise - die gewissermaßen "technischen Details". So erzählt er uns zum Beispiel sehr engagiert, daß die und die Person möglicherweise mit der und der Person Kontakt hatte, die wiederum wahrscheinlich eine Türklinke angefaßt hatte, die vorher ... usw. - Einzelheiten, die nicht geeignet sind, das Problem, mit dem er sich vorgeblich beschäftigt, wirklich zu lösen. Es scheint, daß er sich lieber um technische Details kümmert als um substantielle Wahrheiten. Dasselbe gilt in Verbindung mit den Zweifeln des Zwanghaften ganz allgemein, etwa wenn wir sehen, daß zwanghafte Menschen offensichtliche Tatsachen bezweifeln, wobei von einem Informationsdefizit, das einen nachvollziehbaren Zweifel hervorrufen könnte, keine Rede sein kann. Nähme man an, daß das Gefühl für Wahrheit und das Verständnis von Zweifel beim Zwanghaften genau die gleichen seien wie beim normalen Menschen, müßte man zuweilen schlußfolgern, daß der Zwanghafte Wahnvorstellungen habe. Diese Annahme jedoch scheint nicht gesichert zu sein.

Ich habe schon die Einengung der Wahrnehmung und Aufmerksamkeit des zwanghaften Menschen beschrieben, sein vorrangiges Beschäftigtsein mit technischen Details und seine Unfähigkeit, Atmosphärisches oder emotionale "Schwingungen" aufzunehmen. Diese Art der Kognition scheint - wohl unter allgemeiner Reduzierung des subjektiven Erlebens von Unmittelbarkeit überhaupt - eine weitere augenfällige Konsequenz bezüglich seiner Wahrnehmung der Außenwelt zu haben: nie erlebt er das Gefühl der Gewißheit.

Wenn man zwanghafte Menschen ausführlich beobachtet oder ihre Äußerungen und Vorstellungen untersucht, wird deutlich, daß Fragen wie: "Kann das wirklich wahr sein?" oder "Ist das wirklich wahr?" typischerweise nicht beantwortet, sondern vermieden werden. Selbst bei Angelegenheiten, in denen er keine aktiven Zweifel hegt, wird der zwanghafte Mensch oft von einer solchen Frage überrascht erscheinen und sie als im Grunde uninteressant ignorieren. Keineswegs wird er sagen: "Das stimmt", sondern eher so etwas wie "Es muß wohl so sein" oder: "Das paßt".

Ein zwanghafter Patient sagte zum Beispiel über die Frau, die er heiraten wollte: "Ich muß sie wohl lieben - sie hat alle Eigenschaften, die ich mir für meine Ehefrau wünsche."

Insofern ersetzt die vorrangige Beschäftigung mit technischen Details das "Erfassen" einer konkreten Person oder Situation und das unmittelbare Reagieren darauf. Das Erleben des Zwanghaften kann also mit dem eines Piloten verglichen werden, der bei Nacht und Nebel fliegt und sich ganz auf seine genauen und intakten Instrumente verläßt. Er kann sein Flugzeug steuern, und zwar so, *als ob* er klare Sicht hat, aber er erlebt seine Situation nicht direkt; er nimmt nur die Meßwerte wahr, Dinge also, die für etwas anderes stehen.

Das illustriert auch der Fall eines Rechtsanwaltes, der seine Kleidung jeden Morgen mit Hilfe einer Farbwahlscheibe zusammenstellte. Anscheinend konnte er etwas wie "das sieht gut zusammen aus" oder "das gefällt mir" überhaupt nicht empfinden oder erleben. Vielmehr ging es darum, daß dies und das "zusammenpaßt - den Regeln zufolge muß es wohl gut aussehen."

Das Gefühl der eigenen Gewißheit über die Beschaffenheit der Welt - mit anderen Worten, das Gefühl für die Wirklichkeit - erfordert eine breitgestreute Aufmerksamkeit, ein Interesse an den und ein Sensorium für die Schattierungen und Gewichtungen der Dinge sowie die Fähigkeit, direkt auf sie zu reagieren, worauf der Zwanghafte in keiner Weise eingestellt ist. Stattdessen hält er sich mit technischen Details auf, mit Anzeichen, die er auf dem Hintergrund autoritativer Regeln und Prinzipien interpretiert. Folglich sagt er nicht: "So ist es", sondern: "Das könnte hinkommen".

An dieser Stelle komme ich zu einem Paradoxon in der Symptomatologie des Zwanghaften. Was das Gefühl der Gewißheit betrifft, so ist er symptomatisch durch zwei Züge zu charakterisieren: Zweifel und Unsicherheit einerseits und Dogmatismus andererseits. Die Psychoanalyse hat diese scheinbare Paradoxie bereits aufgelöst, indem sie eine signifikante Beziehung zwischen beiden aufgezeigt hat: Das Dogma kommt auf, um Zweifel und Ambivalenz zu überwinden und sie zu kompensieren, das ist die dynamische Erklärung für die Verwandtschaft beider Pole. Ich möchte zusätzlich hier eine formale Beziehung zwischen beiden behaupten.

Die grundlegende Ähnlichkeit zwischen Dogma und zwanghaftem Zweifel wird deutlich, wenn man sich fragt, welche Eigenschaften der Einstellung von normalen Menschen gegenüber Tatsachen bei diesen beiden Haltungen offensichtlich fehlt. Es ist, so behaupte ich, jener Bestandteil, der dem Erleben des Zwanghaften ganz generell fehlt: das Gefühl der Gewißheit und die gesamte Dimension des Interesses an der tatsächlichen Wirklichkeit und Wahrheit. Man kann sogar noch weiter gehen. Sowohl Dogma als auch Zweifel basieren auf eingeengter Aufmerksamkeit und einem technisch-signalverarbeitenden Stil des Denkens und der Wahrnehmung, die ja für den zwanghaften Menschen charakteristisch sind. Im Falle des Dogmas ist das deutlicher: Die enggefaßte, rigide Aufmerksamkeit des Zwanghaften macht es ihm leicht, neue Informationen zu ignorieren; er betrachtet sie nicht als möglicherweise interessant, sondern als potentielle Störung oder Ablenkung. Gleichzeitig erlaubt das eingeengte Interesse an technischen "Meßwerten" dem dogmatischen Menschen, seine so leicht gefundenen Lösungen völlig befriedigend zu finden. Solange bestimmte technische Anforderungen erfüllt sind, "müssen" seine Vorstellungen richtig sein, und er kann ihre Ecken und Kanten vernachlässigen und sogar Tatsachen einfach ignorieren, die jeden anderen sofort als diametral widersprechend auffallen würden. Und hierauf beruht die uns vertraute Fähigkeit des Dogmatikers und zwanghaften Menschen allgemein, "logische" Absurditäten zu produzieren. Aber dieselbe Eingeengtheit des Interesses auf technische Daten macht dem Zwanghaften auch das Zweifeln möglich. Was dem normalen Menschen als unwichtiges Detail im Verhältnis zum Ganzen erscheinen mag, wird dem Zwanghaften oft Grund genug sein, nun alles ganz anders zu sehen.

Anders gesagt, das eingeengte Interesse an technischen Daten und Fakten verhindert, daß er die Dinge in ihren realen Proportionen erkennt, die zahlreichen Abstufungen wahrnimmt oder die reale Beschaffenheit der Welt erkennt und macht ihn deshalb anfällig: sowohl für einfache Antworten als auch für raschen Zweifel. Sagt man jedoch, daß sowohl Dogma als auch Zweifel beim zwanghaften Menschen letztlich auf dem generellen Verlust des Gefühls der Gewißheit beruhen, kann man auch hinzufügen, daß beide in ihrer extremen Form diesen Verlust auch noch verschlimmern und zusätzliche Hindernisse gegen ein solches Gefühl oder Erleben aufbauen. Mit anderen Worten, diese Sicht impliziert auch eine weitere, dynamische Beziehung zwischen beiden. Dogma wie Zweifel können also Abwehrfunktionen gegen das direktere und spontanere Erleben von Gewißheit erfüllen.

Noch einen weiteren symptomatischen Ausdruck für diesen Modus des Denkens und den Verlust des Wirklichkeitsgefühls möchte ich hier erwähnen: das große Interesse des Zwanghaften an Ritualen. Rituelles Verhalten paßt sehr deutlich zur Beschreibung der zwanghaften Aktivität als mechanisch und angestrengt, als sei einer externalen Direktive zu dienen. *Interesse* an Ritualen jedoch beruht auf einem eng fokussierten, faktenorientierten Kognitionsstil und auf einer Schwächung des Gefühls für die substantielle Wirklichkeit. Ein ritueller Akt als solcher muß, wie angemessen seine symbolische Bedeutsamkeit auch sein mag, jemanden, dessen Realitätssinn und dessen Interesse an der Wahrheit nicht beeinträchtigt sind, letztlich absurd erscheinen. Es wäre für den Zwanghaften - abgesehen von den dynamischen Kräften, die ihn motivieren mögen - genauso unsinnig, wenn sein Realitätssinn nicht beeinträchtigt wäre. Aber für ihn sind alle Dinge tendenziell - manche mehr, manche weniger - Anzeichen für etwas, technische Signale. Sein Leben und seine Interessen bestehen zu einem Gutteil in der Wahrnehmung und Manipulation solcher Anzeichen und Signale. Insofern ist die Diskrepanz zwischen symptomatischem Ritual und scheinbar nichtrituellem zwanghaftem Verhalten nicht so groß, wie es zunächst scheint. Das Interesse des zwanghaften Menschen an Ritualen ist von allen Charakteristika, für die nicht ohne weiteres dynamische Hintergründe formuliert werden können, am wenigsten zu verstehen, wenn diese generelle Form des Denkens und Erlebens nicht verstanden wurde.

3. Der paranoide Stil

Die Pathologie des paranoiden Stils ist wesentlich schwerwiegender als die der anderen hier untersuchten Stile. Nur dieser Stil führt in seinen extremen Ausprägungen zum psychotischen Realitätsverlust, aber auch sonst beeinträchtigt er die normale Lebensbewältigung nachhaltig. Paranoide Zustände sind natürlich nicht immer psychotisch oder psychosenah. Im typischen Fall sind paranoide Erlebens- und Verarbeitungsweisen, Denkweisen, Affekte und so weiter und auch so umschriebene Mechanismen wie Projektionen, sehr unterschiedlich stark ausgeprägt und werden zudem vielfältig durch andere Faktoren und Tendenzen modifiziert. Davon abgesehen gibt es, rein deskriptiv und grob gesehen, zweierlei Menschen, die diesem Stil zuzuordnen sind: die verschlossenen, gehemmt-zurückhaltenden und spürbar mißtrauischen, und andererseits die rücksichtslos arroganten, eher aggressiv-mißtrauischen und dabei megalomanischen. Diese Gruppen sind, weil beide eben Untergruppen desselben Stils sind, natürlich keinesfalls scharf voneinander abgrenzbar, und in beiden Gruppen lassen sich Beispiele für die unterschiedlichsten Schweregrade finden, vom eindeutigen Wahnzustand bis hin zur geringfügigen Charakterstörung.

Ich will hier nicht versuchen, die ganze Breite der spezifisch paranoiden Manifestationen aufzufächern, und habe selbst so generelle Aspekte dieses Stils wie den Größenwahn (Megalomanie) teilweise nur sehr kurz abgehandelt. Ebenfalls habe ich darauf verzichtet, die psychiatrischen Fragestellungen bezüglich der paranoiden Schizophrenie zu diskutieren, wie etwa die Vielfalt paranoid-schizophrener Wahninhalte. Hauptsächlich soll es in diesem Kapitel um jene paranoiden Zustände gehen, die gelegentlich mit dem Begriff des "paranoiden Charakters" bezeichnet werden. Grundsätzlich handelt es sich um nichtpsychotische Menschen, wenn sie sich auch oft symptomatisch an der Grenze zur Psychose bewegen, Menschen, bei denen die paranoiden Züge, wie etwa das Mißtrauen, tief verankert und durchgängig sind. Meine Erfahrungen stammen hauptsächlich aus der Arbeit mit dieser Patientengruppe, und ich meine, die meisten Aspekte dieses Stils können auf alle Fälle leichter untersucht werden, wenn keine schizophrenen Komplikationen im Spiel sind. Jedoch glaube ich, daß die allgemeinen Schlußfolgerungen zu diesem Stil sich auf die psychotische Paranoia ebenso anwenden lassen wie auf nichtpsychotische oder psychosenahe Fälle paranoiden Verhaltens und Erlebens.

Formale Charakteristika des mißtrauischen Wahrnehmens und Denkens

Wenn wir jemand als "mißtrauisch" bezeichnen, meinen wir in der Regel, daß er bestimmte Vorstellungen, Denkinhalte oder nicht gerechtfertigte Befürchtungen hat, etwa die ständige Erwartung, daß alle ihn hinters Licht führen und übervorteilen wollen. Wir beziehen uns, mit anderen Worten, primär darauf, *was* er denkt, auf die Denkinhalte, die, technisch ausgedrückt, projektive Inhalte sind. Aber "Mißtrauen" bedeutet, besonders, wenn es nicht nur gelegentlich, sondern chronisch und habituell auftritt, auch einen bestimmten *Modus* des Wahrnehmens und Denkens, mit bestimmten allgemeinen Denkweisen und Aufmerksamkeitsmodi, und deren formale Eigenschaften lassen sich unabhängig von ihrem jeweiligen Inhalt beschreiben. Es ist zum Beispiel offensichtlich, daß das mißtrauische Denken in gewisser Hinsicht unrealistisch ist. Allerdings ist es, genauer betrachtet, nur in einigen Punkten unrealistisch, wogegen in anderen die Wahrnehmung sehr scharf ist. Damit will ich lediglich deutlich machen, aus welchem Material diese formale Analyse bestehen könnte, und auch zeigen, daß sie einige interessante Einsichten über paranoide Kognition sowie paranoides Erleben und Verarbeiten im allgemeinen liefern könnte.

Außerdem verschafft uns eine formale Analyse auch in anderer Weise eine neue Sicht: Soweit wir üblicherweise das Mißtrauen als einen Persönlichkeitszug oder eine Haltung (attitude) betrachten, sind wir meines Erachtens darauf festgelegt, es nur dynamisch aufzufassen, als Konsequenz eines bestimmten affektiven Zustandes und somit auch durch ihn erklärbar. Hingegen bringt uns eine formale Betrachtung des Mißtrauens, sofern sie die dazugehörigen, stabilen kognitiven Modi offenlegt, unweigerlich darauf, daß diese auch affektunabhängige Quellen in der psychischen Ausstattung und kognitiven Entwicklung des paranoiden Menschen haben müssen, und daß ein solches Mißtrauen deshalb nicht allein durch affektive Zustände erklärt werden kann. Dieses Problem braucht uns hier jedoch nicht weiter zu beschäftigen.

Das erste formale Charakteristikum des mißtrauischen Denkens, auf das ich hier eingehen will, ist wohl auch das fundamentalste: mißtrauisches Denken ist von einer auffallenden und beeindruckenden Rigidität. Das will ich näher erklären.

Ein mißtrauischer Mensch ist jemand, der eine bestimmte Vorstellung hat. Er sieht die Welt mit festen und vorgefaßten Erwartungen und sucht immer wieder und ausschließlich nach entsprechenden Bestätigungen. Er ist von seinem Mißtrauen oder von dadurch veranlaßten Handlungen nicht abzubringen. Im Gegenteil, er wird auf rationale Argumente in keiner Weise eingehen, es sei denn, sie liefern Hinweise oder Gesichtspunkte, die seine voreingenommene Sicht der Dinge bestätigen. Jeder, der einen mißtrauischen Menschen zu beeinflussen oder vom Gegenteil zu überzeugen versucht, wird nicht nur scheitern, sondern, wenn er nicht einsichtig genug ist, um seine Bemühungen schnellstens wieder aufzugeben, selbst zum Ziel der Verdächtigungen.

Nehmen wir nur den folgenden Wortwechsel zwischen einem jungen, sehr paranoiden Patienten eines psychiatrischen Sanatoriums und seinem Sozialberater. Der Patient plante, in eine andere Stadt umzuziehen, hatte jedoch nach einer längeren Wartezeit vom dortigen Therapeuten, Dr. R., die Nachricht bekommen, daß bestimmte Voraussetzungen dafür derzeit nicht gegeben seien. Aber der Patient hatte angesichts der Verzögerung schon den Verdacht entwickelt, man habe etwas gegen seinen Plan.

P.: ... es ist mir egal, ob Sie alle nicht wollen, daß ich dorthin gehe, ich gehe trotzdem.

B.: Aber darum geht es gar nicht. Dr. R. hat nicht geschrieben, daß er nicht möchte, daß Sie dorthin umziehen, sondern daß es dort keine Wohnmöglichkeit für Sie gibt.

P.: Sie versuchen ja auch, es mir auszureden!

B.: Ich habe nur gesagt, daß Sie, wie sich herausgestellt hat, dort anscheinend keine Bleibe haben werden.

P.: Natürlich! Das habe ich gleich gewußt! Sie versuchen auch nur, mich davon abzuhalten! Geben Sie's auf, ich gehe doch! Ich lasse mich hier nicht einsperren!

Betrachtet man die hier wirksamen kognitiven Prozesse und die Ausrichtung der Aufmerksamkeit, wird einiges deutlich:

Dieser Mann schenkt den neuen Tatsachen, die für seine Pläne hochrelevant sind, keinerlei Aufmerksamkeit. Dabei ist wichtig, daß er sie nicht zurückweist oder abstreitet, vielmehr beachtet er sie einfach nicht. Um es genauer zu sagen: Er beachtet sie jedenfalls nicht so, wie man sie normalerweise beachten würde, sondern er "durchschaut" sie. Das heißt, er beachtet nicht die Fakten *selbst*, sondern achtet genauestens auf jene ihrer Aspekte, die seinen schon vorhandenen Verdacht erhärten könnten.

Mißtrauische Menschen ignorieren generell nicht die kleinste Information. Im Gegenteil, sie untersuchen alles sehr sorgfältig, allerdings außerordentlich voreingenommen, so daß ihnen alles entgeht, was nach ihrer vorgefaßten Meinung nicht relevant ist, daß sie jedoch alles ganz genau erfassen, was diese Meinung bestätigt. Darüber hinaus ist ihre Nichtbeachtung all dessen, was nicht mit ihrer Vorannahme konform geht, ein aktiver und intentionaler Prozeß. Sie tun das prinzipiell, denn sie gehen von Anfang an davon aus, daß alles, was ihren Verdacht nicht bestätigt, "nur so scheint". Daher sagen sie auch von sich selbst, daß sie immer hinter die Fassade, das Vorgetäuschte und Oberflächliche sehen wollen und der Sache immer auf den Grund gehen, um die eigentliche, verdeckte Wahrheit herauszufinden. Das braucht uns nicht an der Feststellung zu hindern, daß "die eigentliche Wahrheit" sich ausnahmslos als das herausstellt, was sie von vornherein erwartet hatten.

Ich möchte diesen mißtrauischen Modus von Denken und Kognition noch eingehender untersuchen und einige seiner Komponenten zu analysieren versuchen. Dabei soll deutlich werden, daß er durch eine extrem angespannte und rigide *Ausrichtung* der Aufmerksamkeit gekennzeichnet ist, ähnlich wie beim zwanghaften Stil, hier jedoch wesentlich gravierender. Diese rigide Aufmerksamkeitsausrichtung führt sowohl zu den krassen Fehlleistungen der paranoiden Kognition als auch zu deren gelegentlich brillanter Treffsicherheit.

Ein mißtrauischer Mensch ist nicht einfach jemand, der etwas befürchtet oder sich alles mögliche ausdenkt. Vielmehr ist er meistens ein extrem wacher und scharfsinniger Beobachter. Er stellt sich nicht nur etwas vor, sondern sucht auch aktiv danach, und nicht nur das: er sucht mit so intensiver Aufmerksamkeit und derartigem Scharfsinn, daß das Leistungsniveau normaler Aufmerksamkeit bei weitem überschritten wird. Psychologen wissen zum Beispiel, daß solche Menschen bei einem Rorschach-

Tintenklecks auch die kleinste Asymmetrie erkennen oder etwa auf einer TAT-Tafel ein winziges Detail wahrnehmen, das selbst einem erfahrenen Tester, der behauptet hätte, die Tafel "auswendig" zu kennen, bisher entgangen war. Darüber hinaus ist die Aufmerksamkeit dieser Menschen nicht nur ungewöhnlich intensiv und scharfsinnig, sondern auch ungewöhnlich aktiv. Während die Aufmerksamkeit des Zwanghaften sorgfältig prüft und abwägt, ist hier die Aufmerksamkeit ständig auf der Suche und dabei, alle Wahrnehmungen "abzutasten". Jeder, der schon einmal den Überprüfungen eines paranoid-mißtrauischen Menschen ausgesetzt war, weiß ein Lied davon zu singen. Nichts, was irgendwie unüblich ist, wird seiner Aufmerksamkeit entgehen - und etwas, was auch nur annäherungsweise mit seinen gegenwärtigen Befürchtungen und Verdächtigungen zu tun haben könnte, natürlich schon gar nicht.

Ein Patient, der stets befürchtete, hypnotisiert zu werden, kam zum ersten Mal in die Praxis eines Therapeuten und fragte ihn beharrlich über ein Buch über Hypnotherapie aus, das er dort "zufällig entdeckt" hatte: Auf einem vollen Bücherregal, das fast vier Meter entfernt stand.

Was ist das Besondere an dieser Art von Aufmerksamkeit? Ist sie überhaupt so bemerkenswert? Wenn wir für das paranoide Individuum antworten würden, müßten wir sagen, daß diese außergewöhnliche Intensität der Beobachtung nur eine Reaktion auf außergewöhnliche Umstände ist, nämlich auf eine äußere Bedrohung oder Gefahr, und daß ja schließlich jeder auf so eine Gefahr mit erhöhter Wachsamkeit reagiert. Dazu muß allerdings erstens gesagt werden, daß selbst unter der Voraussetzung einer äußeren Gefahr jeder so reagieren würde wie der Paranoide. Hysterische Menschen scheinen auf Gefahr von außen zum Beispiel kognitiv genau entgegengesetzt zu reagieren, nämlich mit einer Diffusion der Aufmerksamkeit; sie forschen nicht nach der Bedrohung von außen, sondern scheuen sie. Zweitens tritt diese Intensität und Schärfe der Wahrnehmung beim paranoiden Stil nicht nur sporadisch auf, sondern sie besteht kontinuierlich. Dieselbe Intensität der Aufmerksamkeit imponiert sowohl, wenn diese Menschen einem Fremden begegnen und ihn durchdringend mustern, als auch, wenn sie sich einem abstrakten oder mathematischen Problem zuwenden oder einen Intelligenztest lösen (wobei sie übrigens oft überdurchschnittliche Werte erreichen). Mit anderen Worten: Diese Art der Aufmerksamkeit und

Beobachtung spiegelt einen echten kognitiven Modus wider. Solche Menschen sind nicht nur zu einer bemerkenswert aktiven, intensiven und forschenden Aufmerksamkeit fähig - sie scheinen zu keiner anderen Art von Aufmerksamkeit fähig zu sein. Ständig sind sie scharfe Beobachter und hinterfragen alles, und ständig sind sie dabei hochkonzentriert. Ihre Aufmerksamkeit ist nie passiv oder beiläufig, nie lassen sie sie einfach frei schweifen. Diese Eigenschaft meine ich, wenn ich davon spreche, daß die mißtrauische Aufmerksamkeit eine kontinuierliche, rigide und angespannt-zielgerichtete ist. Es ist eine Aufmerksamkeit, die immer ein Ziel hat, immer zweckgerichtet ist und immer auf der Suche nach etwas. Anders gesagt, eine Aufmerksamkeit, die in rigider Weise intentional ist.

Mit dieser Art der Kognition hängen noch einige weitere interessante und wichtige Eigenschaften zusammen. Eine in ihrer Zielgerichtetheit so rigide Aufmerksamkeit, die derartig intensiv auf der Suche ist, muß im Extremfall die Wahrnehmung verzerren. Das will ich näher erklären. Kaum ein Mensch betrachtet die Welt ohne Vorannahmen, Grundüberzeugungen und Vorstellungen, die auch seine Beobachtungen lenken, und umgekehrt werden diese Vorstellungen durch das, was man sieht, beeinflußt und verändert, insbesondere durch das, was man nicht erwartet hätte. Andere Menschen - wir nennen sie gewöhnlich "suggestibel" oder "leicht zu beeinflussen" - betrachten die Welt viel weniger von festen Überzeugungen oder von bestimmten Standpunkten aus und lassen sich leicht beeindrucken, wenn sie auf eine anschauliche Tatsache oder eine nachdrücklich vertretene Meinung treffen. Wieder andere betrachten die Welt mit einer derartig rigiden Einseitigkeit, mit so festgelegten Interessen und Standpunkten, daß sie sich nie von Tatsachen leiten lassen, sondern allen Tatsachen gleichermaßen ihre vorgefaßte Einstellung überstülpen.

Der paranoide Mensch sucht einerseits intensiv nach Bestätigung für seine Erwartungen. Auf der anderen Seite liefert ihm eben diese rigide Erwartungshaltung Argumente dafür, offensichtlich widersprechende Fakten herunterzuspielen und zu ignorieren. Im Spannungsfeld dieser beiden "Einstellungen" muß er "finden", was er sucht. Intellektuelle Leistung, Beobachtungsgabe und Scharfsinn dienen in diesem Prozeß nicht dazu, realistische Urteile zu gewährleisten, sondern werden im Gegenteil zu Instrumenten der Verzerrung. Sein eifernder Scharfsinn führt beim mißtrauischen Menschen zu den für ihn so charakteristischen "brillanten" Fehlwahrnehmungen; Intensität und Genauigkeit einer so rigiden Aufmerksamkeit führen zu einer extremen Einengung des Focus; und das wahre Ziel der intensiven, eingeengten und verzerrenden Suche eines mißtrauischen Menschen ist das, was wir für gewöhnlich ein "Indiz" nennen. Das Indiz mag anderen vielleicht gänzlich unwichtig erscheinen, für den mißtrauischen Menschen ist es die bestätigende Evidenz, auf die er sich stürzt, während er gleichzeitig alle auch vorhandenen modifizierenden und korrigierenden Tatsachen mißachtet.

Ein Patient hatte das Gefühl, daß sein Chef ihn ständig zu Höchstleistungen treiben wolle, daß er selbst davon aber keinen Vorteil habe. Der Patient hatte gute Argumente, die seine Wahrnehmung untermauerten, alle schienen auf Tatsachen zu beruhen und recht treffend beobachtet zu sein. Und dennoch ergab sich daraus für einen Außenstehenden noch nicht das Bild eines ungewöhnlichen Chefs. Wohl hatte dieser darauf bestanden, daß die Arbeit so zu tun sei, wie er es wollte, und nicht so, wie der Patient es sich vorstellte. Er hatte auch, vielleicht unnötigerweise, sofortige Erledigung verlangt und den scheinbar distanzierten Umgangston des Patienten gegenüber Kunden moniert. Und er hatte all das vielleicht wirklich mit einer bestimmten Schärfe im Ton oder mit dem Gesichtsausdruck eines Mannes gesagt, der einem widerspenstigen jungen Mann gern mal zeigt, was eine Harke ist. All diese Verhaltensweisen waren wohl real, wie eben bei vielen Vorgesetzten, denn vieles davon gehört einfach zur Aufgabe eines Chefs. Für den Patienten jedoch waren das untrügliche Hinweise auf die "wirklichen" Motive dieses Mannes: er wolle, daß der Patient vor ihm im Staube krieche und in seiner Mannesehre gekränkt werden sollte. Ja, vielleicht war dieses Motiv nicht einmal ganz von der Hand zu weisen. Aber all diese Indizien gehörten in einen Kontext, den der Patient außer acht ließ, der jedoch für ihre Bedeutung ganz entscheidend war und somit auch die Intensität der Motive abschwächt, die diesem Mann unterstellt wurden. Ich meine die Tatsache, daß Arbeit zu tun war und der Chef dafür verantwortlich war; und der Unterschied zwischen einem Chef, der diese Notwendigkeiten vielleicht allzu nachdrücklich verfolgt, und einem Mann, der prinzipiell darauf aus ist, seine Untergebenen zu erniedrigen, ist in der Tat beträchtlich.

Wenn man mit seiner Aufmerksamkeit zielstrebig und einseitig, also ganz rigide nur auf bestimmte Evidenzen aus ist, kann man diese aus fast jeder beliebigen Situation herausfiltern und daraus dann seine Schlüsse ziehen. Insofern kann der mißtrauische Mensch mit seiner Wahrnehmung völlig richtig liegen, und gleichzeitig die Situation völlig falsch beurteilen. Das ist die Verzerrung der Realität - in gewissem Sinne das Gegenstück zu Suggestibilität und Beeinflußbarkeit. Diese Art der Kognition manifestiert sich in zahlreichen paranoiden Symptomen: nicht nur im Mißtrauen, sondern auch als kognitive Basis der paranoiden Dogmen; weiter zeigt sie sich in der Art und Weise, wie der paranoide Verdacht bestätigt wird, und an der Entwicklung der megalomanischen Vorstellungen und Theorien. Dieser Kognitionsmodus ist eine Basis für die besondere Natur des paranoiden Realitätsverlustes, ist jedoch, wie ich später noch ausführen werde, für bestimmte Probleme paranoid-psychotischen Denkens und entsprechender projektiver Vorstellungsinhalte nicht ursächlich.

Ich muß noch eine weitere formale Eigenheit mißtrauischer Kognition erwähnen; sie verleiht der Rigidität und Intensität eine spezielle Färbung. Mißtrauische Menschen sind nämlich auch auffällig übersensibel und hochwachsam. Sie reagieren außerordentlich nervös-sensibel auf alles Unübliche und Unvorhergesehene. Was es auch sei, und so trivial oder geringfügig es für andere erscheinen mag, es zieht sofort mit aller Intensität ihre volle Aufmerksamkeit auf sich. Es geht nicht nur darum, daß mißtrauische Menschen zum Beispiel bei einem lauten Geräusch vor der Tür leicht erschrecken; vielmehr wird die Ursache des Geräuschs sofort zum neuen Objekt mißtrauischer Nachforschungen, mindestens aber einer kurzen, aber sehr genauen Überprüfung. Die überempfindliche Wachsamkeit ist also nicht einfach Schreckhaftigkeit oder Nervosität, sondern mehr: Diese Menschen wollen anscheinend alles im Griff haben, und daher muß jede neue Tatsache sofort genau und mißtrauisch untersucht werden.

Das heißt nun nicht - und das ist wichtig -, daß sich der mißtrauische Mensch vergewissern müßte, daß das ungewohnte Vorkommnis (das Geräusch an der Tür, die abgesagte Verabredung, der Brief, der später oder früher als erwartet kommt) unverdächtig wäre. Im Gegenteil, er kann durchaus feststellen, daß es alles andere als unverdächtig ist, und trotzdem zufrieden sein. Was er jedoch nicht ertragen kann, ist Ungewöhnliches, das nicht überprüft werden kann, ihn also nach wie vor überraschen könnte. Aus der Natur dieser überhöhten Wachsamkeit läßt sich also eine interessante Schlußfolgerung ziehen: Nicht die konkrete Gefahr, sondern das Ungewisse, die Überraschung ist das Bedrohlichste für den mißtrauischen Menschen.

Was bedeutet das für das allgemeine Bild mißtrauisch-paranoider Kognition? Mir scheint, wir können daraus schließen, daß dieser kognitive Modus nicht nur durch die rigide Ausrichtung der Aufmerksamkeit gekennzeichnet ist, sondern auch dadurch, daß die Ausrichtung so angespannt ist, daß man sie mit einem Muskel vergleichen könnte, der vor lauter Anspannung bei der geringsten Berührung losschnellt. Es handelt sich nicht einfach um erhöhte Aufmerksamkeit, und es ist auch nicht einfach die Aufmerksamkeit eines gut ausgebildeten Soldaten oder Berufsjägers. Es ist vielmehr die Wachsamkeit eines Soldaten oder Jägers, der die einsetzende Müdigkeit spürt, größere Anspannung erlebt und sich so - von ihm selbst unbemerkt - noch mehr unter Druck setzt. Man kann ihn sich als Soldaten vorstellen, der auf Schatten schießt. Der paranoide Zustand überhöhter Wachsamkeit scheint, anders gesagt, eine Rigidität der Aufmerksamkeit widerzuspiegeln, hinter der eine gewisse Schwäche oder Instabilität steht, und die demzufolge nicht nur unter extremer Anspannung aufrechterhalten wird, sondern auch sehr leicht überreagiert.

Die Entwicklung eines solchen kognitiven Modus kann man sich im Großen und Ganzen leicht vorstellen, auch wenn man nicht alle ihre Quellen kennt. Ich habe vorgeschlagen, die intellektuelle Rigidität des Zwanghaften als Verzerrung im Sinne einer Hypertrophie der normalen Fähigkeit zur zielgerichteten Aufmerksamkeit zu betrachten - der Fähigkeit, die eigene Aufmerksamkeit willentlich, zweckgerichtet oder absichtlich auf etwas zu richten, darauf zu fokussieren und sie auch aufrechtzuerhalten. Normalerweise führt diese Entwicklung beim Erwachsenen zur Fähigkeit zur Konzentration, zum Verfolgen eines Gedankengangs, zum Durchdringen momentaner Augenscheinlichkeiten, um das herauszufinden, was für die eigenen Interessen relevant ist, und ähnlichem. So gesehen erscheint der mißtrauisch-paranoide Modus der Kognition als noch extremere Verzerrung der normalen kognitiven Entwicklung, denn er bringt noch rigidere, noch angespanntere und anscheinend keineswegs stabile hypertrophierte Formen der normalen kognitiven Fähigkeiten hervor.

Der paranoide Realitätsverlust

Niemand würde bestreiten, daß der mißtrauische Mensch die Realität verzerrt wahrnimmt und an einer schweren Beeinträchtigung seines Realitätserlebens leidet, aber wie diese Beeinträchtigung genau aussieht, ist wenig untersucht. Zum Beispiel handelt es sich nicht um eine durchgängige Beeinträchtigung, vielmehr sind nur bestimmte Klassen der Realitätserfahrung gestört. Obwohl wir also mit Sicherheit von einer schweren Verzerrung der Realität sprechen können, wissen wir, daß es sich um eine recht spezielle Art von Verzerrung handeln muß, denn selbst in ihren schwersten Erscheinungsformen scheint sie in der Regel doch bestimmte Übereinstimmungen mit dem normalen Realitätserleben zu gewährleisten. Ich möchte versuchen, die Natur dieser Beeinträchtigung und Verzerrung abzuklären und zu zeigen, wie sie für bestimmte Probleme in der subjektiven Welt des Paranoiden relevant sind.

Ich möchte mit einer Frage beginnen: Welche Aspekte der Welt gehen einem mißtrauisch-paranoiden Menschen, der ständig alles eindringlich beobachten muß und sich nie einfach einmal "nur so" umschauen kann, am ehesten verloren? Eine vorläufige Antwort könnte sein: ihm wird genau das entgehen, was für den normalen Menschen das Offensichtliche, die Oberfläche der Dinge ist. Mißtrauische Menschen verabscheuen das Offensichtliche; sie sagen, es sei nur Oberfläche, Ablenkung und Irreführung, etwas, das durchschaut werden muß.

Nachdem die Psychotherapie schon eine Weile lief, räumte ein mißtrauischer Patient ein, daß er nie - das war vielleicht etwas übertrieben - wirklich auf das gehört hatte, was der Therapeut gesagt hatte. Er hatte stattdessen vielmehr *im* Gesagten nach Anzeichen für das gesucht, was der Therapeut "wirklich dachte".

Dieser Patient hatte genausoviel wie jeder andere gehört. Möglicherweise ist ihm sogar akustisch wesentlich weniger entgangen, als anderen Menschen entgeht. Aber es geht nicht um das Hören an sich. Vielmehr geht es um die Ausrichtung und die Funktionsweise des Interesses und der Aufmerksamkeit. So mag ein Tontechniker sehr aufmerksam eine Aufnahme abhören und vielleicht viel mehr als der Durchschnittsmensch hören, aber er kann nicht gleichzeitig die Musik als solche aufnehmen. Der Patient im obigen Beispiel hörte wie alle mißtrauischen Menschen sehr genau zu, achtete jedoch auf etwas ganz anderes als das, was normalerweise interessiert. Er achtete nur auf Hinweise für das, was der Therapeut denn wohl vorhaben könnte. Wahrscheinlich hat er jeden ungewöhnlichen Ausspruch, jedes Zögern oder Vibrieren in der Stimme registriert. Aber gleichzeitig wurde der eigentliche Inhalt der Mitteilung, ihre offensichtliche Substanz und Botschaft, entsprechend unbedeutend für ihn. Der mißtrauische Mensch erachtet also, mit anderen Worten, die Mitteilung nicht als das, was sie ist, sondern versucht, herauszufinden, wofür sie ein Anzeichen sein könnte. Wie der Zwanghafte sucht der Paranoide in seiner Umwelt nach Indizien und baut sich seine subjektive Welt daraus. Die Anzeichen oder Indizien jedoch, für die der Paranoide sich interessiert, sind wesentlich enger gefaßt und zudem an spezifische Verzerrungen und Verdächtigungen gebunden. Sein Verlust dessen, was die augenscheinliche Wirklichkeit ausmacht, ist also wesentlich gravierender als der, den der Zwanghafte erleidet, wenn er sich überwiegend auf technische Daten beschränkt.

Wenn ein Mensch das Interesse und das Gefühl für die reale, offensichtliche Welt, wie sie ist, zugunsten einer eingeengten Wahrnehmung bestimmter Indikatoren verliert, verliert er nicht nur den Sinn für das, was der Welt ihre Färbung und ihre atmosphärischen Schwingungen verleiht, sondern er verliert auch den Sinn für das, was normalerweise die Bedeutsamkeit der Indikatoren selbst modifiziert und definiert. Er verliert also auch den Sinn für Verhältnismäßigkeiten, für Proportionen. Fanatische Menschen zum Beispiel (unter ihnen findet sich der paranoide Stil übrigens ausgesprochen häufig), wie etwa fanatische Tierversuchsgegner, sehen ein Anzeichen menschlicher Grausamkeit nicht nur darin, etwa ein Pferd zu schlagen, sondern auch darin, ein wissenschaftliches Experiment durchzuführen. Womit sie einerseits sogar recht haben mögen, es mag ein Zeichen von Grausamkeit sein. Es ist aber nicht nur das. Dieser Verlust der Verhältnismäßigkeit findet sich bei mißtrauischen Menschen in vielerlei extremen Formen.

Man kann also für die Konstruktion der subjektiven Welt des Paranoiden zwei Aspekte hervorheben: eine verzerrende Herauslösung "bedeutsamer" Indizien aus ihrem Kontext und eine Unfähigkeit, diesen Kontext aufzunehmen, der dem kleinen "Indiz" normalerweise seine wirkliche Bedeutung verleiht. Diese beiden Aspekte, der positive wie der negative, finden sich in allen Fällen mißtrauisch-paranoider Verzerrung der Wirklichkeit. Bei dem zuvor angeführten Patienten also, der eine Nuance der letzten Anweisung seines Chefs herauspickt, um sich die Vorstellung, dieser wolle ihn erniedrigen, zu bestätigen, und der dabei den gesamten normal-sachlichen Kontext vernachlässigt (nämlich die Verantwortung des Chefs dafür, daß die Arbeit erledigt wird), haben die normalen, alltäglichen kognitiven Funktionen des Beurteilens und der Einschätzung von Verhältnismäßigkeiten versagt.

Auf diese Weise wird eine subjektive Welt aufgebaut, in der Fakten zwar als solche durchaus präzise wahrgenommen werden, jedoch statt ihrer tatsächlichen eine andere, individuell-interpretative Bedeutung erhalten. Die neu entstehende subjektive Welt ist eine seltsame Mischung aus Tatsachen und quasi-autistischen Eigeninterpretationen. Das Weltbild des Paranoiden besteht aus in der Regel korrekt wahrgenommenen Fakten und einer idiosynkratischen Interpretation derselben, er geht gewissermaßen an die Tatsachen der Welt mit einem verzerrenden und idiosynkratisch interpretierenden Schema heran. Sein Interesse gilt nicht der unmittelbar faktischen Welt, sondern der Welt, die "dahinter" steht, und auf die das unmittelbar Ersichtliche nur Hinweise enthält. Demzufolge richtet sich sein hauptsächliches Interesse auf verborgene Motive, "eigentliche", ungenannte Ziele und Zwecke, hintergründige Bedeutungen und so weiter. Über die Existenz einer bestimmten Tatsache kann der Paranoide mit dem Normalen durchaus einer Meinung sein, nur: über deren Bedeutung ist er gänzlich anderer Meinung.

Diese Tatsache hat bestimmte interessante Konsequenzen. Sie ermöglicht zum Beispiel selbst schwer paranoiden Menschen, verschiedene wesentliche Sachverhalte des sozialen Lebens in so ausreichendem Maße zu erkennen, daß sie - in Grenzen - zurechtkommen, auch wenn sie für sich selbst wichtige Teilbereiche dieser Welt ausschließlich in der ihnen eigenen Sichtweise interpretieren. So kann ein solcher Mensch etwa vollkommen einsehen, daß es notwendig ist, Steuern zu zahlen, gleichzeitig jedoch deren Erhebung als Teil eines geheimen Plans der Regierung betrachten. Er erkennt möglicherweise sogar, daß es klug ist, seine ungewöhnlichen Vorstellungen für sich zu behalten. So wird es diesen Menschen möglich, in der Welt der gegebenen Realitäten subjektiv so zu leben, als seien sie in einem fremden Land, unter Menschen, die in ihrer Unwissenheit nicht sehen, was wirklich los ist, und sich gegenüber denen, die es wissen, nicht einmal gastfreundlich verhalten - mit denen der Umgang aber trotzdem sowohl möglich als auch notwendig ist. Paranoide Fälle mit sogenannten "verkapselten" Wahnvorstellungen bieten genau dieses Erscheinungsbild: Es gibt dabei nicht nur abgegrenzte Bereiche mit Wahninhalten, sondern auch Inhalte, die, weil es bei ihnen nur um die Bedeutungen äußerer Realität geht, den Tatsachen nicht sichtlich widersprechen und es damit dem paranoiden Menschen ermöglichen, in beiden Welten zugleich zu leben.

Realitätsverzerrungen dieser Art mögen weit fortgeschritten sein und zugunsten autistisch-interpretativer Denkprozesse erhebliche Verluste im Realitätsbezug bewirkt haben, ohne daß die logischen Prozesse beeinträchtigt wären, wie es bei Schizophrenen der Fall ist. Wahrscheinlich ist dieses Phänomen dafür verantwortlich, daß bestimmte schwer paranoide Menschen, wenn sie sich wenig äußern, selbst im Rorschachtest kaum von zurückhaltenden oder gehemmten Durchschnittsmenschen zu unterscheiden sind.[1] Ebenso wahrscheinlich ist dies auch Ursache dafür, daß manche wahnhaft-paranoiden Konstruktionen die erstaunliche Eigenschaft besitzen, zugleich ausgesprochen autistisch und durchaus real zu erscheinen. Solche Konstruktionen werden ziemlich logisch aus idiosynkratischen Deutungen realer Fakten (etwa aktueller Zeitungsmeldungen) aufgebaut, daher können sie auch zuweilen auf so unangenehme Weise überzeugend wirken.

Ganz allgemein kann man sich also eine Skala paranoider Zustände vorstellen, die von völlig psychosefrei bis schwer psychotisch reicht, denn denkbar ist im Grunde jedes beliebige Maß an interpretativer Realitätsverzerrung, das heißt, an Realitätsverlust zugunsten einer Welt, die sich aus Indizien zusammensetzt, ohne daß zwangsläufig die logischen Prozesse beeinträchtigt sind. Am Anfang dieser Skala stünden etwa leicht mißtrauische Einstellungen gegenüber der Umwelt, und an ihrem extremen Ende nicht die Schizophrenie, sondern überaus rigide, vielleicht logisch ausgefeilte oder "systematisierte" Wahnvorstellungen, die aus Interpretationen bestehen, die sich nach wie vor um bestimmte zutreffende beobachtbare "Indizien" ranken - die sogenannten "Realitätskerne" der paranoiden Wahnvorstellungen - isoliert von ihrem eigentlichen Kontext. Solche Fälle "reiner" Paranoia sind wohl selten, dennoch scheint es sie zu geben. In der Praxis erleben wir jedoch, daß bei paranoid-psychotischen

1 Siehe ROY SCHAFER: Clinical Interpretation of Psychological Tests. - New York 1948.

Zustandsbildern fast immer auch schizophrene Elemente eine Rolle spielen, und daher ist auch das tatsächliche Extrem auf der Skala paranoider Zustandsbilder im allgemeinen eine Form der Schizophrenie, die jedoch immer noch weniger Störungen des formalen Denkens aufweist als jede andere.

Kognitive Aspekte der Projektion

Wir bewegen uns jetzt auf etwas vertrauterem psychiatrischen Boden, dennoch möchte ich mit einer Definition beginnen. "Projektion" wird hier in dem Sinn gebraucht, daß das Individuum eigene Motivationen, Triebe oder Spannungszustände, die es ablehnt und nicht toleriert, anderen zuschreibt. Dieser seelische Verarbeitungsmechanismus ist für unser Verständnis der paranoiden Pathologie und ihrer Symptome so zentral, daß damit allein fast schon definiert ist, was in der Psychiatrie unter "paranoid" verstanden wird. Dennoch ist der Prozeß der Projektion - im Gegensatz zu seinen auf der Hand liegenden Ergebnissen - bisher noch nicht richtig untersucht und verstanden worden. Es bleibt die Frage: Warum soll gerade dieser Mechanismus so besonders mit dieser Art von Menschen verbunden sein? Dieses Problem und mithin dieser Mechanismus hat kognitive Aspekte - und offensichtlich auch nichtkognitive. Hier möchte ich mich zunächst auf erstere beschränken, zu den letzteren werden wir später noch kommen.

Es stimmt natürlich, daß die Projektion ebenso bei nichtparanoiden wie bei paranoiden Personen vorkommt, und genauso trifft es zu, daß die Tendenz, eine innere Spannung auf die wahrgenommene Außenwelt zu übertragen, ubiquitär ist. Ein Beispiel ist die universelle menschliche Neigung, Naturereignisse animistisch zu deuten, es gibt aber auch viel gängigere Beispiele. So kann vielleicht jede Form fälschlicher Gefühlszuschreibungen - wie manche Menschen ihre Haustiere "verstehen" etwa - als Ausdruck dieser Tendenz verstanden werden. Wahrscheinlich kann man auch die Neigung Verliebter, dem geliebten Menschen positive Eigenschaften zuzuschreiben, die dieser gar nicht hat, so verstehen - und entsprechend die Neigung von Menschen, die sich fürchten oder sich klein vorkommen, den Gegner als größer und stärker zu erleben, als er wirklich ist. Ja, der einfache Umstand, daß die Menschen ihre Welt auf subjektive Weise organisieren - sie auf ihre Weise und ihren Interessen entsprechend sehen -, daß die Menschen bestimmte Vorstellungen haben und die Welt danach interpretieren und besonders, daß sie sich empathisch bemühen, die Welt zu verstehen - all dies eröffnet eine beträchtliche Variationsbreite "projektiver" Möglichkeiten und relativiert die scheinbare Einheitlichkeit projektiver Phänomene. Dessenungeachtet bleibt es dabei, daß Projektion im engeren Sinne in erster Linie ein Faktum paranoider Verarbeitung ist; die Existenz verschiedener universeller projektiver Tendenzen erklärt noch nicht, warum, noch kann das die Einsicht, daß die Projektion wohl bestimmte Abwehrfunktionen erfüllt. Zwar kann man sagen, daß die Projektion eine innere Bedrohung etwa in Form eines nicht tolerablen Impulsdrucks in eine für das Individuum günstigere, weil besser zu handhabende äußere Gefahr transformiert. Aber schon die Tatsache, daß eine solche Transformation auf den ersten Blick einen so allgemeinen Vorteil bringt, wirft erneut die Frage auf: Warum soll dann dieser Vorgang so charakteristisch für nur einige, bestimmte Menschen sein und bei anderen kaum ins Gewicht fallen?

Ich vermute, daß der allgemeine Kognitionsmodus, den wir hier zuvor diskutiert haben (und speziell die ihm eigene, besondere Form des Realitätsverlustes) die Grundlage für das Verständnis kognitiver Aspekte der Projektion bildet. Ich behaupte nicht, daß ein solcher kognitiver Modus Projektion *ist*; denn das ist er nicht. Er ist nicht einmal eine hinreichende Bedingung für regelmäßige und umfassende Projektion, wenn auch eine notwendige.

Welche kognitiven Prozesse sind an der Projektion beteiligt? Am deutlichsten ist, daß zu jeder Projektion eine ganz bestimmte Art von Verzerrung der Realität gehört. Nicht beteiligt sind hingegen offene Verleugnung der Realität oder reine Mißachtung von Realitätsanteilen zugunsten autistischer Konstruktionen; ebensowenig spielen Amnesie, Gedächtnisverlust oder diffuse Romantisierungen der Wirklichkeit eine Rolle; nicht beteiligt sind ferner autistische Gedankengebäude, mit denen die Realität platt und willkürlich "übertüncht" würde; und auch halluzinatorisches Erleben fehlt in der Regel, sofern der Prozeß nicht durch schizophrene Anteile ernsthaft verkompliziert ist. All diese Phänomene sind zweifelsohne Realitätsverzerrung, haben aber mit Projektion nichts zu tun und sind in gewisser Hinsicht sogar ganz fundamental von ihr verschieden.

Im Gegensatz zu all diesen Störungen der Realitätswahrnehmung hängt die Projektion nicht mit kognitivem Versagen oder dem Abzug der Aufmerksamkeit von der Außenwelt zusammen. Im Gegenteil, sie bildet sich erst im Akt der Kognition und unter präziser, aufmerksamer Wahrnehmung der Umwelt. Insofern bleibt die Projektion in der Regel realitätsgetreu und verzerrt die sichtbare Wirklichkeit nicht, und ebensowenig enthält sie Wahrnehmungsverzerrungen. Die Projektion verzerrt vielmehr die Bedeutung der sichtbaren Realität; sie ist eine autistisch-interpretative Verzerrung der äußeren Realität. Aus diesem Grund geht es bei Projektionen auch selten um das Offensichtliche und Aktuelle, sondern meistens um das Mögliche und Verborgene, um die Absichten anderer, ihre Motive, Gedanken, Gefühle und ähnliches. Eine Projektion besteht ausnahmslos aus falsch interpretierten Wahrnehmungen realer Vorkommnisse oder Verhaltensweisen. Das ist ihre kognitive Form, und das - obwohl nicht unbedingt nur das - unterschiedet sie von anderen Störungen im Realitätsbezug (etwa Wahrnehmungsstörungen oder Halluzinationen). Der projektive Prozeß ist abgeschlossen und eine Projektion besteht, wenn der Paranoide in seinem Spannungszustand und mit seinen einseitigen Erwartungen an die Umwelt seine Aufmerksamkeit auf ein Objekt richtet und ein "Indiz" herausgreift, dessen Bedeutung ihn von bestimmten Motiven und Absichten anderer "überzeugt" und somit seinen verzerrten Erwartungen eine konkrete Gestalt verleiht.

So einfache und scheinbar wahrnehmungsgerechte Projektionen wie zum Beispiel "Er beobachtet mich mißgünstig" oder "Er denkt, ich bin nicht ganz richtig im Kopf" bestehen im Grunde aus autistisch verzerrten, pseudo-empathischen und interpretativen Kognitionen eines Blickes dieser Person, eines mehrdeutigen Satzes oder einer kleinen Verhaltenssequenz.

Bei komplexeren Projektionen können mehrere solcher durch Fehldeutung verzerrten Kognitionen miteinander verwoben sein, um eine allgemeinere projektive Interpretation zu untermauern. Ein extrem paranoider Geschäftsmann zum Beispiel hatte die Vorstellung, daß seine Geschäftspartner bereits Mittel und Wege ersonnen hatten, ihn zu beseitigen und war deshalb aus seinem Heimatland geflohen. Er hatte allem Anschein nach die Bestrebungen seiner Partner, ihn auszubooten, korrekt wahrgenommen: er hatte richtig mitbekommen, daß sie sich heimlich ohne ihn getroffen hatten, er hatte merkwürdige Blicke registriert und ähnliches. Seine projektiven Vorstellungen bestanden aus einem Gespinst von übertriebenen, aber wiederum pseudoempathischen Interpretationen dieser Fakten.

Es ist eine geläufige Beobachtung, daß der Paranoide mit seinen Projektionen "der Wirklichkeit auf halbem Weg entgegenkommt" oder daß die Projektion ein "Kompromiß mit der Realität" ist. Damit ist - wenn auch sehr von ungefähr - nichts anderes ausgedrückt als die Tatsache, daß die Projektion eigentlich ein kognitiver Akt ist, wenn auch ein spezieller und besonders einseitig-verzerrter. Letztlich sind diese Beobachtungen nur solange interessant, wie man einen Vergleich etwa mit der Halluzination im Sinn hat; sie werden schnell trivial, wenn man die Projektion als Kognition betrachtet, denn der Wirklichkeit auf halbem Wege entgegenzukommen ist wohl das Mindeste, was man von einer Kognition erwarten kann. Von diesem Standpunkt aus scheint höchstens bemerkenswert, daß überhaupt ein kognitiver Modus möglich ist, der interpretative Einseitigkeiten und Verzerrungen in einem Ausmaß zuläßt, und zwar bei manchen Menschen sogar regelmäßig, daß der Wirklichkeit nur zur Hälfte entgegengekommen wird - und oft, wie man weiß, nicht einmal so weit.

Es ist, mit anderen Worten, bemerkenswert, daß ein Mensch ein Objekt der Außenwelt anschauen kann, wirklich ins Auge zu fassen, ohne Zerstreutheit oder Diffusionen, ohne Konfusion und nicht mit abwesendem Starren, sondern geradeaus und klaren Blicks, um daraufhin dennoch eine fast vollständige Un-Realität auszudrücken. Und doch ist es genau das, was der paranoide Mensch bei einer Projektion tut. Man kann es an seinem Verhalten beobachten, und man kann seine wache Aufmerksamkeit sogar an der Projektion selbst erkennen. Nicht, daß er im Akt der aufmerksamen Kognition etwas sieht, was real existiert, sondern daß er im selben kognitiven Akt so viel sieht, was nicht vorhanden ist - das verlangt nach Erklärung.

Wie ist das möglich? Soweit wir es von der kognitiven Form der Projektion her beurteilen können, ist das möglich, weil er beim Betrachten des Objekts seine Aufmerksamkeit rigide und einseitig auf einen bestimmten Aspekt, nämlich auf einen Hinweis, beschränkt, und allein um die Bedeutung dieses Hinweises geht es ihm. Sein Interesse und seine Aufmerksamkeit werden durch eine einseitige Erwartungshaltung zuallererst darauf ausgerichtet, den Hinweis zu finden, und ist das "Indiz" erst dingfest gemacht, wird es auf dem Hintergrund genau dieser Erwartungen verstanden. Eine solche einseitige Erwartungshaltung muß selbst nicht bewußt sein, determiniert jedoch, worauf sich das bewußte Interesse richtet, was als nächstes wichtig erscheint, und was nicht, und sie determiniert auch die subjektive Bedeutung, die einem neuen Hinweis oder Indiz zugeschrieben wird.

Ein furchtsam-zurückhaltender Mann zum Beispiel, der bei der Arbeit einen kleinen Fehler gemacht hat, beobachtet das Gesicht und die Äußerungen seines Chefs mit einer bestimmten Erwartung. Er sucht nach Anzeichen für dessen Unwillen oder, sagen wir, Mißbilligung, obwohl ihm wahrscheinlich nicht bewußt ist, daß er danach sucht. Wenn er solche Anzeichen findet, ist die projektiv verzerrte, pseudo-empathische Kognition abgeschlossen und die unkonkrete Voarannahme oder Erwartung wird zur Gewißheit: "Er lehnt mich ab."

Der Hinweis und seine Bedeutung sind also das, was der Paranoide sieht, wenn er ein Objekt wahrnimmt, und er wird immer das und nur das sehen, ganz gleich, wie genau und wie oft er hinschaut. Es kann natürlich auch vorkommen, daß eine solche Kognition gleichzeitig auf besonders plastische oder demonstrative Weise einen tatsächlich vorhandenen Aspekt des äußeren Objektes enthüllt, der zur projektiven Erwartung paßt.

Wenn dieses Verständnis der kognitiven Form einer Projektion richtig ist, dann ist es meiner Meinung nach eindeutig, daß der generelle kognitive Modus des Paranoiden dem entgegenkommt. In dem Maße, wie jeder kognitive Modus interpretierend ist, und in dem Maße, wie ein Individuum auf der Suche nach dem ist, was ihm wichtig ist, und vernachlässigt, was ihm weniger wichtig ist, sind Einseitigkeiten und Verzerrungen - einschließlich projektiver Verzerrungen - möglich und vielleicht gar nicht zu vermeiden. Die normale Kognition jedoch besitzt in der Regel genügend Flexibilität, um die Verzerrung bei der nächsten Gelegenheit zu korrigieren. Wenn aber die Kognition so rigide und eingeengt ist wie beim Paranoiden, so immun gegen Korrekturen, so bereit, Offensichtliches zu ignorieren und nur nach Zeichen zu suchen, die die Voreingenommenheit bestätigen, und wenn solch eine Kognition dazu führt, daß das Gefühl für Verhältnismäßigkeit und das real Erfahrbare verlorengeht - dann ist sie anfällig für interpretative Verzerrungen extremster Qualität, das heißt, Verzerrungen projektiver Art.

Bei der Projektion wird eine innere Spannung auf bestimmte Weise in eine Spannung gegenüber der Außenwelt transformiert, dann in eine verzerrte Antizipation der Außenwelt und schließlich in bestimmte Überzeugungen hinsichtlich der Außenwelt. Diese Überlegungen erklären jedoch nur den kleinen Teil des Prozesses, nämlich den Schritt von der einseitigen Antizipation zur Überzeugtheit. Das ist der kognitive Aspekt. Der größere Teil des Prozesses jedoch, die Transformation innerer Spannungszustände in äußere und die Entstehung der Verzerrung sind etwas anderes und kein kognitives Problem mehr. Tatsache ist, daß diese Transformation des Spannungszustandes nicht zu trennen ist von einem subjektiven Gesamtzustand und einem generellen psychischen Funktionsstil, der typisch paranoid ist.

Autonomie als generell-paranoides Problem

Paranoide Menschen leben in einem ständigen Alarmzustand, sie befinden sich, so scheint es, in einem mehr oder weniger kontinuierlichen Zustand totaler Mobilisiertheit. Der Spannungszustand, der sich in ihrer Wachsamkeit und in der intensiven, suchenden Aufmerksamkeit manifestiert, zeigt sich beispielsweise auch an ihrer Körpermuskulatur. Um das zu spüren, braucht man nur einmal einen paranoiden Menschen leicht an der Schulter zu berühren und die sprunghafte Reaktion zu spüren, die dann aber sofort zurückgenommen und unter Kontrolle gebracht wird. Dieser generelle Zustand der Mobilisiertheit hat unterschiedliche klinische Erscheinungsformen. Manchmal ist es eine höhere Bereitschaft zur Aggressivität mit einem harschen Umgangston und ständiger Bereitschaft zum Gegenangriff; es kann aber auch extreme Vorsicht und angespannte Kontrolliertheit sein, und manchmal ist es einfach nur eine Art defensiver Wachsamkeit.

Bisher haben wir die Mobilisiertheit des paranoiden Menschen genau wie seine spezifische kognitive Wachsamkeit nur im Hinblick auf deren subjektives Ziel betrachtet: Die Bewältigung (projizierter) äußerer Gefahren oder Bedrohungen. Daneben haben sie aber auch eine Form, die zusammen mit dem subjektiven Ziel eine bestimmte Funktionsweise ergibt. Bei einer formalen Untersuchung nun sollte man seine Empathie in Grenzen halten. Unser Interesse hier ist ja nicht, eine Verhaltenssequenz aus paranoider Sicht zu erklären, sondern eine generelle psychische Funktionsweise zu verstehen, und das, wenn möglich, einschließlich der Funktion der paranoiden Sichtweise.

Wie können wir also vom formalen Standpunkt her diesen paranoiden Zustand der Mobilisiertheit adäquater beschreiben? Ich will zunächst versuchen, dies mit eher allgemeinen Begriffen zu tun. Es handelt sich um einen Zustand außerordentlich rigider und angespannter, einseitiger Ausrichtung des Verhaltens mit deutlicher Intensivierung eigentlich normaler Fähigkeiten wie Aufmerksamkeit, muskuläre Kontrolle, und, auf anderer Ebene, Zweckorientiertheit. Es ist ein psychischer Zustand, den man "Hyperintentionalität" nennen kann, ein Zustand, der aller Wahrscheinlichkeit nach mit einem chronischen Hypertonus der willkürlichen Muskulatur einhergeht. Und ein Aspekt dieses generellen Zustandes ist der überwachsame, mißtrauische Modus der Kognition.

Betrachten wir die Beziehung des Paranoiden zu bestimmten Bereichen seines Verhaltens, wobei ich an das denke, was sonst als expressives Verhalten bezeichnet wird, also an Gestik, Mimik, den Klang der Stimme, die Körperhaltung und ähnliches. Folgendes läßt sich bei solchen Menschen leicht beobachten: Auch wenn sie einen Raum mit einem Gruß oder einem Lächeln betreten, sich scheinbar locker irgendwo hinsetzen und sogar eine Unterhaltung beginnen, die man für freundlich-vertraut halten könnte, scheint das alles irgendwie nur nachgemacht zu sein. Man stellt fest, daß all das, was zunächst wie expressives Verhalten aussah, keineswegs ein solches ist. Es ist nicht freundlich, es ist nur so gestaltet, daß es freundlich wirkt.

Manchmal wird dieses Verhalten recht elegant oder zumindest ohne technische Unebenheiten ausgeführt, und insbesondere bei relativ stabilen paranoiden Charakteren hat man häufig den Eindruck, daß alles - bis hin zum Händedruck - ausgezeichnet beherrscht wird. Solche Menschen sind darauf vorbereitet, vielleicht noch nach unmerklichem Zögern, lässig, begeistert oder ernsthaft zu sein (oder zu tun), oder wie auch immer es die Situation ihrer Einschätzung nach erfordert. Das Ziel dieses Verhaltens kennen wir im Großen und Ganzen - es ist zutiefst defensiv -, aber wir betrachten hier außerdem seinen Modus. Verhaltensweisen, die normalerweise expressiv, d.h. spontan, unwillkürlich und automatisch einsetzen und dann fest integrierte und automatische Gefühls-, Impuls- oder Verhaltenssequenzen beinhalten, sind bei paranoiden Menschen stattdessen zielgerichtet, intentional und willentlicher Kontrolle unterworfen. Selbst die technische Gefälligkeit solchen Verhaltens spiegelt nicht etwa Flexibilität wider, sondern dokumentiert nur das Ausmaß und die Effektivität der bewußten Kontrolliertheit.

Das heißt nicht einfach nur, daß dem paranoiden Menschen die Spontaneität des Verhaltens fehlt oder daß er sich selbst so sorgfältig beobachtet, daß jede Expressivität unterdrückt wird, um sich nicht selbst zu enttarnen. Das ist soweit sicher richtig und zeigt sich besonders deutlich bei jenen hölzern und unbeteiligt wirkenden paranoiden Menschen, die es sorgfältig vermeiden, überhaupt irgendeinen Gefühlsausdruck zu zeigen. (Einer meiner so strukturierten Patienten hatte in seiner Familie lange Zeit den Spitznamen "der Stock".) SCHAFER[2] hat diese Art innerer Überwachung und die damit einhergehenden Unterdrückungsmechanismen mit einem "inneren Polizeistaat" verglichen. Es gehört aber noch etwas Allgemeineres dazu. In dem Moment, wo ein Funktionsbereich - Expressivität und Spontaneität des Verhaltens - unter diesem Regime radikal zusammenschrumpft, wird ein anderer - das Reich der Intentionalität und bewußten Verhaltenssteuerung - ausgeweitet. Der paranoide Mensch beobachtet und zügelt sein Verhalten nicht nur, sondern beherrscht und steuert es; er steuert seine Körperhaltung, seinen Gesichtsausdruck und seine Gestik, wie ein General seine Truppen dirigiert.

Diese Zielgerichtetheit paranoiden Verhaltens zeigt sich in den hochmütigen und abschätzigen Posen des arroganten Paranoiden ebenso wie in der Vorsicht des offensichtlicher Zurückhaltenden: am verblüffendsten von allen paranoiden Charakteren erscheinen uns aber jene, die sich mechanisch eine Pose der Spontaneität und Lässigkeit aneignen und allen mit dem Selbstvertrauen eines guten alten Bekannten begegnen.

Ein solcher Patient pflegt seinen Therapeuten stets mit einem künstlichen, hocherfreuten Lächeln zu begrüßen. Eine Sekretärin beobachtete regelmäßig, wie er dieses Lächeln noch im leeren Vorraum kurz vor der Tür zum Therapeutenzimmer regelrecht aufsetzte.

Es geht nicht nur darum, daß so spezifisch physisches Verhalten wie Gestik, Mimik, Körperbewegung und ähnliches so bemerkenswert kalkuliert und intentional ist. Die Gerichtetheit dieses Verhaltens ist nur Teil einer wesentlich umfassenderen Gerichtetheit, nämlich der Aktivität als Ganzer. Ich meine damit, daß alles, was der Paranoide tut, was es auch sei, einen Zweck, ein Ziel hat. Was er sagt, sagt er nicht nur, weil ihm etwas ein-

---

2 ROY SCHAFER, Psychoanalytic Rorschach Interpretation. - New York 1954.

oder auffällt oder er sich gerade so und so fühlt; nie tut er etwas einfach aus einer Stimmung heraus, impulsiv, weil es gerade Spaß macht oder einfach so. Was er sagt und tut, ist bewußt gestaltet, beabsichtigt und hat einen Zweck. (Interessant ist, daß er annimmt, daß andere Menschen genauso sind.) Wir sehen das, wenn wir die Unaufrichtigkeit paranoider Menschen betrachten, wenn wir also erkennen, daß das, was eine normale Unterhaltung zu sein schien, für sie eine taktische Maßnahme voller Täuschungsmanöver war. Ihr Verhalten mag selbstüberhöhende Motive haben oder mag der Abwehr und dem Ausweichen dienen, in jedem Fall ist es aufgesetzt. Diese Menschen stehen neben ihrem Verhalten, wie sie auch neben ihrer Körperhaltung oder Mimik stehen und alles steuern und ausrichten - und immer intentional, nie unkontrolliert.

Auf diese Weise werden normale expressive und spontane Funktionen beim Paranoiden zu Instrumenten. Das muß unweigerlich bestimmte subjektive Konsequenzen haben. Expressive Verhaltensweisen - Lächeln, Sprechen, Handeln - sind für den normalen Menschen einfach Teil seiner selbst; das sind sie für den Paranoiden nicht, bei ihm befinden sie sich unter seinem Kommando. Der normale Mensch hat insgesamt das Empfinden, daß sein Körper "er" ist, wohingegen der Paranoide seinen Körper als ein Instrument betrachtet. Das führt uns zu einer anderen allgemeinen Folge der paranoiden Art des Einsatzes von Fähigkeiten: Wenn der Bereich intentionaler Herrschaft über verschiedene Verhaltensfunktionen ausgeweitet wird, und zwar auf Kosten der normalen Bereiche von Spontaneität und Expressivität, wird der Bereich, in dem der Betreffende sich subjektiv als "er selbst" erlebt, letztlich auf ein starres und eingezwängtes Verwaltungszentrum reduziert.

Nicht nur Spontaneität und Expressivität im Verhalten leiden unter der rigiden paranoiden Mobilisiertheit und dem "inneren Polizeistaat". Auch das subjektive Erleben selbst, insbesondere das affektive Erleben ist gravierend eingeschränkt und verengt, und bestimmte Arten von Affekten scheinen regelrecht eliminiert zu sein. Beispielsweise lachen Paranoide kaum. Mag sein, daß sie sich verhalten, als würden sie lachen, aber es ist kein echtes Lachen, das heißt, sie sind nicht wirklich belustigt.

Ein solcher Verlust affektiven Erlebens kann nicht als Resultat der Selbstkontrolle oder als absichtliche Unterdrückung angesehen werden. So peinlich genau der Paranoide auch sein Verhalten steuern und kalkulieren mag, ist er doch nicht mehr als andere fähig, Gefühle zu "entfernen". Der Verlust affektiven Erlebens kommt also nicht durch eine entsprechende Absicht oder Ausrichtung zustande, sondern dadurch, daß sich das Individuum in einem Gesamtzustand rigider Zielgerichtetheit und Intentionalität befindet. In einer Nation im Zustand der Notstands-Mobilisierung findet ein großer Teil des normalen Alltagslebens nicht mehr statt, nicht nur - noch nicht einmal primär - per Erlaß und Verordnung, sondern einfach, weil sich das Interesse an vielen normalen Alltagsaktivitäten mit der momentan herrschenden Stimmung und den Anforderungen der Situation (Energie und Aufmerksamkeit müssen für die Bewältigung des Notstands aufgebracht werden) nicht vereinbaren lassen. Und ganz ähnliches spielt sich in der Psychologie der paranoiden Persönlichkeit ab. So mobilisiert, wie sie ist - wachsam, sich selbst beobachtend, jede Geste und Äußerung rigide kontrollierend - ist es einfach unmöglich, sich gleichzeitig auch noch herzlich über irgend etwas zu amüsieren. Und wenn es doch einmal für einen Augenblick möglich wird, wird ein solches Gefühl sicherlich subjektiv als subversiv betrachtet. Wenn solche Patienten zum Beispiel im Laufe der Therapie etwas lockerer werden und gelegentlich wirklich lachen, fühlen sie sich ausnahmslos im nächsten Moment ausgesprochen unwohl, tun alles, um das Lachen zu unterbinden und meinen, daß so etwas "für einen Erwachsenen doch lächerlich" sei.

Ganz allgemein scheinen im bewußten Erleben des Paranoiden jene Arten von Affekten weitgehend zu fehlen, die als eher passiv oder weich zu bezeichnen wären, etwa zärtliche und sentimentale Gefühle, und das scheint sowohl für die scheu-zurückhaltenden als auch für die arrogant-megalomanischen Paranoiden zu gelten. Zärtlichkeit und Sentimentalität sind, mit anderen Worten, mit einer rigide-kontrollierten Grundeinstellung genauso unvereinbar wie mit einer großspurig-angriffslustigen. Wenn sich zärtliche oder sentimentale Gefühle entwickeln, werden sie in der Regel als Schwäche oder "Weiberkram" betrachtet und mit Scham belegt, wenn sie bei sich selbst wahrgenommen, mit Verachtung gestraft, wenn sie beim anderen festgestellt werden. Nicht nur die Bandbreite der Gefühle und Affekte reduziert sich bei diesen Menschen, sondern auch die Interessen werden eingeengt. Das Spielerische verschwindet, spielerisches Interesse an irgend etwas kommt in der Regel nicht vor. Paranoide Menschen interessieren sich meistens nicht für Kunst oder Ästhetik. Solche Interessen sind ihrer Ansicht nach wohl auch zu weich, zu schwach oder zu weibisch. Schließlich ist das subjektive Erleben auch noch in einem anderen Bereich eingeengt, den ich hier auch nennen will, obwohl ich dazu nur einen Eindruck wiedergeben kann, den zu untermauern schwierig sein dürfte. Ich habe den Eindruck, daß es unter dem generellen paranoiden Regime rigider Mobilisiertheit auch zu einer Einengung des körperlichen, sinnlichen Erlebens kommt; die Sexualität zum Beispiel wird tendenziell mechanisch und verliert an sinnlichem Genuß.

Bedenkt man die generelle Einengung der Interessen bei paranoiden Menschen, so ist interessant, daß sie zuweilen ein intensives Interesse an mechanischen Dingen und Vorrichtungen, an elektrischen Apparaturen und ähnlichem entwickeln, womit ich nicht die Tatsache meine, daß solche Themen auch in paranoiden Wahnvorstellungen häufig eine Rolle spielen. In der Tat bewirkt die Grundbefindlichkeit solcher Menschen mehr als nur ein reines Interesse. Oft scheinen sie sich besonders, ja außerordentlich stark mechanischen Dingen und Schemata zuzuwenden wie etwa Computern, Automationsmodellen und ähnlichem. Dabei kontrastiert diese Hinwendung deutlich mit ihrer Abscheu vor einem großen Teil des Normal-Menschlichen, vor dem, was sie als schwächlich, zu weich, als menschliche Unvollkommenheit ansehen; auch kranke oder schwache Menschen, Sentimentalität oder Weiblichkeit gehören dazu. Da sie das eine so schätzen und das andere so verachten, kann man insgesamt leicht den Eindruck bekommen, daß ihnen eine vollständig mechanisierte Welt ohne die Schlampereien der Natur und sonstige sentimentale Ungenauigkeiten lieber wäre. Solche Haltungen machen zusätzlich deutlich, daß die paranoide Mobilisiertheit mit ihrer rigiden, mechanischen Ausrichtung des Verhaltens kein nur in Notsituationen punktuell auftretendes Verhalten, sondern im Gegenteil ein durchgängiger Funktionsmodus ist, der von entsprechenden Grundeinstellungen unterstützt wird; und viele paranoide Charaktere würden sicherlich, wenn es in ihrer Macht stünde, diesen Modus noch weiter perfektionieren.

Wir brauchen diesen Aspekt des paranoiden Stils hier nicht weiter zu beschreiben. Die paranoide Mobilisiertheit führt in jenen normalen Lebensbereichen, die zutiefst unwillkürlich ablaufen, zu radikalen Reduktionen und Einengungen und zum weitgehenden Verlust der Unbefangenheit und Hingabefähigkeit, während das eigene Verhalten einer rigiden Ausrichtung auf Ziele und Zwecke unterworfen wird. Wenn dies die Form des Funktionierens ist - was ist dann seine Bedeutung? Ich will versuchen zu zeigen, daß dieser formale Modus einer Pathologie der Autonomie entspricht, die noch gravierender ist als beim zwanghaften Stil und weitergehende Konsequenzen hat: eine nicht nur rigide, sondern zutiefst brüchige Verzerrung und Übertreibung dessen, was der normale Mensch an Selbstdisziplin übt. Des weiteren möchte ich einige spezielle Punkte ansprechen: erstens besteht alles, womit die paranoide Persönlichkeit vordringlich beschäftigt ist - in projektiver Form oder nicht - aus Variationen zum Thema "Autonomie", und zweitens besteht zur Außenwelt (zumindest zu bestimmten Bereichen derselben) eine defensive und feindliche Beziehung, und zwar schon von Beginn an, sogar schon vor der Projektion.

Beim paranoiden Menschen erscheint, deutlicher und gravierender als beim Zwangscharakter, jeder Aspekt und jede Komponente normalen autonomen Funktionierens in rigider, verzerrter und generell hypertrophierter Form. So ist der normale Mensch etwa zur gerichteten Aufmerksamkeit fähig, wenn er sich bewußt konzentriert oder einen Gedankengang verfolgt, er ist aber auch zur passiven Aufmerksamkeit in der Lage und kann sich vom Unerwarteten überraschen lassen. Die Aufmerksamkeit des paranoiden Menschen jedoch ist so eingeengt zielgerichtet, daß es sich schon nicht mehr um Rigidität, sondern um eine fixierte Verzerrung handelt. Der normale Mensch verfügt über eine selbstverständliche und nicht bewußte Körperkontrolle, aber ebenso auch über die Freiheit, sich auch einmal anders zu bewegen und über eine körperliche, sinnliche Genußfähigkeit. Der paranoide Mensch dagegen ist nicht nur einfach steif, sondern er kommandiert seinen Körper wie ein General seine Truppen. Der normale Mensch, so zweckgerichtet und intentional er handeln kann, kann sich auch ebensogut einmal gehenlassen. Der Paranoide jedoch ist vollständig mobilisiert: Jedes Handeln muß einen Zweck haben, auf ein Ziel (zum Beispiel ein defensives) hinsteuern, und zwar mit einer Intensität, die normalerweise Alarmzuständen vorbehalten ist. Nichts wird spielerisch, aus Lust und Laune, einfach nur so oder unbefangen getan. Dieser von Angespanntheit durchdrungene Modus sichert natürlich nicht mehr Autonomie, als der normale Mensch besitzt. Er läßt vielmehr auf eine außerordentlich brüchige Form von Autonomie schließen, die eben wegen ihrer Brüchigkeit nur auf diese bemerkenswert rigide und übertriebene Art und Weise aufrechterhalten werden kann. Wer das bezweifelt, braucht sich nur neben den objektiven auch noch bestimmte subjektive Folgen der Autonomiebestrebungen bei normalen Menschen und im Vergleich dann bei paranoiden klarzumachen. Lassen Sie mich erklären, was ich damit meine.

Willkürlichkeit und Intentionalität erfordern die Entwicklung bestimmter Fertigkeiten - zum Beispiel muskulärer Fertigkeiten - und auch die Kompetenz, diese zu gebrauchen. In der Tat kann man sagen, daß zumindest am Anfang die Fähigkeit zum willensgesteuerten Verhalten - gewissermaßen die Fähigkeit, sein eigener Herr zu sein - ganz besonders von Kompetenzen abhängt, beispielsweise von der Beherrschung der Muskulatur in dem Sinne, daß man willkürlich etwas festhalten oder loslassen kann. Das ist nicht alles, was beim autonomen Funktionieren eine Rolle spielt. Um sein eigener Herr zu sein, muß man sowohl die Freiheit haben, zu tun, was man tun will, und sie auch spüren, als auch die Fähigkeit - das heißt Kompetenz - besitzen, zu tun, was man tun will. Aber Kompetenz ist immer ein Aspekt der Autonomie, denn neue Kompetenzen sind wahrscheinlich immer Vorläufer (und auch Folgen) neu erschlossener willentlicher Handlungsmöglichkeiten. In jedem Fall hat die Entwicklung der Intentionalität und willentlichen Kompetenz, wenn sie über längere Zeit erfolgreich verläuft, zur Folge, daß das Individuum sich kompetent fühlt, stolz auf das Erreichte ist und eine gewisse Selbstachtung entwickelt. Wenn dies nun ein subjektives Resultat der normalen Autonomieentwicklung ist, wie sieht dann das vergleichbare Erleben beim paranoiden Individuum aus? Wo die Autonomie für das normale Individuum Stolz, Selbstachtung und ein Gefühl der Kompetenz mit sich bringt, wird der paranoide Mensch entweder arrogant und pseudo-kompetent oder scheu und verschämt - oder, wohl meistens, beides.

In der Tat scheint das Gefühl von Scham für paranoide Menschen sehr viel charakteristischer zu sein als etwa Schuldgefühle. So schämen sie sich zum Beispiel - bis hin zur wahnhaften Übersteigerung - ihres Körpergeruchs, zu schwacher Muskeln, der Form ihrer Nase, der Beschaffenheit ihrer Genitalien, eines Mangels an "Männlichkeit" und so weiter. Obwohl sich dieses Gefühl typischerweise stets an äußeren Merkmalen festmacht, kann man sicher sein, daß es im Grunde durchgängig und kontinuierlich besteht und einen generellen Mangel an Selbstachtung dokumentiert. So schämte sich ein paranoider Patient zwar ganz besonders seiner "Babyhände", aber auch seiner allgemeinen "Schwächlichkeit", seiner Verletzbarkeit durch Bewertung seitens anderer und sogar, wie er es ausdrückte, seiner "Willensschwäche".

Die instabile Autonomie der paranoiden Persönlichkeit zeigt sich auf subjektiver Ebene jedoch noch anderweitig, und das ist uns allen bestens vertraut: Während sich ein normaler Mensch nicht nur kompetent fühlt, sondern auch die Freiheit hat, seinem Willen zu folgen und sich eigenverantwortlich selbst zu steuern, also sein eigener Herr ist, ist der paranoide Charakter ständig damit beschäftigt und in Sorge darüber, daß ihm die Unterwerfung unter irgendeine äußere Kontrolle oder Beeinflussung seines Willens drohen könnte.

Für jeden Menschen hat die Entwicklung von Willen und Intentionalität zwei Seiten: sie hat eine innere Bedeutung, wie ich sie bereits beschrieben habe, und sie hat eine entscheidende Bedeutung für die Position des Individuums gegenüber seinen Bezugspersonen innerhalb des sozialen Umfeldes. Beim Kind entsteht mit dem Aufkommen von Intentionalität und Willen gleichzeitig auch ein neuer Drang nach Selbstbestimmung, das heißt, nach Freiheit von äußerem Druck oder Zwang in seinen Beziehungen zur Umwelt - alle Eltern werden das ohne weiteres bestätigen. Wenn ein Kind lernt, daß es etwas willentlich tun kann, will es das nach seinem Willen tun. Mit dem Auftauchen von Intentionalität, Willen und Wollen - oder besser: mit jedem neuen Zuwachs daran - verstärkt sich das Interesse an Machtkämpfen, am Kräftemessen und an den Dimensionen Dominanz/Unterwerfung und Zwang/Freiheit. All dies gewinnt nun eine Bedeutung, die es zuvor nie hatte. Als auffallendste objektive Manifestation dieses inneren können sich sogar die Beziehungen zu Autoritätspersonen radikal wandeln. Das Kind wird zum Beispiel widerspenstig oder "trotzig", das heißt, es ist nicht bereit, angesichts äußeren Drucks oder auch von Strafe von den eigenen Absichten abzuweichen; es widersetzt sich solchem Druck automatisch, sobald es ihn spürt. Das Aufkommen dieses Eigensinns gründet sich nicht nur auf Reifung und Instinktentwicklung, sondern auch auf neue Fortschritte der kindlichen Intentionalität, Kompetenz und Willensfreiheit. Diesen kindlichen Eigensinn bezeichnen wir als "Willkür", und zwar zu Recht; denn bei dem Kräftemessen mit den Bezugspersonen, zu dem dieser Eigensinn führt, geht es tatsächlich darum, wer seinen

Willen durchsetzt. Grundlage dafür ist beim Kind das neue Gespür für eigenes Wollen und eigene Willenskraft.

Individuelle Autonomie bewahrt sich diesen Doppelcharakter: Einerseits dreht es sich um die Fähigkeit zu und das Interesse an willentlicher und kompetenter Steuerung seiner selbst, etwa der eigenen Muskeln, im Gegensatz zu Hilflosigkeit und Passivität; andererseits geht es um die Fähigkeit zu und das Interesse an Selbststeuerung nach eigenem Willen und unabhängig von äußeren Zwängen oder Autoritäten. Da diese beiden Interessen und Fähigkeiten auf denselben psychologischen Bedingungen fußen, ist anzunehmen, daß sich die Form der einen in der anderen widerspiegelt und umgekehrt.

Autonomie, Intentionalität und Willen können, wenn sie stabil und gut ausgebildet sind, in zweierlei Sinn gemäßigt werden: Der normale Mensch kann nicht nur zugunsten von Spontaneität und Unbefangenheit seinen Willen lockern, sondern er kann ihn auch, wenn es die Umstände vernünftigerweise nahelegen, beiseite lassen, um auf den Willen eines anderen zu hören, einzugehen oder sich ihm sogar zu fügen. Der normale Mensch kann, anders gesagt, in zweierlei Hinsicht "nachgeben": er kann sich selbst gegenüber angstfrei "nachgeben" und er kann anderen gegenüber "nachgeben", ohne sich gedemütigt oder entwertet zu fühlen.

Dementsprechend kann dort, wo eine rigide Selbststeuerung aufrechterhalten werden muß, weder Unbefangenheit (also "Nachgeben" gegenüber sich selbst) noch ein Nachgeben gegenüber äußerem Druck oder Autoritäten zugelassen werden. Weiterhin ist dort, wo eine rigide Selbststeuerung nur unter großer Anspannung und nicht sehr stabil aufrechterhalten werden kann, nicht nur mit Widerstand gegen äußeren Zwang oder Autoritätsdruck zu rechnen, sondern auch mit einer diesbezüglich hohen Sensibilität und Wahrnehmungsbereitschaft. Man könnte es sogar als ein spezielles Problem instabiler Autonomie bezeichnen, daß die Gefahr, äußerer Dominanz "nachzugeben" und die Gefahr, innerem Druck (Trieben und Affekten) "nachzugeben", eine gewisse subjektive Ähnlichkeit haben, weil beide dieselben psychischen Funktionen gefährden. Jedenfalls ist das subjektive Leben des paranoiden Menschen von einer solchen alles befürchtenden, defensiven und außerordentlich feindseligen Wahrnehmung äußerer Autoritäten und Zwänge durchdrungen. Die kontinuierliche, rigide aufrechterhaltene Selbstkontrolle des paranoiden Menschen zeigt sich nach außen als ständige und vorrangige Beschäftigung mit der Verteidigung seiner Autonomie gegen äußere Angriffe.

Bei schwer paranoiden, psychotischen und psychosenahen Charakteren drehen sich die projektiven Befürchtungen regelmäßig und mehr oder weniger explizit nicht nur allgemein um die Gefahr äußerer Aggression, sondern um die viel spezifischere Bedeutung, daß sie einer äußeren Kontrolle oder Beeinflussung ihres Willens unterworfen werden könnten.

So etwa geht es bei einer wichtigen Gruppe paranoider Wahnvorstellungen darum, daß der Betreffende glaubt, von speziellen oder übernatürlichen feindlichen Vorrichtungen, Maschinen oder Kräften direkt beherrscht oder gelähmt zu werden. Eine solche Patientin hatte beispielsweise plötzlich die Überzeugung gewonnen, daß ihr Partner versuchte, sie zu hypnotisieren, wollte dann um Hilfe telefonieren, war jedoch im selben Moment, so empfand sie es jedenfalls, durch Hypnose gelähmt und nicht in der Lage, den Hörer von der Gabel zu heben. Andere Patienten haben bekanntermaßen das Gefühl, daß ihre ureigensten Gedanken von äußeren Kräften oder Institutionen kontrolliert seien.

Bei manchen projektiven Ideen dreht sich die Sorge nicht um einen möglichen direkten Angriff auf ihre Autonomie oder eine direkte Unterwerfung ihres Willens, sondern um eine hinterlistige Manipulation oder Beeinträchtigung ihres Wollens und Willens, etwa durch spezielle Chemikalien. Ein Patient glaubte aber auch, sein Wille würde durch das "verweichlichte Leben" an seiner Universität geschwächt und unterminiert. Manchmal fehlt bei Wahnvorstellungen von beeinträchtigter oder beschnittener Autonomie aber auch der explizite Bezug auf eine äußere Quelle oder Macht, wie im Falle eines Patienten, der glaubte, nach und nach die Kontrolle über seine Sphinktermuskeln zu verlieren, so daß "faulige Gerüche" austräten. Vielleicht kamen in diesem Fall dann später Vorstellungen über eine äußere Verursachung hinzu.

Dieselben Themen, die ja auch dieselbe Art von Befürchtungen widerspiegeln, sind im Grunde auch bei minder schweren Fällen zu finden. Das bittere Ressentiment, wenn man gezwungen ist, sich der Macht oder Autorität des Chefs, Lehrers oder Offiziers zu unterwerfen; die Befürchtung, hinterlistig um ein Stück Selbstbestimmung gebracht zu werden, wenn man etwa einen Vertrag unterzeichnet; und auch die Besorgnis, man könnte durch Regeln und Anordnungen "gezwungen" sein, eine bestimmte Handlungsfreiheit aufzugeben, wird jedem, der je paranoide Menschen kennengelernt hat, nur allzu vertraut sein. Dieselben Befürchtungen zeigen sich auch in den durchgängigen Alltagseinstellungen und Grundvorstellungen paranoider Charaktere. So etwa sind diese Menschen im allgemeinen sehr sensibel für Macht und Hierarchie, Rang und Position, oben und unten - dafür, wer der Chef ist und wer Anweisungen entgegennehmen muß oder wer wen herabsetzen kann. Viele paranoide Charaktere sind nahezu ständig in defensiver oder kämpferischer Auseinandersetzung mit der einen oder anderen Autoritätsfigur befangen, wenn nicht faktisch, so doch gefühlsmäßig und in ihrer Vorstellungswelt.

Manche verhalten sich solchen Personen gegenüber arrogant und herausfordernd, manche furchtsam und verschämt. In jedem Fall jedoch nehmen sie es, automatisch defensiv, deutlich wahr, wenn eine Autoritätsperson zugegen ist. Letztlich wird man finden, daß ein Individuum mit unsicherer Selbstbeherrschung und brüchiger Selbstachtung die Autoritätsfiguren subjektiv mit exorbitantem Respekt betrachtet. Daß unsichere Autonomie durch rigide Selbststeuerung und mangelnde Selbstachtung durch Arroganz oder Pseudokompetenz maskiert werden, ändert an dieser grundlegenden Tatsache nichts. Solche Eigenschaften garantieren lediglich, daß der Respekt, den diese Menschen gegenüber hohen Positionen und Autoritäten haben, nicht freundlich oder wertschätzend ausfällt, sondern abwehrend, grollend und opponierend; es ist und bleibt aber Respekt. Man muß nicht lange hinsehen, um festzustellen, daß selbst der abwehrend-arrogante paranoide Charakter, der über die Dummheit des Chefs schwadroniert und ihn ständig zu verunglimpfen versucht, diesen Chef (genau wie der einfach nur furchtsam-verschämte) auf jeden Fall mehr respektiert als sich selbst.

Aufgrund dieser Tatsache sind selbst relativ leicht paranoide Menschen gegenüber Autoritätspersonen nicht nur auf der Hut, sondern auch vordringlich damit beschäftigt, wie sie wohl von diesen bewertet werden; im Hinblick auf Ablehnung oder Zurückweisung sind sie außerordentlich empfindlich. Selbst die einfache Tatsache, daß jemand, der über ihnen steht, sie in irgendeiner Form beachtet, scheint auszureichen, um aus dem allgemeinen Mangel an Selbstachtung ein intensives Gefühl der

Scham oder Erniedrigung aufsteigen zu lassen. Das soziale Unbehagen und die Selbst-Unsicherheit vieler leicht paranoider Menschen scheint ganz ähnlich auf solchen Wahrnehmungen zu beruhen - es gibt also nicht nur die kontrollierte Wachsamkeit wegen des möglichen Einflusses äußerer Mächte, sondern auch die schamvolle Wachsamkeit gegenüber äußerer Hierarchie.

Das Bild, das ich hier zeichne, um zu zeigen, daß abwehrend-feindliche Auseinandersetzungen mit äußeren Figuren und Mächten in unterschiedlicher Form und Intensität in der Natur einer rigiden, instabilen Autonomie liegen, ist, das ist mir klar, noch sehr unvollständig. So blieb bisher die Projektion ausgespart, ohne die jedoch das Gefühl paranoider Mobilisiertheit nicht gänzlich verstanden werden kann. Ich wollte aber, auch unter dem Risiko, den Leser mit dieser Unvollständigkeit herauszufordern, demonstrieren, daß bestimmte grundlegende Aspekte paranoider Verarbeitung psychische Quellen haben, die unabhängig vom Mechanismus der Projektion bestehen, und daß sie nicht einfach nur Ergebnisse der Projektion sind, sondern vielleicht sogar teilweise deren Grundlage bilden, obwohl die Abhängigkeit letztlich sicher wechselseitig ist.

Bevor ich diesen Abschnitt zu Ende führe, möchte ich noch ein paar Worte über einen anderen Punkt verlieren, den der Leser in den bisherigen Überlegungen schon vermißt haben mag. Es geht um die Bedeutung passiv-homosexueller Triebe innerhalb des paranoiden Erlebens und Verhaltens, von FREUD entdeckt und seitdem unbestritten. Genaugenommen erfaßt dieser Punkt nur eine andere Dimension des Problems "Paranoides Erleben und Verhalten" als die vorliegende Untersuchung. Die Beziehung zwischen Homosexualität und Paranoia ist dynamisch, wobei die Paranoia eine Abwehr der Homosexualität darstellt, während unser Interesse hier dahin geht, die allgemeinen Formen paranoiden Funktionierens zu verstehen. Jedoch brauchen wir die interessante Frage nicht zu scheuen, wo diese beiden Sichtweisen unter Umständen eine gewisse Relevanz füreinander haben. Bisher habe ich den paranoiden Stil als eine bestimmte Deformierung normaler Autonomie beschrieben, eine Deformierung, die bestimmte Schwächungen der Autonomie bewirkt. Wären als Quelle dieser Autonomieschwächung etwa andrängende unbewußte passiv-homosexuelle Impulse zu identifizieren?

Man ist versucht, diese Frage mit einem einfachen "ja" zu beantworten, denn diese Antwort würde alsogleich vieles zusammenfügen, was schon in zahlreichen klinischen Beobachtungen und theoretischen Erörterungen mitgeteilt wurde. Und eine solche Antwort wäre auch leicht zu untermauern. Man braucht sich nur vorzustellen, daß das, was wir vom formalen Standpunkt aus als Schwäche oder Instabilität der Autonomie bezeichnen, vom motivationalen Standpunkt her die Tendenz zur passiven Unterwerfung repräsentiert. So bieten die defensiven Befürchtungen und Besorgtheiten, die ich beschrieben habe - etwa die Sorge, bewegungsunfähig gemacht, gelähmt, vergewaltigt zu werden und so fort - ja auch eine gewisse Evidenz für solche dahinterstehenden Tendenzen. Ebensowenig ist zu bezweifeln, daß die Neigung oder der Impuls zur passiven Unterwerfung - bei Männern möglicherweise immer - passiv-homosexuelle Impulse einschließt oder sich sogar auf diese konzentriert.

All dies, so meine ich, sind durchaus vernünftige Überlegungen, aber die Sache ist dennoch um einiges komplizierter. Mag bei paranoiden Menschen die Schwäche der Autonomie und die daraus ableitbare Tendenz zur passiven Unterwerfung auch in der Regel homosexuelle Impulse beinhalten, so verbirgt sich doch einiges mehr. Die paranoide Persönlichkeit fühlt sich nicht nur durch die passive Unterwerfung bedroht, die homosexuelle Impulse mit sich bringen, sondern dadurch, daß jeder beliebige Impuls potentiell eine passive Unterwerfung der eigenen Steuerung und Intentionalität fordert. So betrachtet, sind nicht nur homosexuelle Triebinhalte eine Bedrohung, sondern der Triebmodus als solcher, sofern er als Modus des Unterworfenwerdens erlebt wird. In eben dem Maß, wie das Nachgeben gegenüber einem Triebimpuls oder Affekt als Aufgeben der Steuerung und Intentionalität gilt, ist es für das paranoide Individuum eine Bedrohung. Deshalb wird man auch eher einmal erleben, daß ein paranoider Mensch über seine Homosexualität redet, als daß man einen Paranoiden über irgend etwas wirklich lachen hört, denn Lachen ist - im Gegensatz zum Reden über eine Sache - nicht ohne eine gewisse Ungezwungenheit möglich. Man kann sich sogar unschwer psychische Umstände vorstellen, unter denen selbst homosexuelle Handlungen subjektiv nicht als Aufgeben der Eigensteuerung und Intentionalität erlebt werden oder zumindest weniger Unkontrolliertheit mit sich bringen als etwa intensive aggressive Impulse. Es ist ja auch durchaus bekannt, daß einige paranoide Menschen durchaus bewußte homosexuelle Interessen zeigen und sich sogar manifest homosexuell verhalten. Ich kann diese interessante Frage hier nicht weiter verfolgen, möchte den Leser jedoch auf das letzte Kapitel verweisen, wo einige Überlegungen zur allgemeinen Beziehung zwischen Triebeinflüssen und dem Stil des Erlebens und Verhaltens angestellt werden.

Nichtkognitive Aspekte der Projektion

Psychisches Funktionieren ist ein kontinuierlicher Prozeß; wenn wir jedoch einen Teil davon verstehen wollen, müssen wir diese Kontinuität an einem gewissen Punkt zuweilen außer acht lassen. Das will ich hier mit der folgenden Frage tun: Was wird passieren, oder: Welche Prozesse werden wohl in Gang gesetzt, wenn die soeben beschriebene psychische Struktur einer zusätzlichen inneren Spannung ausgesetzt wird, etwa in Form einer Intensivierung eines unterdrückten oder unangenehmen Impulses oder Affektes?

Auf allgemeiner Ebene ist die Antwort einfach: Die Intensivierung innerer Spannungszustände wird die existierenden Modi der Spannungskontrolle zusätzlich belasten und intensivieren und andere Anzeichen von Anspannung und Instabilität verstärken. Im einzelnen wird ein rigider Mensch unter dem Druck zusätzlicher innerer Anspannung in der Regel noch rigider werden. Und ein Mensch, der nicht nur rigide, sondern auch defensiv eingestellt ist, wird unter vermehrter Anspannung noch stärker auf Abwehr eingestellt sein.

Ich will diesen Prozess noch einmal anders, und zwar psychologischer erklären. Die Psychologie eines Menschen mit rigider, brüchiger Autonomie sieht so aus, daß er diese Autonomie an zwei Fronten gleichzeitig verteidigen muß, nämlich gegen innere und gegen äußere Bedrohung. An der einen Front führt die Schlacht zur Rigidität, an der anderen zu einer weitreichenden Abwehrhaltung. Aus diesem speziellen Grund wird jede Schwächung oder Bedrohung der Autonomie von innen her notwendigerweise auch das Gefühl von Verletzlichkeit nach außen intensivieren und wahrscheinlich nicht nur intensivere Rigidität, sondern auch intensivierte Defensivität zur Folge haben. Mir scheint, daß diese recht einfachen Tatsachen für das allgemeine Verstehen des paranoiden Funktionierens und insbesondere für unser Verständnis der Projektion zentral sind, denn sie beschreiben einen Prozeß, wie ein Individuum mit einem bestimmten Funktionsmodus bei Intensivierung innerer Spannungszustände mit einer - zumindest partiellen - Intensivierung der defensiven Angespanntheit nach außen hin reagiert. Wir finden hier also den ersten Schritt jenes Prozesses beschrieben, durch den eine innere Spannung mit Hilfe einer bestimmten psychischen Organisation in eine äußere transformiert wird.

Ein ziemlich rigider und defensiv eingestellter Mann zum Beispiel bewundert seinen Chef, wenn er sich in dessen Gegenwart auch stets sehr verkrampft und unwohl fühlt. Er würde den Chef gern zu sich nach Hause zum Abendessen einladen, jedoch kommt ihm diese Idee schon recht verwegen vor. Von dem Moment an, wo er die Einladung plant, erlebt er eine Intensivierung seiner üblichen defensiven Besorgnis, was der Chef wohl von ihm denke und ob er ihn nicht ablehne. In den Tagen vor der Einladung ist er in Gegenwart des Chefs noch verkrampfter, empfindlicher und abwehrbereiter als zuvor. Eine zunächst nur innere Anspannung hat eine Intensivierung der defensiven Empfindlichkeit und Angespanntheit gegenüber einer äußeren Figur hervorgerufen.

Für den paranoiden Menschen jedoch endet der Prozeß, der mit der Transformation innerer Spannungszustände in stärkere defensive Befürchtungen und Verletzbarkeit beginnt, damit keineswegs. Für den Paranoiden bedeutet die Intensivierung defensiver Anspannung automatisch die Intensivierung der gesamten paranoiden Mobilisiertheit, auch, und besonders, des kognitiven Apparates. Unter dem Druck der intensivierten Verletzlichkeit und neuentstandener defensiver Anspannung wird nun der gesamte rigide, mobilisierte Funktionsmodus, der vorübergehend durch eine innere Spannung durcheinander geraten war, reorganisiert, mit einem neuen Abwehrziel ausgestattet und auf ein neues äußeres Objekt gerichtet. Nun kann ein solcher Mensch nicht mehr als leicht verletzlich oder defensiv empfindlich bezeichnet werden; von nun an ist er ein scharfer Beobachter, wachsam und aktiv auf der Suche nach dem Feind. Dessen Bewegungen ahnt er voraus, interpretiert sie und konstruiert dabei aus Hinweisen, die er seinen Befürchtungen entsprechend wahrnimmt und einordnet, ein einschlägiges Vorstellungsbild. Mit einem Wort: nun ist er mißtrauisch, und als Resultat seines Mißtrauens wird eine Projektion entstehen.

Es folgt eine recht komprimierte Schilderung der Entwicklung projektiver Ideen aus Gefühlen heraus, die an das letzte Fallbeispiel erinnern; allerdings handelt es sich um einen insgesamt wesentlich rigideren und paranoideren Charakter.

Ein sehr intelligenter dreißigjähriger College-Professor, steif und unsicher, jedoch auch recht ehrgeizig und manchmal ziemlich arrogant, war schon immer sehr empfindlich gewesen, wenn er seine Würde geschmälert oder sich brüskiert sah, wenn er zu etwas "gezwungen" wurde, willkürliche Anweisungen erhielt oder anderweitig seiner Meinung nach behandelt wurde "wie ein Kind". In diesem Fall hatte er erst kürzlich eine neue Stelle angetreten und ein Interesse daran entwickelt - wenn er es auch nicht zugeben wollte -, einen wichtigen Ordinarius zu beeindrucken, offensichtlich, weil er hoffte, von ihm protegiert zu werden und wahrscheinlich auch mit dem Hintergedanken, eines Tages dessen Position zu übernehmen. Auf jeden Fall war er von diesem Mann von Anfang an beeindruckt und demzufolge in dessen Gegenwart recht nervös und besorgt darum, was der Ältere wohl von ihm denken mochte. Manchmal fürchtete er, als "schwach" wahrgenommen zu werden, dann wieder als zu angeberisch. Er achtete auf Anzeichen für beides.

So weit kann die Intensivierung der defensiven Angespanntheit (einschließlich der gesteigerten Empfindlichkeit und Besorgtheit) noch als vorprojektiv betrachtet werden. Bald jedoch wurde klar, daß diese defensive Angespanntheit und die stärkere Verletzlichkeit nach und nach zu einer Intensivierung der Rigidität und einer zunehmenden feindlich-defensiven Verkrampfung führten. Infolge dessen begann er, nicht mehr nur auf Anzeichen für Ablehnung oder Mißbilligung zu achten, sondern antizipierte sie immer mehr; entsprechend sah er sich mit jeder zögernden Äußerung des anderen sogleich bestätigt. Er erinnerte sich nun daran, daß er Kriecher und Jasager schon immer verachtet hatte und näherte sich dem alten Herrn nur noch als entschieden von sich selbst überzeugt und gleichwertig.

Im Laufe einiger Wochen, in denen der Ältere im wesentlichen Gleichmütigkeit zeigte, schritt die defensive Verkrampfung weiter voran. Der Jüngere beobachtete den Älteren nun ganz genau, nicht mehr nur besorgt, sondern mißtrauisch. Zornig fixierte er sich auf durchaus nicht eindeutige Äußerungen, die willkürlich, abwertend oder als Befehlston aufgefaßt werden konnten. So etwas wollte er sich "nicht bieten lassen" und verhielt sich zuweilen nicht nur wie gleichrangig, sondern sogar abwehrend-arrogant dem anderen gegenüber. So weigerte er sich zum Beispiel, "erniedrigende" Arbeitsanweisungen für seine Abteilung entgegenzunehmen. Als er sich erst einmal in Zorn und Mißtrauen hineingesteigert hatte, begann er, den Kollegen so zu beobachten, wie es Kinder tun, die mit dem unbeteiligt Zeitung lesenden Vater "Räuber und Gendarm" spielen - nur intensiver und ernster gemeint -, nämlich jede Bewegung im Sinne des Spiels interpretierend: "Jetzt tut er, als ob er mich nicht sieht", "Jetzt wird er gleich schießen" und so weiter. Aus einer verärgerten, mißtrauischen und mittlerweile abwehrbedingt hochmütigen Sicht heraus "entdeckte" er Indizien, die "bewiesen", daß er recht hatte: Der Ältere hatte etwas gegen seine Unabhängigkeit, wünschte für seine Abteilung nur einen mittelmäßigen Jasager und versuchte, ihn in seiner Position herabzusetzen. Sodann erklärte der Paranoide, daß sich nun die Situation zwischen ihnen beiden zu einem "Machtkampf" (contest of wills) zugespitzt habe.

Eine Aktivierung paranoid-defensiver Mobilisiertheit durch neue Unannehmlichkeiten oder durch eine gesteigerte Verletzbarkeit impliziert mehr als nur die Aktivierung mißtrauischer Aufmerksamkeit. Sie bedeutet ein totales Sich-Versteifen auf jene bekannte intensive, einseitige Ausgerichtetheit, und sie bedeutet, daß sich das affektive Erleben unter dem Regime, das nun ein neues Abwehrziel ausgemacht hat, weiter einengt und das Selbst sich zur Kommandozentrale verhärtet, wodurch sich die Entfremdung des paranoiden Menschen von seinen eigenen Affekten und Impulsen vertieft. Diese beiden Aspekte der abwehrbedingten Verhärtung - Intensivierung mißtrauischer Aufmerksamkeit zwecks Identifikation eines äußeren Feindes und gleichzeitiger Verlust innerer Erlebnisfähigkeit - arbeiten offensichtlich in dieselbe Richtung.

Aller Wahrscheinlichkeit nach liefern uns bei normalen empathischen Vorstellungen die im Hintergrund wahrgenommenen eigenen Gefühle und Interessen eine Art Anker. Ein konstantes Gespür für die eigene Gefühlswelt muß, mit anderen Worten, ein Faktor sein, der den normalen Menschen davor bewahrt, sich in Vorstellungen darüber, was im anderen vorgeht, selbst zu verlieren. Ohne einen solchen Anker kommt es beim Paranoiden dazu, daß er nicht nur eine Vorstellung vom Feind entwickelt, die sich aus zum "Ziel" passenden Hinweisen zusammensetzt, sondern auch, daß er diese Vorstellung mit einer Haltung kühler Objektivität betrachtet, ohne irgendwelche eigenen Anteile zu erkennen. In dieser Hinsicht gleicht er vielleicht dem Fahrgast eines Zuges, der nur sieht, daß sich der Zug auf dem Nebengleis bewegt. Wenn er kein Gefühl für die eigene Bewegung hat, wird er nicht merken, daß sein Zug fährt.

Das hier von mir vorgeschlagene allgemeine Verständnis von Projektion läßt sich mit Diagramm 1 zusammenfassen:

Diagramm 1

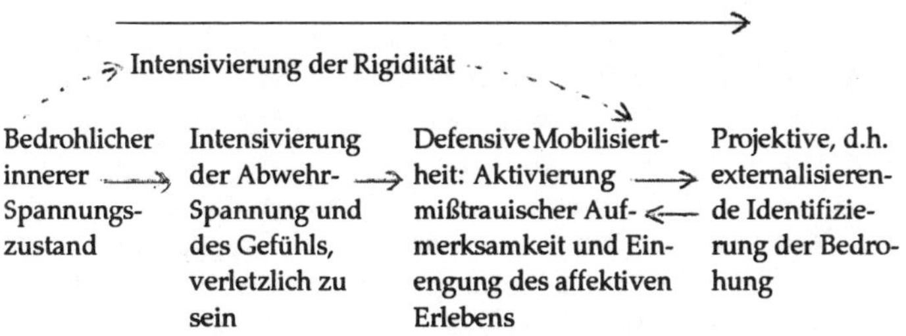

Man stelle sich diesen Prozeß am besten zweiphasig vor. In der ersten Phase bedroht ein nicht zugelassener Impuls oder unangenehmer Affekt oder Vorstellungsinhalt eine bereits rigid-defensive psychische Organisation, intensiviert das Gefühl der Verletzlichkeit und die defensive Empfindlichkeit und verschärft damit automatisch sowohl die Rigidität als auch die defensive Mobilisiertheit. In der zweiten und eigentlich projektiven Phase identifiziert das paranoide Individuum mit seiner nun vermehrt rigiden und abwehrbereiten Mobilisiertheit den Feind und konstruiert die konkrete äußere Bedrohung, indem es mißtrauisch alle Anzeichen heranzieht, die als "Indiz" zu seinen defensiven Zielen passen. Die beiden Pfeile im letzten Teil des Diagramms sollen die Interdependenz und das ständige Zusammenspiel zwischen dem Zustand defensiver Mobilisiertheit einerseits und dem Objekt dieser Mobilisiertheit, nämlich dem projektiven Bild des tatsächlichen äußeren Objektes andererseits verdeutlichen. Das projektive Objekt ist weitgehend eine Schöpfung der defensiven Anspannung und der Verhärtung im defensiven Prozeß, aber wenn es erst einmal besteht, wird es von Beginn an die Anspannung fokussieren und damit für eine weitere Festschreibung der defensiven Mobilisiertheit sorgen. Manchmal läßt sich dieser Prozeß parallel zur Entwicklung einer projektiven Idee beobachten, und zwar nicht als unvermittelt auftretendes Phänomen, sondern, wie in dem weniger gravierenden Beispiel oben, zunächst in allgemeineren, skizzenhaften Entwürfen; und wenn der Paranoide dann "die Fährte aufgenommen" hat, werden die Details und logischen Verknüpfungen hineingearbeitet.

Wenn dieser Prozeß erst einmal in Gang gekommen ist, erhält er sich selbst aufrecht, und zwar aus einem einfachen Grund: er schafft subjektive Erleichterung. Schließlich leistet er nicht nur die Transformation eines inneren in einen äußeren Spannungszustand, sondern auch insbesondere die Transformation einer Spannung, die für ein enges, rigide ausgerichtetes psychisches System desorganisierend und krankmachend wirkt, in eine, die ein neues Objekt für diese Ausrichtung bereitstellt.

Dieses allgemeine Konzept wird, so meine ich, einige bestimmte klinische Fragestellungen zur Projektion klarer machen. Dabei denke ich zum Beispiel an die Tatsache, daß die projektiven Ideen immer in gewissem Sinn auf das Subjekt zurückverweisen. Zur näheren Erklärung: auch wenn die Projektion manchmal als "Externalisierung" mentaler Inhalte bezeichnet wird, wissen wir, daß diese Darstellung in praxi nicht zutrifft. Tatsache ist, daß der mentale Inhalt nicht einfach einem äußeren Objekt zugeschrieben wird, und dann nichts weiter geschieht. Immer verläuft der Prozeß nicht nur vom Subjekt zum äußeren Objekt zurück auf das Subjekt, typischerweise dergestalt, daß eine Bedrohung oder ein feindlicher Einfluß seitens des äußeren Objekts gegen das Subjekt erlebt wird. Wir haben keinen Grund, diesen Teil des Prozesses als sekundär oder zufällig anzusehen. Anders gesagt: die Beobachtung zeigt, daß im Falle der Projektion innere Spannungen nicht einfach "ausgestoßen", sondern in kontinuierliche Spannungszustände gegenüber der Außenwelt transformiert werden. Insofern fehlt in keinem vollständigen projektiven Erleben die konstante, dynamische Beziehung zwischen Subjekt und Objekt - beispielsweise zwischen Verfolger und Verfolgtem -, und in der Regel manifestiert sich der Charakter dieser Beziehung im Inhalt der projektiven Idee.

Warum muß das so sein? Folgen wir unserer bisherigen Sichtweise, dann ist die Natur der Projektion selbst die Ursache. Die Tatsache, daß projektive Ideen immer auch diesen Aspekt der Rückbezüglichkeit haben, spiegelt einfach nur ihre psychische Entstehungsgeschichte und Funktion wieder. Darin zeigt sich, daß solche Ideen erstens durch Umwandlung innerer in außenorientierte, defensive Spannungen entstehen, daß der Prozeß der Projektion sich einer ursprünglich defensiven Empfindlichkeit und einer ebenso defensiven Einstellung zur Umwelt verdankt, und daß er diese Einstellung und Beziehung aus sich heraus fortschreibt und ausweitet, wobei er nach wie vor innere Anspannung absorbiert. So gesehen müssen wir also sagen, daß der Begriff "Rückbezüglichkeit" nur einen Aspekt, sozusagen eine von zwei Richtungen der genuin defensiven Beziehung zwischen Subjekt und Umwelt benennt; auch für die Rückbezüglichkeit eines Verfolgungswahnes beispielsweise würden wir annehmen, daß er seine psychischen Wurzeln in jener defensiven Sensibilisierung hat, die das Zustandsbild einer rigiden, instabilen Autonomie mit sich bringt.

Wir kommen nun zu einem allgemeineren Problem der Projektion und projektiver Inhalte und, wie ich glaube, auch zu einigen weiteren Schlußfolgerungen. Das Problem ist folgendes: Es gibt ja zwei allgemein übliche Definitionen der paranoiden Projektion, die meines Wissens in der Psychiatrie wie in der Psychoanalyse in austauschbarer Weise benutzt werden. Folgt man der ersten, dann besteht Projektion darin, daß eigene abgelehnte Motive, Affekte oder Vorstellungen äußeren Objekten zugeschrieben werden. Diese Definition ist die Grundlage der "Externalisierungs"-Auffassung der Projektion. Folgt man der zweiten Sichtweise, dann ist Projektion das Ersetzen einer inneren Bedrohung durch eine scheinbar äußere Bedrohung oder Gefahr. Die erste Definition besagt also, daß der Vorstellungsinhalt der inneren Spannung oder Bedrohung projiziert wird, während die zweite besagt, daß die Spannung oder Bedrohung selbst projiziert und ein Ersatz-Erleben angestrebt wird. Diese beiden Definitionen werden natürlich deshalb wie austauschbar benutzt, weil man annimmt, daß sie äquivalent sind und auf dasselbe hinauslaufen. Angenommen wird, daß das Erleben externalisierter Bedrohung einfach daraus folgt, daß dem äußeren Objekt der Inhalt der Spannung zugeschrieben wird, die von innen her bedrohlich wurde. In Wirklichkeit jedoch ist das keineswegs gesichert, und die beiden Definitionen sind auch durchaus nicht äquivalent.

Erstens: Daraus, daß einem äußeren Objekt psychische Inhalte zugeschrieben werden, die mit denen identisch sind, die innerlich bedrohlich wurden, folgt nicht ohne weiteres, daß dann automatisch ein Ersatz-Erleben externer Bedrohung eintritt. Warum sollte es? Man kann sich leicht vorstellen, daß die Person, der die abgelehnten Eigenschaften oder Motive zugeschrieben wurden - zum Beispiel: er ist homosexuell, aggressiv oder ähnliches - dann eben auch abgelehnt und entsprechend zurückgewiesen würde. Das ist aber nicht zu beobachten. Im Gegenteil, was wir bei paranoiden Projektionen beobachten, ist, daß das Objekt der Projektion nicht einfach abgelehnt wird, sondern offensichtlich zu einer Quelle aggressiver, aktiv gegen das Subjekt gerichteter Bedrohung wird.

Umgekehrt haben wir, wenn ein äußeres Objekt projektiv mit einer Spannung oder Bedrohung ausgestattet wird, die der ursprünglichen inneren entspricht, keinen Grund, a priori anzunehmen, daß der Inhalt jener zugeschriebenen Eigenschaften in jedem Fall mit dem Inhalt der ursprünglichen inneren Bedrohung oder Spannung identisch sein muß. Wenn wir den Wert eines Gegenstandes in fremder Währung berechnen, gehen wir auch nicht davon aus, daß sein Preis in Dollar mit derselben Anzahl von Pesos oder Mark ausgedrückt werden kann. Wir wissen vielmehr, daß ein anderes System, eine andere "Geldsprache" im

Spiel ist, und müssen den Wert, um ihn korrekt auszudrücken, in das neue System übersetzen. Wer etwas anderes behauptet, bringt Geldsystem und Wert durcheinander.

Unserer Ansicht nach und, wie ich meine, auch evidenterweise, sind es in jedem Falle und grundsätzlich Spannung und Bedrohung, die in Projektionen transformiert und externalisiert werden; sie erhalten in der Art, wie das projektive Objekt erlebt wird, eine stellvertretende oder Ersatzform, wobei der Inhalt der Spannung jedoch nicht unbedingt in den dem Objekt zugeschriebenen Eigenschaften reproduziert sein muß. Wenn jedoch der projektive Inhalt, also die dem Objekt projektiv zugeschriebenen Eigenschaften, nicht unbedingt der Inhalt der ursprünglichen Spannungszustände ist, woraus besteht er dann, und was determiniert ihn? Unseren bisherigen Überlegungen nach erhält die innere Spannung ihre externalisierte Form erstens durch die Umwandlung in defensive Anspannung und dann durch projektives Konstruieren. Der projektive Inhalt wird daher im allgemeinen durch den Inhalt der defensiven Anspannung determiniert sein. Genauer: dem äußeren Objekt werden solche Inhalte zugeschrieben, die per Interpretation ausgewählter Anhaltspunkte die spezifischen defensiven Antizipationen des gegebenen Spannungszustandes bestätigen und ihnen eine Gestalt verleihen. Dabei kann sich herausstellen, daß der letztlich entstehende projektive Inhalt im Grunde identisch mit jener inneren Spannung ist, die ihn entstehen ließ; das ist jedoch nicht immer so und kann nicht als gegeben vorausgesetzt werden.

Für beide Fälle will ich zur Verdeutlichung ein Beispiel geben. Zuerst ein Fall von weitverbreiteter und leichter Projektion, in dem der projektive Inhalt tatsächlich im Grunde identisch mit der inneren Spannung ist, die die Projektion bewirkt hat.

Einem recht kompetenten und geachteten Mann, der von seinen eigenen Fähigkeiten jedoch nicht überzeugt war und stets um seine Position in der Firma fürchtete, unterlief bei der Arbeit ein Fehler. Das hatte keine nennenswerten Folgen, konnte schnell korrigiert werden und war von anderen wahrscheinlich kaum bemerkt worden. Unabhängig davon war er in den folgenden Tagen jedoch damit beschäftigt, sich noch die geringste Möglichkeit vorzustellen und auszumalen, wie der Vorfall doch noch entdeckt werden konnte und wie beschämend das für ihn sein würde. In dieser Zeit kam einmal der Chef vorbei; der Mann "bemerkte" einen gereizten Blick und glaubte sogleich, daß der Chef nun dachte: "Dieser Mann ist die einzige Schwachstelle in unserer Firma."

Externalisierungen selbstkritischer Gedanken oder Bewertungen einschließlich all jener Projektionen, die wir üblicherweise als "Über-Ich-Projektionen" bezeichnen, reproduzieren mit hoher Wahrscheinlichkeit Inhalt und sogar Sprache der primären inneren Spannungszustände direkt und fast wörtlich. Das hat einen besonderen Grund, der mit der Natur solcher primären Spannungen und ihrem Stellenwert in der psychischen Struktur zusammenhängt. In diesen Fällen bedeutet die Tatsache, daß die innere Spannung einen selbstkritischen Gedanken beinhaltet, daß sie vom Standpunkt des Subjekts aus eine quasi-externe Form hat, und daß die Haltung des Subjekts gegenüber den selbstkritischen Gedanken - also der "Stimme des Gewissens" - schon vor der Projektion quasi-defensiv ist. Dementsprechend ist in diesen Fällen der Weg zur defensiven Transformation innerer Spannungszustände, Intensivierung der defensiven Spannung und projektiven Konstruktion einer stellvertretenden äußeren Bedrohung außerordentlich kurz und einfach. Man braucht lediglich einer Außenfigur jene Worte zuzuschreiben, die eine quasi-externe "innere Stimme" bereits gesprochen hat.

Im folgenden zweiten Beispiel jedoch kann derselbe Prozeß der Externalisierung von Spannung und Bedrohung nur unter radikaler Veränderung der Inhalte vollzogen werden:

Eine etwa zwanzigjährige junge Frau, die recht maskulin und burschikos wirkte, war Patientin einer offenen psychiatrischen Klinik und ständig angstvoll darauf bedacht, gegenüber Autoritäten und Zwängen jedweder Art nur nicht "nachzugeben". Stets achtete sie besorgt auf die Unabhängigkeit ihrer Entscheidungen und auf ihre Bewegungsfreiheit (buchstäblich bis hin zu ihren Autoschlüsseln). Insgesamt hielt sie daher eine sorgfältig gehütete Distanz gegenüber dem Programm und dem Personal der Klinik aufrecht - und zuweilen wurde aus der Distanz Kalter Krieg.

Zuweilen jedoch war sie deutlich in Versuchung, in ihrer üblichen Wachsamkeit nachzulassen, zuzugeben, daß ihr eine Kliniks-Aktivität Spaß machte, ihre ständigen Abreisepläne aufzugeben oder etwas zu tun, was dem Therapeuten wohl gefallen würde. Solchen Phasen folgten fast immer deutliche Verschärfungen der üblichen defensiven Befürchtungen: Sie "entdeckte" bei den anderen Pläne oder Beweggründe, sie im Sanatorium "in der Falle" zu halten, sie einer Gehirnwäsche zu unterziehen oder sie in irgendeiner Weise zur Unterwerfung zu bewegen. Diesen Ideen wiederum folgten dann wilde, rebellische Aktionen.

In einem solchen Fall können also unterschiedliche abgewehrte passive Neigungen defensive Befürchtungen verstärken, welche Unterwerfung und das Gefühl der Verletzbarkeit durch äußeren Zwang zum Thema haben, was dann zur projektiven Konstruktion einer aggressiven Bedrohung von außen führt.[3] Die von außen drohende projektive Gefahr der Zerstörung eigener Autonomie korrespondiert mit und steht für die primäre Gefahr durch die Versuchung, in der Wachsamkeit nachzulassen, hat jedoch notwendigerweise einen anderen manifesten Inhalt.

Mit dem Nachweis, daß die Projektion ein externalisiertes Substitut für oder psychisches Äquivalent von innerer Anspannung und Bedrohung schafft und nicht unbedingt die Idee oder den Inhalt jener Bedrohung als Eigenschaft des Objektes mit externalisiert, glaube ich, dem Sinn des psychoanalytischen Konzepts der Projektion gerecht zu werden. Festzuhalten wäre, daß in der tatsächlichen Praxis durchaus bekannt ist, daß der projektive Inhalt nicht unbedingt den Inhalt der primären inneren Spannung dupliziert. Wir stellen uns ja zum Beispiel nicht vor, daß die projektive Vorstellung, in eine Falle gelockt zu werden, buchstäblich das abgewehrte eigene Motiv widerspiegelt, jemanden in eine Falle zu locken. Einzelne psychoanalytische Ausführungen zur Projektion unterschiedlicher innerer Spannungszustände sind immer schon davon ausgegangen, daß die Inhalte ihrerseits bestimmten Transformationen unterliegen. Gleichwohl schient mir, daß wegen einiger theoretischer Unklarheiten nicht bedacht wurde, daß bestimmte Inhaltstransformationen im projektiven Prozeß der Externalisierung von Spannungszuständen quasi innewohnen und daher nicht irgendwelchen zusätzlichen oder ergänzenden mentalen Manövern zugeschrieben zu werden brauchen.

Der zuletzt angeführte Fall macht im Hinblick auf die Natur projektiver Inhalte noch etwas anderes deutlich: ich meine die in diesem Fall besonders sichtbare Beziehung zwischen der spezifischen Natur der individuellen defensiven Orientierung einerseits und dem Inhalt der projektiven Ideen andererseits.

So war diese Patientin schon immer hinsichtlich jeglicher Einschränkungen ihrer Bewegungsfreiheit besonders empfindlich gewesen. Wie wichtig diese Dimension der Autonomie für sie war, wurde nicht nur durch ihre Worte deutlich, sondern auch durch die besondere Bedeutung und Notwendigkeit,

3 Interessant ist, daß auch bei Frauen der paranoide Zustand unzweifelhaft mit homosexuellen Tendenzen verknüpft ist. Es scheint jedoch, daß nicht die homosexuelle, also männliche Neigung unterdrückt und verleugnet wird, sondern daß, wie beim Mann, die passiv-feminine Versuchung, sich zu unterwerfen, verleugnet wird, gewissermaßen von einem maskulinen Standpunkt aus.

die das Auto für sie besaß, durch die offensichtliche Befriedigung, die ihr das Autofahren verschaffte und vielleicht auch durch ihre athletisch-jungenhafte körperliche Erscheinung. Wenn diese Patientin bei speziellen inneren Spannungszuständen projektiv eine Bedrohung von außen konstruiert, dann die Gefahr, "in eine Falle zu tappen".

Lassen Sie mich näher erklären, worauf ich hinauswill. Wenn der projektive Prozeß von der Intensivierung der defensiven Anspannung und der Aktivierung defensiver psychischer Prozesse abhängt, dann folgt daraus, daß der letztlich resultierende individuelle projektive Inhalt von zwei Variablen abhängt: einmal von der spezifischen Natur der primären inneren Spannung, zum anderen von den individuellen defensiven Befürchtungen, Einstellungen und Orientierungen. Die Projektion ersetzt eine innere Spannung durch eine externe, aber die verschiedenen Menschen sind durchaus nicht einer Meinung darüber, wie und woraus sich eine äußere Bedrohung konstituiert. Die subjektive Definition der Gefahr von außen, die Festlegung dessen, was eine solche Gefahr ausmacht und besonders auf welche Weise sie entsteht, hängt ab von der Natur der defensiven Einstellung, die das Individuum gegenüber seiner Umwelt entwickelt hat. Diese Definition wird ihrerseits für jede anzunehmende innere Spannung die besondere Charakteristik der mißtrauischen Erwartungen und damit des projektiven Inhaltes liefern. Also wird der eine leicht paranoide Mensch in Gegenwart einer Respektsperson immer besorgt sein, wie er wohl in deren Augen dasteht, und auf eine demütigende Zurückweisung gefaßt sein; ein anderer mit größerer Furcht und stärkerer Abwehrhaltung wird sich verkrampfen und von vornherein erwarten, daß er irgendwie bloßgestellt wird, und ein weiterer, der vielleicht sehr viel rigider auf die Verteidigung seiner Würde und Position aus ist, ehrgeizig und arrogant, wird noch arroganter und stellt sich auf einen Machtkampf ein, da er schon am Blick des anderen projektiv "erkennt", daß dieser ihm seine Position streitig machen will. Jeder von ihnen erlebt eine Intensivierung der Verletzlichkeit und defensiven Angespanntheit, verkrampft sich angesichts des Gegenübers in seiner Verteidigungshaltung und identifiziert per Projektion eine konkrete äußere Bedrohung je nach seiner Verletzbarkeit und entsprechend dem, was seiner speziellen defensiven Orientierung zufolge eine solche Gefahr darstellen könnte.

Dazu ein paar weitere Beispiele:

Ein paranoider Patient, ein ziemlich schwächlich wirkender junger Mann, war schon immer sehr scheu gewesen und hatte seit vielen Jahren unter außerordentlich quälenden Schamgefühlen und Selbstzweifeln gelitten. Aus dieser defensiven Position heraus sah er zu allen ihm Überlegenen auf und erwartete ständig, von ihnen negativ beurteilt zu werden. Das führte schließlich in einem Zustand akuter Dekompensation dazu, daß er die wahnhafte Vorstellung entwickelte, die anderen Patienten des Sanatoriums würden mit tiefer Verachtung auf ihn herabblicken, ihn für homosexuell halten, seinen Körpergeruch unerträglich finden und ihm aus all diesen Gründen aus dem Weg gehen.

Ein anderer Patient in derselben Anstalt gab sich arrogant-rechthaberisch, eigenwillig und beschäftigte sich ebenfalls mit Homosexualität; auch er geriet in einen Zustand von Dekompensation und versuchte dann, zu anderen Patienten eine Haltung verächtlicher Distanz zu wahren. Auch er fühlte sich verletzbar, stellte jedoch - immer noch verachtungsvoll, langsam aber auch wütend, wie der Löwe, der von einem Rudel Hyänen gereizt wird - kalt und emotionslos fest, daß wohl ein paar von diesen "verdorbenen Knilchen" ihn offensichtlich zu "provozieren" versuchten und sich "ja in acht nehmen" sollten.

Ich kann hier nur wenige Beispiele zu den in Wirklichkeit zahllosen Unterschieden in der individuellen defensiven Orientierung bei paranoiden Menschen geben. Die Unterschiede finden sich sowohl auf der Ebene der defensiven Besorgtheit und Befürchtungen - wo es etwa um die kritische Bewertung durch andere oder aber um das Unterworfenwerden unter äußere Mächte und Zwänge geht -, es gibt aber auch unterschiedliche Typen der defensiven Orientierung, etwa den ängstlich-zurückhaltenden oder den arrogant-aggressiven. Und zweifelsohne könnte man die Unterschiede auch nach anderen Dimensionen klassifizieren. Mein Anliegen ist nur, hier ein allgemeines Prinzip zu verdeutlichen, nämlich: die verschiedenen Varianten defensiver Orientierung haben entsprechende Unterschiede bei den projektiven Inhalten zur Folge.

Bis jetzt haben wir die Projektion grundsätzlich als einen sporadisch auftretenden und isolierten Prozeß betrachtet, der die relative Stabilität eines defensiv-rigiden Systems wieder herstellt, wenn es durch bestimmte Versuchungen, Impulse oder Selbstzweifel gefährdet und verletzbar wird. Aber wir können uns leicht klarmachen, daß die diversen Gelegenheiten, bei denen es zu projektionsauslösenden Spannungszuständen kommt, letztlich nur besonders intensive Momente eines grundsätzlich kontinuierlichen und auch kontinuierlich bedrohlichen inneren Spannungszustandes sind. Und wir haben auch - etwa mit Blick auf den allgemeinen Charakter ihrer Vorstellungsinhalte - gute Gründe zu glauben, daß diese rigiden, immer verteidigungsbereiten Menschen unter dem ständigen Druck besonders unmodulierter Impulse und Affekte leben. Unter der ständigen Bedrohtheit durch innere Spannungszustände und - unmittelbarer - unter den Bedingungen verstärkter Verletzlichkeit und angespannter Defensivität, die in diesem Prozeß wahrscheinlich ständig neu entstehen, ist eigentlich nur eine mehr oder weniger kontinuierliche projektive Motivationslage denkbar. Und in der Tat wissen wir, daß bei paranoiden Zuständen und insbesondere bei den sogenannten paranoiden Charakteren die Projektion keineswegs nur gelegentlich auftritt, sondern als konstanter und in einigen Fällen sogar durchgängig aktiver Prozeß anzusehen ist.

Allerdings muß der Prozeß der Projektion an sich in einigen Punkten diskontinuierlich sein. Die defensive Spannung baut sich auf, das Mißtrauen wächst, eine äußere und leichter zu handhabende Bedrohung wird konstruiert - und damit hat der Prozeß in gewissem Sinne seinen natürlichen Abschluß erreicht. Und in der Regel bewegt sich das, was von der Projektion erkennbar wird, auch tatsächlich in diesen Bahnen. Wir sehen, wie sich aufgrund von Spannungszuständen spezifische projektive Vorstellungen entwickeln, und sehen sie, wenn sich die Spannung nicht verschlimmert, auch wieder verschwinden, manchmal schon allein dadurch, daß der Betreffende sich dem projektiven Objekt und den entsprechenden Umständen entzieht.

Aber erstens wissen wir, daß das nicht immer der Fall ist, und zweitens, daß dies kaum wirklich der Schlußpunkt des Ganzen ist. Denn zuweilen werden spezielle projektive Vorstellungen zu mehr oder weniger beständigen Komponenten der Psychologie des Betreffenden. Ein auffälliges, wenn auch extremes Beispiel dafür sind manche der sogenannten "verkapselten" Wahnvorstellungen. Aber auch auf andere, weniger spektakuläre Weise können projektive Ideen und Besorgnisse mehr oder weniger permanent Platz greifen, etwa wenn sie in soziale Einstellungen und Grundhaltungen eingebaut werden oder in bestimmte Vorstellungen über ganze Gruppen oder Klassen der Bevölkerung münden. Ohne Zweifel finden sich unter den Anhängern fanatischer politischer und pseudopolitischer Bewegungen und "Hexenjäger" zahlreiche paranoide Charaktere, denen es vornehmlich darum geht, unser Land gegen "Brunnenvergifter" und "Rassenschänder" und diejenigen, die "uns das Rückgrat brechen wollen" zu verteidigen. Auch abgesehen von solchen relativ überdauernden Vorstellungen wissen wir, daß es sich immer nur um ein kurzzeitiges Verschwinden der Projektion handelt, wenn es am neuen Arbeitsplatz oder in der neuen Stadt zunächst ohne sie geht. Bald werden sich aller Wahrscheinlichkeit nach auch dort ganz ähnliche Ideen entwickeln. Es gibt paranoide Charaktere, die mit einer anscheinend nie endenden Folge projektiver Probleme beschäftigt sind, denn wenn das eine unwichtig wird, dann nur, um alsbald dem nächsten Platz zu machen, ganz ähnlich, wie zwanghafte Menschen sich von einem Problem nur abwenden, um sich einem neuen zuzuwenden. Zuweilen scheinen diese Menschen konstant und nach allen Seiten hin in Kämpfe verwickelt zu sein - an denen reihenweise Vorgesetzte, böswillige, verdächtige Nachbarn, Mitpatienten oder Krankenhausautoritäten beteiligt sind.

Dennoch sind solche konstanten, voll ausgestalteten projektiven Engagements keineswegs für alle paranoiden Charaktere typisch, wahrscheinlich nicht einmal für die meisten. Bei den meisten paranoiden Menschen handelt es sich nur um ein sporadisches Aufflammen projektiver Vorstellungen und defensiver Mobilisiertheit; dennoch liegt in den Phasen zwischen solchen Aktualisierungen keine regelrechte Demobilisierung vor, sondern die defensive Angespanntheit und das projektive Erleben sinken gewissermaßen auf ein niedriges Niveau ab. Das sind jene Menschen, die wir überwiegend als ständig wachsam, kontrolliert und auf der Hut charakterisieren können. Dieser Zustand, der wahrscheinlich die allgemeinste Kennzeichnung paranoider Charaktere ist, ist mit anderen Worten ein Zustand von in der Tat kontinuierlichem projektiven Erleben. Diese Art des projektiven Erlebens hat jedoch bestimmte, spezielle Eigenheiten, über die wir ein paar zusätzliche Worte verlieren sollten.

Wenn wir von einem Menschen sagen, daß er eine wachsam kontrollierte Grundhaltung hat, meinen wir damit, daß er zum Beispiel Vorsichtsmaßnahmen ergreift und unter allen Umständen auf eine mögliche Gefahr oder auf das Erkennen einer solchen eingestellt bleibt. Daher ist ein wachsam-kontrollierter Mensch nicht unbedingt davon überzeugt, daß momentan tatsächlich eine Gefahr droht, sondern er glaubt vielmehr, daß es notwendig ist, ständig die Möglichkeit einer Gefahr im Bewußtsein zu behalten, auch wenn es keine sichtbaren Anzeichen dafür gibt. Wenn wir die durch seine subjektiven Gegebenheiten bedingte spezielle Wahrnehmungsverzerrung berücksichtigen, wirkt das auch nicht weiter befremdlich: für einen hoch verletzlichen Menschen hat die Möglichkeit einer Bedrohung nicht das gleiche Gewicht wie die Möglichkeit des Nichtvorhandenseins von Bedrohung. Die eine Möglichkeit ist ein Grund zur Besorgnis, während die andere jedoch keineswegs ein Grund ist, sich zu entspannen und abzuschalten. Für einen solchen Menschen bietet eine offene oder sogar anscheinend harmlose Situation keineswegs wirklich Sicherheit. Im Gegenteil, nur die eindeutige Identifikation einer Bedrohung kann Klarheit schaffen, während das scheinbare Nichtvorhandensein von Gefahr nur bedeutet, daß man nun auf keinen Fall in der Wachsamkeit nachlassen darf.

So gesehen, verharrt ein wachsam-kontrollierter Charakter in einem Zustand permanenter intensiver projektiver Wahrnehmungsbereitschaft, jedoch nicht unbedingt projektiven Erlebens. Das Ziel der Wachsamkeit unterscheidet sich höchstens graduell von dem des Mißtrauens oder der projektiven Aufmerksamkeit im allgemeinen. Es geht nicht darum, Gefahr zu vermeiden, sondern darum, die Verletzlichkeit durch Gefahren zu vermeiden, also nicht von ihnen überrascht zu werden oder ihnen ohnmächtig ausgeliefert zu sein. Während bei der normalen Projektion, unter dem Druck gesteigerter defensiver Anspannung, das Ziel nur erreicht wird, indem die Gefahr definitiv benannt wird, reicht es bei kontrollierter Wachsamkeit, wenn immer mit der Möglichkeit einer Gefahr gerechnet wird. So gesehen, scheint dieser Zustand von Wachsamkeit für viele, vielleicht die meisten paranoiden Charaktere eine ständige Ausgangsbasis für ihre defensive Angespanntheit und ihr projektives Erleben darzustellen. Aus dieser Grundhaltung heraus kann sich die Intensität der defensiven Mobilisiertheit und die Entschiedenheit, mit der äußere Bedrohung projektiv konstruiert wird, jederzeit und ausgeprägt verschärfen, und zwar immer dann, wenn die innere Anspannung steigt oder die äußeren Umstände schwieriger werden - oder auch bei geringsten Anzeichen für eine tatsächliche Bedrohung von außen. Unterschreiten können solche Menschen diesen konstanten Anspannungspegel höchstens für einige Augenblicke, und dann fühlen sie sich sofort unwohl und ungeschützt. Besonders bei leichteren Fällen braucht die potentielle Bedrohung nicht ständig im Mittelpunkt der Aufmerksamkeit zu stehen, sondern darf nur nie ganz außer acht gelassen und vergessen werden, so daß der kontrolliert-wachsame Mensch sich im Grunde nie vollständig entspannen kann und darf. Verblüffend ist immer, wie so ein Mensch, wenn er doch einmal zeitweise die Möglichkeit von Gefahr außer acht läßt (was selbst dem Wachsamsten und Paranoidesten gelegentlich passiert), fast auf der Stelle unangenehme Befindlichkeiten und Vorstellungen entwickelt - sozusagen kleine Signale der Verletzlichkeit. So "merken" solche Menschen zum Beispiel fast umgehend, daß ihr Lächeln jetzt wohl albern wirkt, oder daß es kindliches Nachäffen wäre, wenn man die gleiche Krawatte wie der Chef kauft, oder daß sie eben zu schnell zugestimmt haben und nun als Jasager dastehen. Mit diesen Vorstellungen wird der Zustand der Wachsamkeit wieder hergestellt, womit weiteren Gefühlen der Verletzlichkeit oder Schlimmerem vorgebeugt ist.

Die Beziehung zwischen paranoidem und zwanghaftem Stil

Im einführenden Kapitel habe ich erwähnt, daß eine Untersuchung allgemeiner Formen des psychischen Funktionierens oder Stils ein gewisses Licht auf die Interdependenz bestimmter pathologischer Zustände werfen könnte, die in der üblichen psychiatrischen Darstellung getrennt abgehandelt werden, empirisch gesehen jedoch offenbar verbunden sind. Paranoide und zwanghafte Zustandsbilder sind markante Beispiele dafür. Es ist beispielsweise bekannt, daß wir als prämorbiden Hintergrund einer paranoiden Dekompensation oft genug einen zwanghaften Charakter finden, insbesondere mit Zwangsideen und -gedanken. Noch überzeugender zeigt sich uns die nahe Verwandtschaft beider Krankheitsbilder, wenn wir bestimmte Zustände an der Grenze zur Psychose betrachten, nämlich jene, die manchmal als überwertige Ideen bei präschizophrenen (paranoiden) Zustandsbildern bezeichnet werden. In diesen Fällen scheinen sich zwanghafte und paranoide Problematiken zu mischen und stufenlos ineinander überzugehen. Bei solchen Zustandsbildern ist zum Beispiel schwer auszumachen, ob die immer sehr auffällige ausgeprägte Intellektualisierung als zwanghaft oder als paranoid einzustufen ist.

Die diagnostischen Etiketten an sich sind hier wenig bedeutsam; interessant jedoch ist die formale Ähnlichkeit, die durch diese Vermischungen und fließenden Übergänge deutlich wird. Aus den von uns gewählten Termini für die Abwehrmechanismen, Persönlichkeitszüge oder Symptome eines jeden Stils ist eine solch nahe Verwandtschaft nicht ersichtlich, aber schon eine oberflächliche Prüfung ihrer formalen Eigenschaften bestätigt sie meines Erachtens ohne Zweifel. Eine solche Untersuchung zeigt nicht einfach, daß die Stile sich ähnlich sind, denn ihre Unterschiede sind mindestens so deutlich wie ihre Ähnlichkeiten; vielmehr zeigt sich, daß es enge und eindeutige Korrespondenzen zwischen beiden gibt, und im Grunde enthält jeder formale Aspekt des einen Stils eine eigene Beziehung zu einem entsprechenden Aspekt des anderen.

Um einen Vergleich zu erleichtern, und auch um der Prägnanz willen, habe ich die verschiedenen Aspekte dieser Korrespondenzen in Tabelle 1 und 2 dargestellt. Tabelle 1 bezieht sich auf die beiden kognitiven Stile, Tabelle 2 erfaßt jeweilige allgemeinere Aspekte beider Stile.

Ich möchte betonen, daß ich diese Tabellen weder für erschöpfend halte, noch behaupte, hier seien alle wichtigen und grundlegenden Aspekte dieser formalen Entsprechungen dargestellt. Es handelt sich lediglich um jene speziellen Formen der Affinität, die mir im Laufe der Untersuchung eines jeden Stils deutlich wurden und mit ins Auge sprangen. Ich will mit ihnen die Beziehung zwischen beiden Stilen weder beweisen noch definieren, sondern nur ein erstes Bild von ihrer Existenz und Beschaffenheit vermitteln.

Wir sehen also zwei Stile, die beide durch rigide und angespannte Hypertrophien normaler Funktionen und normalen Erlebens gekennzeichnet sind. Jeder der Stile enthält in seinen typischen Manifestationen eine spezielle Überempfindlichkeit, die das Recht auf Selbstbestimmung betrifft. Beide sind seltsam unbeeinflußbar und gekennzeichnet von besonderen Willensanstrengungen und Anspannungen, nimmermüder Zweckorientiertheit und Selbstdisziplin. Und bei alledem spielt für beide ein bestimmtes Erleben eine wichtige Rolle: das Gefühl, mit einer äußeren oder scheinbar äußeren, übergeordneten oder drohenden Stimme zu leben. Der paranoide ist in jeder Hinsicht der extremere von beiden Stilen, der instabilere, der angespanntere und der feindseligere; er ist offensichtlicher mit Triebkonflikten beschäftigt und, mit einem Wort, psychologisch primitiver.

Tabelle 1: Kognition: Vergleich zwischen zwanghaftem und paranoidem Stil

	Modus der Aufmerksamkeit	Gegenstand der Aufmerksamkeit	Reaktion auf Neues oder Unerwartetes	Realitätserleben
Zwanghaft	Genau, intensiv und eng fokussiert; fixiert auf das, was für die eigenen Vorstellungen und Interessen relevant ist.	Technische Details	Nichtbeachten. Wird als Störung und Ablenkung vom eigenen festgelegten Denkschema empfunden.	Die Welt setzt sich aus technischen Indikatoren für dieses und jenes zusammen. Verlust des Gefühls für eigene Überzeugungen und substantielle Wahrheiten.
Paranoid	Extrem genau, intensiv und eingeengt. Auf die eigene Idee fixiert, nur auf deren Bestätigung aus. Verzehrend. Charakterisierung: mißtrauisch.	Das "Indiz"	Schärfste Beobachtung, nicht jedoch des manifesten Inhalts (der als "nur scheinbar" abgetan wird). Suche nach bestätigenden Hinweisen auf die "wahre Bedeutung". Das Unerwartete wird als bedrohlich empfunden.	Die Wirklichkeit setzt sich aus Hinweisen auf versteckte "eigentliche" Bedeutungen zusammen. Die offenbare, substantielle Realität wird verachtet. Extreme Manifestationen projektiver Wahnvorstellungen.

Anders ausgedrückt: Ich nehme an, daß der paranoide Stil in formaler Sicht als eine primitivere Transformation (im mathematischen Sinn) des zwanghaften Stils angesehen werden kann. Obwohl mir die Grenzen einer solchen Charakterisierung dieser Transformation bewußt sind, hoffe ich, daß sie die offensichtlichen Fakten etwas leichter verstehbar macht - etwa die Tatsache, daß schwere Dekompensationen Zwanghafter, wodurch sie auch eintreten mögen, sehr wahrscheinlich in paranoide Richtung verlaufen.

Tabelle 2: Verhalten und Erleben: Vergleich zwischen zwanghaftem und paranoidem Stil

	Allgemeiner Verhaltensmodus	Reaktion auf Einflüsse von außen	Affektives Erleben	Druckgefühl
Zwanghaft	Angespannt, rigide, intensiv und durchgängig zielgerichtet, zweckorientiert. Allgemeines Ziel: Aufgaben erfüllen.	Unerschütterlich, entschieden eigenwillig, widerspenstig, wenn unter Druck gesetzt.	Allgemeine Einengung subjektiven Erlebens, insbesondere Einengung des und Entfremdung vom eigenen affektiven Erleben (Affektisolation). Verlust der Spontaneität, nie "Lust und Laune", etwas zu tun; angespannt-kontrolliert.	Lebt ständig unter Gewissensdruck und dem Gefühl: "Ich müßte eigentlich ...", erlebt dies als quasi-extern, den eigenen Wünschen übergeordnet. Ambivalente Unterordnung unter (Moral-)Prinzipien.
Paranoid	Ständig angespannt, Anti-Haltung, Intentionalität und Zweckorientierung ("Management"). Allgemeines Ziel: Abwehr von Gefahren.	Empfindlich, wachsam, mißtrauisch.	Allgemeine Einengung subjektiven Erlebens, wahrscheinlich gewisser Verlust sinnlicher Erlebnisfähigkeit. Einengung und Entfremdung weiter Affektbereiche (Projektion). Verlust der Fähigkeit zur Spontaneität und Unbefangenheit. Extreme Angespanntheit, in der Regel opponierend.	Fühlt sich ständig durch überlegene Mächte und Autoritäten bedroht (externe Gefahr). Allgemeine Reaktion: Defensivität.

4. Der hysterische Stil

Unser derzeitiges Verständnis der Dynamik verschiedener Neuroseformen betont die Abwehrmechanismen, die für die jeweiligen Neuroseformen vergleichsweise typisch sind. Dabei ist unser Bild der hysterischen Neurose mittlerweile ziemlich klar umrissen. Es handelt sich um das erste von FREUD untersuchte neurotische Zustandsbild, und kein anderes ist so eindeutig mit der Wirkungsweise eines speziellen Abwehrmechanismus verknüpft worden wie die Hysterie mit der Verdrängung. Die relative Einfachheit dieser Verknüpfung wird zum Beispiel dann deutlich, wenn man ihr jene Kombination von Abwehrmechanismen gegenüberstellt, die der zwanghaften Pathologie zugeschrieben werden, nämlich: Regression, Reaktionsbildung, Isolierung vom Affekt und Ungeschehenmachen.

Des weiteren ist der Mechanismus der Verdrängung so verständlich und eindeutig wie kein zweiter Abwehrmechanismus. Die verschiedenen Abwehrmechanismen sind ja von unterschiedlicher Komplexität und unterschiedlich gut erforscht; die Verdrängung ist hier geradezu elementar. Der Mechanismus der Verdrängung und seine Bedeutung für die hysterische Pathologie sind also hinreichend klar und zweifelsohne auch hinreichend real. Dennoch gibt es selbst in diesem Fall gute Gründe zu bezweifeln, daß der besondere Mechanismus der Verdrängung an sich die Erscheinungsformen hysterischer Symptome und Persönlichkeitszüge erklären kann, ganz zu schweigen von den typischen Formen des Zusammenspiels zwischen innerer Haltung und Anpassungsleistungen, die mit diesen Symptomen und Charakterzügen einhergehen. Und selbst wenn das möglich wäre, wie wäre dann zu erklären, daß genau diese Art von Menschen auf genau diesen Mechanismus zurückgreift? Wir sind also auf der Suche nach einer zugrundeliegenden Struktur, nach allgemeinen Funktionsweisen, aus denen heraus sich die spezielle Wirkungsweise der Verdrängung und die anderen hysterischen Charakteristika entwickeln.

Es gibt einen speziellen Grund, bei der Diskussion der Hysterie den kognitiven Modus zum Ausgangspunkt zu nehmen, und das hat mit der Eigenschaft des Konzepts der Verdrängung zu tun. Verdrängung wurde von ANNA FREUD als "Abhaltung oder Ausstoßung von Vorstellung oder Affekt vom bewußten Ich" definiert.[1] Wesentlich geläufiger, wenn von Verdrängung die Rede ist, und viel häufiger gemeint ist jedoch einfach das Vergessen - die Tatsache, daß nicht der Affekt, sondern der *Vorstellungsinhalt* dem Bewußtsein verloren geht, die Tatsache, daß einmal wahrgenommene Inhalte nicht zu etwas bewußt Erinnerbarem werden! Daher scheint es, daß von allen Abwehrmechanismen die Verdrängung besonders mit dem Prozeß und dem Modus der Kognition verknüpft ist. Es ist, mit anderen Worten, wahrscheinlich, daß die Qualität des Gedächtnisses und die Bedingungen, die zum Vergessen führen, eng mit der Art und Weise des vorausgegangenen Lernens und der Aufmerksamkeit zusammenhängen.

Die speziellen Eigenheiten der Gedächtnisfunktionen in bezug auf die verschiedenen Stile habe ich bisher nicht erörtert (und ich werde es auch im folgenden nicht tun können). Einige davon sind jedoch recht allgemein bekannt. Von zwanghaften Menschen wird zum Beispiel in der Regel gesagt, sie hätten ein "gutes", das heißt technisch-faktenorientiertes Gedächtnis. Es scheint sogar in manchen Punkten dem "normalen" Gedächtnis überlegen zu sein. So ist zum Beispiel altbekannt, daß Zwangsneurotiker in der Psychotherapie ihre Kindheit bis ins kleinste Detail wiedergeben können. Daß das Gedächtnis des Zwanghaften dabei in der Regel faktenbezogen ist und eine Fülle technischer Details liefert, bestätigt nur, was man ohnehin vermuten würde: daß nämlich der Inhalt der Erinnerung kaum unabhängig von der Art und Weise der ursprünglichen Kognition sein kann und daß daher der Stil des Erinnerns dem allgemeinen Stil der Kognition entspricht - in diesem Fall: einer scharf fokussierenden technisch-faktenbezogenen Sicht der Welt.

Ich möchte hier eine zweifache Beziehung zwischen Erinnerung und ursprünglicher Kognition behaupten. Der erste Aspekt

---

1 ANNA FREUD: Das Ich und die Abwehrmechanismen (1936). In: Die Schriften der Anna Freud, Kindler, München, Bd. I, S. 191-352, hier S. 241.

dieser Beziehung besagt einfach, daß die ursprünglichen Kognitionen (mit gleichzeitiger Verarbeitung der kognitiven Daten) das Material bereitstellen, auf das die Erinnerung zurückgreifen muß. Das Erinnerte muß nicht - und kann auch kaum - mit der primären Kognition identisch sein, es kann aber andererseits nicht über sie hinausgehen.[2] Im Fall des Zwanghaften liefern also etwa die scharf umrissenen "technischen" Wahrnehmungen und deren Verarbeitung das Material, auf das die Erinnerung dann zurückgreift. Zusätzlich ist auch schwer vorstellbar, daß der Prozeß des Erinnerns - des Sammelns und Gruppierens von Erinnerungen sowie die Art und Weise, wie man seine Aufmerksamkeit darauf konzentriert - vom Stil des primären kognitiven Prozesses unbeeinflußt wäre. Wesentlich plausibler scheint, daß im Grunde derselbe Stil etwa der Aufmerksamkeitsfunktionen sowohl bei der primären Kognition als auch beim Erinnern vorherrscht.[3]

Wenn es stimmt, daß die detaillierte, technische Wahrnehmungsweise des Zwanghaften und seine präzise fokussierte Art der Aufmerksamkeit zu einem "guten" Gedächtnis und, wie ich auch annehme, *nicht* zur Verdrängung von Gedächtnisinhalten führen, kann es dann sein, daß der kognitive Modus hysterischer Menschen seiner Natur nach zum Vergessen und zum Prozeß der Verdrängung führt? Ich will hier versuchen nachzuweisen, daß es sich tatsächlich so verhält, daß nämlich die Eigenheiten hysterischen Denkens den Boden für das Vergessen bereiten und es sogar geradezu unvermeidlich machen. Im folgenden sollen daher einige dieser Eigenheiten hysterischer Kognition und Denkweise näher betrachtet werden.

Wird ein hysterischer Mensch gebeten, jemand anderen zu beschreiben, antwortet er wahrscheinlich etwa so: "Oh er ist sehr groß!" oder: "Sie ist wunderbar!" oder "Ich hasse ihn!". Die Qualität dieser Wahrnehmungen läßt sich verdeutlichen, wenn man sie in Gedanken mit dem vergleicht, was ein zwanghafter Mensch auf die gleiche Frage antworten würde. Mit anderen

---

2 Ein gutes Beispiel für solche Einschränkungen wäre die Unfähigkeit, sich an die Einzelheiten eines Zeitraums zu erinnern, in dem man intoxikiert war. Die Frage subliminaler Kognition möchte ich hier jedoch beiseite lassen.

3 Siehe in diesem Zusammenhang auch die experimentellen Arbeiten von I.H. PAUL: Studies in Remembering: The Reproduction of Connected and Extended Verbal Material. In: Psychological Issues I, No. 2 (1959).

Worten: Wenn man einem hysterischen Menschen eine Frage stellt, bekommt man als Antwort wahrscheinlich keine Fakten, sondern Eindrücke, die wohl interessant und kommunikativ wirken und oft ein lebhaftes Bild abgeben, aber eben subjektive Eindrücke bleiben - weder detailliert noch klar definiert, und sicherlich keineswegs technisch.

Ich habe beispielsweise einmal, im Rahmen einer Fallstudie über eine extrem hysterische Patientin, wiederholte Anstrengungen unternommen, von ihr eine Beschreibung ihres Vaters zu bekommen.[4] Sie schien jedoch kaum zu verstehen, an welcher Art Information ich eigentlich interessiert war; das Deutlichste, was sie dazu liefern konnte, war: "Mein Vater? Der war Zack-Bumm! Das ist alles - einfach Zack-Bumm!"

Ich meine, daß die hysterische Kognition im allgemeinen global und relativ diffus ist, von mangelnder Schärfe, insbesondere was Details betrifft. Sie ist mit anderen Worten *impressionistisch.* Im Gegensatz zur aktiven, intensiven und scharf fokussierten Aufmerksamkeit des Zwanghaften scheint der hysterischen Kognition die scharfe Fokussierung der Aufmerksamkeit weitgehend zu fehlen; im Gegensatz zur aktiven und ausgedehnten Suche des Zwanghaften nach immer mehr Einzelheiten hat der hysterische Mensch die kognitive Tendenz zur schnellen Reaktion und ist höchst empfänglich für das, was sofort beeindruckt, verblüfft oder auch nur ins Auge fällt. Genau diese Charakteristika offenbaren sich auch im Rorschach-Test.

Wo ein zwanghafter Mensch sorgfältig anatomische Einzelheiten ausführt, ruft der Hysterische nach kurzem Blick aus: "Das ist ja ganz blutig". Wo (wie bei der komplexen und leuchtend farbigen Tafel X) der Zwanghafte eifrig verschiedene botanische und maritime Arten auflistet und zueinander in Beziehung setzt, sagt der hysterische Proband: "Ein schöner Blumenstrauß" oder: "Das ist Paris - wie auf den Plakaten der Air France". Wo selbst bei einem recht eindeutigen Bild (etwa die "Fledermaus" auf Tafel I) der Zwanghafte sagen mag: "... die ausgebreiteten flügelähnlichen Flächen und das, was man hier als Beine ansehen könnte ... das hier sieht natürlich aus wie Antennen, das wäre dann wohl falsch ... aber am meisten ähnelt das ganze wohl doch einer Fledermaus", da wirft der Hysteriker einen kurzen Blick auf die Tafel und sagt sofort: "Oh, eine große Fledermaus! Nehmen Sie das sofort weg!"

Es gibt beim Rorschach-Test ein technisches Vorgehen, das für

---

4 Hier soll erwähnt werden, daß sich in den Beispielen dieses Kapitels die Tatsache widerspiegelt, daß Hysteriker überwiegend weiblich sind. Siehe auch die Diskussion auf Seite 182f.

die Beziehung zwischen Erinnerung und primärer Kognition von speziellem Interesse ist: Ich meine das "Explorieren", bei dem der Untersucher dem Probanden nach dessen Erstantwort verschiedene Fragen stellt, ohne daß der Proband die Tafel noch sehen kann. Die typischen Unterschiede zwischen hysterischen und zwanghaften Persönlichkeiten bei diesen Antworten entsprechen genau der Unterschiedlichkeit ihrer primären Wahrnehmungsweise. Der Zwanghafte gibt im allgemeinen faktisch-technische Antworten der schon beschriebenen Art. Hysteriker sind oft unfähig, klar auf solche Fragen wie "Was hat denn bewirkt, daß es wie eine Fledermaus aussah?" zu antworten, obwohl sie in der Regel ihre erste Antwort nicht vergessen haben. Manchmal denken sie einen Moment lang nach und antworten dann etwa so: "Nun, ich weiß nicht ... es sah halt einfach so aus." Manchmal scheinen sie sogar den Sinn oder die Bedeutung der Frage gar nicht zu erfassen, nicht aus Mangel an Intelligenz, sondern weil nach gewissen technischen Fakten und Daten gefragt wird, die anzugeben sie gar nicht vorbereitet sind bzw. für die sie kein Verständnis haben. Dann sagen sie: "Was meinen Sie damit? Es *war* eben eine Fledermaus. Das ist alles." Nun könnte man vielleicht sagen, daß diese Art der Antworten nur die Unfähigkeit solcher Menschen widerspiegelt, technisch zu reflektieren - was sicherlich stimmt. Bei der unmittelbaren und impressionistischen Qualität ihrer ursprünglichen Wahrnehmung kann man aber annehmen, daß darüber hinaus auch die primäre Kognition diese Art von eindeutig definierten, technischen Daten gar nicht erst enthielt, die die Beantwortung solcher Fragen erleichtern würden.

Dieser Mangel an faktischen Einzelheiten und klaren Definitionen in der hysterischen Kognition kann kaum dem Abwehrmechanismus der Verdrängung zugeschrieben werden. Es geht dabei ja nicht um den Ausschluß bestimmter Vorstellungs- oder Gefühlsinhalte aus dem Bewußtsein, und das ganze hat ja nicht prinzipiell etwas mit Denkinhalten an sich zu tun. Es ist eine *Form* der Kognition, obwohl es sicherlich eine Form ist, aus der oft genug Verschwommenheit und Unschärfe, ja sogar Unergiebigkeit ursprünglich klarer deutlicher Denk*inhalte* resultieren.

Ich möchte hier weitere Einzelheiten und Folgen dieses Kognitionsstils zeigen, auf die ich später auch noch ausführlicher eingehe. Sie werden dem Leser wahrscheinlich als typische hysterische Charakterzüge vertraut vorkommen. Ich will hier zeigen, daß es sich um Einzelaspekte eines generellen kognitiven Modus handelt. Der erste ist die hysterische Unfähigkeit zur andauernden und intensiven geistigen Konzentration, der zweite ist die daraus folgende Ablenkbarkeit und Beeindruckbarkeit, und der dritte ist die nichtfaktische Welt, in der der hysterische Mensch lebt.

Zunächst zur Konzentrationsunfähigkeit: Es ist geradezu verblüffend, zu beobachten, wie ein hysterischer Mensch, der ein mathematisches Problem lösen oder eine psychologische Testaufgabe bewältigen soll, offensichtlich nur zu hoffen scheint, daß er irgendwie zur richtigen Antwort inspiriert wird und schließlich einfach nur noch rät. Dank der Weiterentwicklung psychologischer Testmethoden können wir heute belegen, daß diese Unfähigkeit zur intensiven Konzentration bei solchen Menschen auch dann auftritt, wenn man es von ihrer intellektuellen Begabung her (d.h. nach Meßergebnissen bei anderen Problemstellungen oder auf anderen Dimensionen) anders erwarten würde. Häufig sind hysterische Menschen bei mathematischen Aufgaben eines Intelligenztests kaum in der Lage, den Prozeß, der sie zur Lösung führte, zu rekonstruieren, selbst wenn die Lösung korrekt war. In solchen Fällen wird klar, daß die Lösung nicht erreicht wird, weil der Betreffende sich auf Fakten konzentriert, einzelne Lösungsschritte aufeinander aufgebaut und bestimmte Prinzipien angewendet hat, sondern weil er mit Einfällen, Eingebungen oder Intuition gearbeitet hat.

Jeder hat solche "Eingebungen", relativ passiv-impressionistische "Inspirationen" - wenn auch, wie ich zuvor ausgeführt habe, bei zwanghaften und paranoiden Charakteren ein solches Erleben seltener auftritt. Aber fast jeder weiß auch, daß solche Eingebungen eventuell falsch und vermutlich unvollständig oder unzureichend sind. Für den normalen Menschen sind sie ein Teil seines Denkens und manchmal eine große Hilfe, die man bemerkt, aufmerksam prüft und schließlich anwendet oder verwirft. Für den hysterischen Menschen jedoch ist der spontane Einfall oder der erste Eindruck das letztendliche, bewußte kognitive Ergebnis. Häufig ist zu beobachten, daß hysterische Menschen kaum intellektuelle Neugier entwickeln, denn dieser Kognitionsstil paßt schlecht zu anhaltender intellektueller Neugier. Ein impressionistischer Kognitionsstil, der im wesentlichen auf Einfällen und schnellen, relativ passiv gewonnenen Eindrücken fußt, wird eher beim Offensichtlich-Oberflächlichen stehenbleiben, bei dem, was leicht und auf den ersten Blick zu erkennen ist.

Die zweite Manifestation dieses kognitiven Stils ist die Beeindruckbarkeit des Betreffenden. Wir wissen, daß hysterische Menschen außerordentlich suggestibel, das heißt leicht durch die Meinung anderer zu beeinflussen sind, des weiteren auch durch den Druck realer oder phantasierter Erwartungen von außen, durch neue Moden, geläufige Vorurteile, Sensationen und Ähnliches. Man kann aber leicht erkennen, daß die hysterische Beeindruckbarkeit weit hierüber hinausgeht. Ein kognitiver Modus oder Wahrnehmungstypus, der dadurch gekennzeichnet ist, daß aktive, präzise fokussierte Aufmerksamkeit weitgehend fehlt und das Individuum zum Bemühen um aktive Konzentration unfähig ist, muß entsprechend für jeden beliebigen flüchtigen oder zufälligen Einfluß empfänglich sein, der aus diesem oder jenem Grund beeindruckend wirkt.

Ich habe bereits darauf hingewiesen, daß die impressionistische Kognitionsweise in der Regel beim Offensichtlichen stehenbleibt, also bei dem, was augenblicklich und ohne weiteres sichtbar ist und keine Neugier erfordert. Derselbe impressionistische Charakter des Kognitionsstils, der sich mit dem unmittelbar Erkennbaren zufriedengibt, bewirkt auch die große Empfänglichkeit für alles Lebhafte, Verblüffende oder mit Nachdruck Geäußerte. Die hysterische Aufmerksamkeit ist, mit anderen Worten, leicht zu fesseln. Wir stellen daher bei diesen Menschen nicht nur eine erhebliche Suggestibilität fest, sondern auch, daß sie allgemein leicht ablenkbar sind. Ihr Gedankengang ist - wiederum in scharfem Gegensatz zur entschiedenen Konzentration des Zwanghaften - leicht durch flüchtige Eindrücke zu unterbrechen. Sie sind sehr leicht zu überraschen. Und damit geht einher, daß das Denken insgesamt, wie auch das Ausdrucksverhalten solcher Menschen außerordentlich zerstreut und fahrig wirkt.

Der dritte Punkt, den ich hier zum hysterischen Kognitionsmodus anführen möchte, ist eher eine Folge als eine direkte Manifestation desselben. Um es ganz einfach zusagen, hysterische Menschen haben häufig erhebliche Wissenslücken. Das heißt, sie haben Lücken im Faktenwissen, was zu unterscheiden wäre von jenem Wissen, das wir "praktisch" nennen. Ich meine damit nicht nur die bekannte Naivität solcher Menschen, wenn es um Tatsachen menschlicher Sexualität oder um anderes Wissen geht, das man als emotional hoch besetzt betrachten kann. Ich meine auch, daß sie große Wissenslücken in Bereichen haben, die, so weit man das beurteilen kann, emotional eher neutral erscheinen. Diese Defizite sind, anders ausgedrückt, ein allgemeiner Zug und keineswegs auf inhaltliche Bereiche beschränkt, die man plausibel als verdrängungsrelevant einstufen könnte.

Wenn wir eine solche Tendenz näher bestimmen wollen, sind wieder psychologische Testergebnisse von besonderem Wert. Sie haben den Vorteil, daß sie neutrales Material zusammenstellen - etwa Wortschatz und Allgemeinwissen - und eine Möglichkeit schaffen, das Ausmaß dieses Wissens mit dem anderer Intelligenzbereiche zu vergleichen. Wissenslücken im Bereich allgemein-faktischer Kenntnisse sind ein relativ verläßliches diagnostisches Kriterium für eine hysterische Struktur; sie treten bei hysterischen Menschen regelmäßig in Erscheinung. Wie sollte es auch anders sein? Eine Kognitionsweise wie diese sammelt keine Fakten, sondern Eindrücke (wie der "Zack-Bumm"-Eindruck, den die Patientin von ihrem Vater hatte), die, wie man sich vorstellen kann, schnell wechseln und in der Erinnerung auch leicht miteinander verschmelzen und so zusätzlich an Kontur und Faktizität verlieren. Ebensowenig wird dieser Kognitionsmodus ein andauerndes intellektuelles Interesse oder eine intensive Neugier aufkommen lassen. Unserer Erfahrung nach gibt es unter Wissenschaftlern und Gelehrten kaum Hysteriker, und wir nehmen an, daß sie eher zu den Leuten gehören, die in der Zeitung nur die Schlagzeilen lesen. Die tatsächlich-faktische Welt des hysterischen Menschen ist also wahrscheinlich verarmt und entleert. Im nächsten Abschnitt werden wir näher auf Romantik und Phantasie eingehen, die statt Fakten und Wissen die subjektive Welt des hysterischen Menschen bevölkern.

Diese drei Probleme: Das Fehlen aktiver Konzentration, die Empfänglichkeit für flüchtige, beeindruckende Einflüsse und die relativ nichtfaktische Welt des Hysterischen habe ich hier angeführt, um das Bild hysterischen Wahrnehmens und Denkens zu verdeutlichen und zu erweitern, und auch, um eine Art und Weise psychischen Funktionierens darzustellen, die sowohl den speziellen Mechanismus der Verdrängung als auch andere bekannte hysterische Charakteristika entstehen läßt. Die Verdrängung könnte durch diesen Stil in doppelter Weise begünstigt sein: Erstens ist die primäre Kognition nicht scharf umrissen und durch Fakten definiert und wird wohl auch kaum mit anderen Fakten logisch koordiniert - zum Beispiel mit Namen, Daten,

Ortsangaben usw. - sondern ist, wie gesagt, impressionistisch ("Oh, er ist wunderbar!") und höchst anfällig dafür, durch vorhergegangene oder anschließende Eindrücke ersetzt zu werden oder mit ihnen zu verschmelzen. Zweitens ist anzunehmen, daß die relative Unfähigkeit zur präzisen fokussierten Aufmerksamkeit und Konzentration und die passiv-impressionistische, ablenkbare Natur des Kognitionsstils auch den Prozeß des Erinnerns charakterisiert. Das heißt, in einem solchen Fall ist ein klares, deutliches und faktenorientiertes Erinnern selbst unter günstigsten Umständen unwahrscheinlich.

Ich behaupte nicht, daß diese Faktoren selbst die Verdrängung sind. Ich meine vielmehr, daß dieser Funktions- oder insbesondere Kognitionsmodus das Phänomen, das wir als Verdrängung bezeichnen, begünstigt. In der Tat kann man sich unter der Voraussetzung eines solchen psychischen Funktionsmodus ein klares, detailliertes, faktenbezogenes Erinnern von emotional hoch besetzten Inhalten kaum noch vorstellen. Demgegenüber wird das Erinnerungsvermögen des Zwanghaften wohl kaum durch die affektive Tönung eines Inhaltes beeinträchtigt.

Ich möchte noch hinzufügen, daß die erstaunliche kognitive Hemmung, das Nicht-Sehen von Dingen, die für andere offensichtlich sind, oder, wie man auch sagt, die Naivität hysterischer Menschen ebenfalls im Lichte dieses kognitiven Stils verständlicher wird. Es ist leichter, eine unangenehme und hoch negativ besetzte Tatsache nicht wahrzunehmen, genauer: nicht in den klarifizierenden Fokus der Aufmerksamkeit zu stellen, wenn ein solches präzises Fokussieren der Aufmerksamkeit generell fehlt. So erlebt man manchmal, daß sich bei einer hysterischen Patientin so deutliche Hinweise auf eine unangenehme Tatsache durch ihr ganzes Reden ziehen, daß es schwer fällt zu glauben, daß sie selbst es nicht wahrnimmt. Aber oft genug ist es so, und genau diese Unfähigkeit, einen solchen Denkinhalt von der Peripherie der Aufmerksamkeit in deren Fokus zu transportieren, wird durch diesen Stil begünstigt.

Hysterisches Romantisieren und hysterische Phantasie

Wenn die subjektive Welt des hysterischen Menschen kaum objektiv und auf Fakten gebaut ist, so kann man sie jedoch, wie schon erwähnt, als romantisch und sentimental bezeichnen. Allerdings wäre es falsch, sich hysterische Menschen als allgemein und überwiegend mit romantischen Phantasien beschäftigt vorzustellen. Vielmehr stellt sich meistens heraus, daß ihr eigentliches Phantasieleben ziemlich mager ist. Hysterischer Romantizismus bedeutet nicht, daß jemand seinen Tag mit romantischen Tagträumen verbringt, sondern bezieht sich auf eine romantisierende Grundhaltung, die sämtliche Alltagsvorstellungen und -einschätzungen durchzieht.

Bekanntlich neigen hysterische Menschen dazu, auf den Märchenprinzen zu warten, der alles wieder gut werden läßt, und dazu, wichtige frühere Bezugspersonen und Aufenthaltsorte nostalgisch zu verklären sowie zu einer sentimentalen Sicht der Gegenwart. Typischerweise sind ihre Erinnerungen arm an faktischen Einzelheiten, und man gewinnt den Eindruck, daß objektive Tatsachen oder Einzelheiten die "Story" nur zerstören könnten.

Natürlich läßt sich dieselbe Qualität auch beobachten, wenn der Hysterische seinen Partner oder jemanden, in den er verliebt ist, idealisiert; die Ausblendung objektiver Fehler oder Mängel des Betreffenden, die ja überhaupt ein wichtiger Aspekt von Verliebtheit ist, fällt hysterischen Menschen ausgesprochen leicht. Man darf jedoch nicht übersehen, daß unmittelbare, globale Gefühle von Ablehnung und Widerwillen genauso leicht aufkommen und dann eben positive Einzelheiten, die die Sache nur verkomplizieren würden, ebenso konsequent ausgeblendet werden. Die hysterisch-romantische Weltsicht sorgt für strahlende Helden und verdammenswerte Schurken. Die hysterische Patientin, die einen Mann, den sie kennenlernt, auf der Stelle idealisiert, fühlt sich wahrscheinlich von einem anderen genauso schnell und generell abgestoßen (beispielsweise wegen einer körperlichen Mißbildung oder einer gewissen Unattraktivität) und wird von einem dritten genauso schnell abgeschreckt und eingeschüchtert. Die romantische Weltsicht ist nicht an irgendeinen speziellen Inhalt gebunden, wenn auch bestimmte Inhalte besser dazu "passen" als andere. Sie führt allerdings dazu, daß es für solche Menschen kaum Personen oder Erinnerungen gibt, die in sich die Widersprüchlichkeiten und Schwierigkeiten vereinen, die das reale Leben kennzeichnen.

Wenn man fragt, welche Inhalte oder Aspekte der Welt im geistig-seelischen Leben eines Menschen vorherrschen, der so impressionistisch wahrnimmt wie eben beschrieben, dann muß die Antwort lauten: alles Lebhafte, Farbige, emotional Aufgeladene und das emotional Provozierende. Das sind die Dinge, die der hysterische Mensch von der Welt zur Kenntnis nimmt, und das sind auch die bewährten Zutaten für romantische Denkinhalte. Manche Menschen sind auf der Suche nach etwas - der Zwanghafte nach technischen Daten, der Paranoide nach Indizien, während andere, darunter die Hysterischen, nicht auf der Suche sind, sondern sich von den Dingen überraschen und ereilen lassen; und was diese Menschen wahrnehmen, sind entsprechend die unmittelbar verwundernden, lebhaften und farbigen Dinge der Welt. Aus demselben Grund sind die einfachen Fakten und Details, die weniger offensichtlichen Aspekte, die Widersprüche und die nüchternen und neutralen Daten der Dinge für die Aufmerksamkeit des Hysterikers kaum vorhanden. Die subjektive Welt, die sich in diesem Prozeß herausbildet, ist farbig und aufregend, wirkt aber häufig in gewisser Weise substanzarm und unwirklich.

Eine hysterische Patientin zum Beispiel betrachtet die Praxis des Therapeuten als einen mysteriösen Ort voller Geheimnisse und dunkler Machenschaften ("gespenstisch") - und zwar in dem Moment, in dem sie das erste Mal über die Schwelle tritt und von den Doppeltüren, der relativen Stille und den großen Ledersesseln beeindruckt ist. Erst Monate später beginnt sie, auch die anderen recht normalen Möbel, die Bilder an der Wand, den abgenutzten Teppich und ähnliches wahrzunehmen - jene Dinge also, die den Raum durchaus unmysteriös machen.

Ich möchte nun näher auf einen anderen hysterischen Charakterzug eingehen, der mit der romantischen Haltung eng verwandt ist. Ich meine die theatralische oder dramatisierende Qualität, die wir im hysterischen Verhalten oft deutlich beobachten können. Wenn wir an die Auftritte hysterischer Menschen denken, mag uns sogleich ihre Emotionalität einfallen, aber nicht die Emotionalität als solche läßt das Verhalten theatralisch wirken. Vielmehr ist es die übertriebene oder wenig überzeugende Emotionalität - wenn ein hysterischer Mann zum Beispiel mit ausladenden Bewegungen und falscher Dramatik in der Stimme beschreibt, welche "Qualen und Foltern" er durch seine Freundin erleiden muß. Und dennoch scheinen diese Menschen, so überdeutlich ihre Schauspielerei oder dramatische Übertreibung manchmal auch sein mag, nicht einfach nur "unecht" zu sein. Mit anderen Worten, sie scheinen ihre Gefühle nicht mit einer bewußten Anstrengung zu übertreiben oder zu dramatisieren, um ein bestimmtes Ziel oder eine bestimmte Wirkung zu erreichen. Vielmehr nehmen sie eigentlich gar nicht klar wahr, daß sie überhaupt schauspielern. Wenn man einem hysterischen Menschen nach einem besonders beeindruckenden Auftritt eröffnet, daß die Gefühle, die er darzustellen versucht, vielleicht nicht ganz authentisch sind, oder daß er selbst vielleicht nicht ganz glaubt, was er sagt, wird er wahrscheinlich nicht ärgerlich über die mißlungene Inszenierung, sondern ehrlich überrascht, schockiert, ernsthaft verwirrt und irritiert sein. Es ist recht verblüffend, daß die hysterischen Menschen so unecht werden können, ohne zu bemerken, daß sie es sind; anscheinend spiegelt sich darin ihre Beziehung zur Wirklichkeit und zu Tatsachen allgemein wider. Dies soll näher erklärt werden.

Es scheint, daß sich das romantische, phantastische, nicht-faktische und nicht-substantielle Erleben des Hysterikers nicht nur auf die Außenwelt, sondern auch darauf erstreckt, wie er sich selbst erlebt. Er fühlt sich nicht als ein sehr konkretes Wesen mit einer realen und faktischen Geschichte. In der Tat steht ihm seine eigene Geschichte kaum zur Verfügung, und wenn, dann für gewöhnlich in der Form romantisierender Erzählungen, die bevölkert sind von impressionistisch wahrgenommenen romantischen oder idealisierten Gestalten. Er scheint sich wie eine Figur in dieser Geschichte zu fühlen, ein Aschenbrödel oder ein heldenhafter und strahlender Don Juan. Wenn wir solche hysterischen Auftritte erleben, stellt sich leicht der Eindruck ein, daß der Betreffende von seiner eigenen Darstellung "mitgerissen" wird, und ich glaube, daß dies in gewisser Weise zutrifft. Er scheint gewissermaßen nicht in seinem faktischen Sein und seiner eigentlichen Geschichte verwurzelt zu sein, ebensowenig in festen Überzeugungen und einem Gefühl für die tatsächliche objektive Welt. Stattdessen wird er in der Tat "mitgerissen" durch die Unmittelbarkeit, mit der er auf lebhafte Eindrücke, romantische Herausforderungen, vorübergehende eigene Stimmungen oder phantastische, ihn beeindruckende Charaktere reagiert und durch die Leichtigkeit, mit der seine gesamte Wahrnehmung und Aufmerksamkeit durch sie gefesselt wird. Man könnte sagen, daß er dann auf ein Gefühl "abfährt", das keinen Tiefgang besitzt.

Ich erlebe zuweilen (und ich stelle mit vor, daß es auch anderen Therapeuten so geht), daß ich in der Behandlung einer hysterischen Patientin - während sie anregend, wenn auch etwas sprunghaft und diffus über diese Enttäuschung, jene wunderliche Sache und dann wieder über einen aufregenden Mann, den sie gerade kennengelernt hat, berichtet - plötzlich bei mir selber denke, daß ich überhaupt nicht weiß, wie sie sich gerade fühlt oder in welcher Stimmung sie gerade "wirklich" ist. Gelegentlich habe ich diesen Eindruck der Patientin mitgeteilt und eine interessante Bestätigung zur Antwort bekommen. Die wörtliche Antwort, die häufig sehr freundlich kam, lautete: "Ich weiß nicht, was ich wirklich empfinde". Aber weiterhin scheinen diese Patientinnen auch zu meinen: "Ich weiß nicht, was ich wirklich bin." Sie scheinen sich zu fühlen, als hätten sie im Grunde kein eigenes Gewicht und keine Kontur,[5] fühlen sich hier hingezogen und dort abgestoßen, zunächst hiervon gefesselt und dann davon. Es scheint ihnen jenes Gefühl persönlicher Substanz und Eigenständigkeit zu fehlen, das nicht ohne zumindest eine gewisse Autonomie oder Widerstandsfähigkeit gegenüber heftigen, aber flüchtigen Eindrücken möglich ist. Dem Beobachter scheinen das emotionale Verhalten oder die Vorstellungen des hysterischen Menschen nicht in realen und tiefgehenden Interessen, einer langen eigenen Geschichte oder einem dringenden Anliegen verankert zu sein - und sie sind es auch nicht. Wir werden hierauf später noch zurückkommen.

Die Beziehung des hysterischen Menschen zur Realität hat noch einen anderen Aspekt, der sich in den Ausdrücken von Kindern beschreiben läßt, die miteinander um Dinge von Wert spielen. Sie sagen: "Jetzt wollen wir im Ernst spielen" oder "nur aus Spaß". Diese Unterscheidung hat nichts mit den Regeln des Spiels zu tun und beeinflußt daher das Verhalten der Teilnehmer nicht unbedingt in erkennbarer Weise. "Im Ernst" im Gegensatz zu "aus Spaß" bedeutet, daß dieses Spiel *zählt* und als eine ernsthafte Angelegenheit betrachtet wird. Und wenn man hysterische Menschen genauer beobachtet, zeigt sich in ihrem Verhalten manchmal ein gewisser mangelnder Sinn dafür, daß Dinge "zählen", und zwar in Situationen oder Umständen, die andere durchaus als ernste Angelegenheit betrachten. Sicher hängt dieses Problem subjektiven hysterischen Erlebens mit der bereits

5 Wer mit der Rorschach-Methode vertraut ist, wird übrigens wissen, wie häufig sich Bilder - man könnte ruhig sagen: Selbstbilder - flüchtiger, fließender Gegenstände und Gestalten in den Rorschachprotokollen hysterischer Probanden finden.

erwähnten impressionistischen, nichtfaktischen und phantastischen subjektiven Welt zusammen, aber es verdient doch eine besondere Beachtung.

Diese Einstellung zeigt sich manchmal als Verwunderung oder Ungläubigkeit, wenn hysterische Menschen die Konsequenz einer eigenen Handlung oder absehbarer Umstände erfahren, und zwar eine Konsequenz, die für jeden anderen vollkommen vorhersehbar gewesen wäre.

Eine Patientin mittleren Alters, die mit einem wesentlich jüngeren Mann verheiratet ist, merkt, daß ihr Mann in der Ehe offensichtlich zunehmend unzufrieden ist. Sie möchte ihn beschwichtigen und schlägt eine Psychotherapie vor. Er akzeptiert den Vorschlag, eröffnet ihr jedoch kurze Zeit später, daß er sich scheiden lassen will. Sie ist erstaunt.

Eine andere hysterische Patientin Ende 20 ist nicht gerade begeistert, als ihre Schwester, die Alkoholikerin ist und recht promiskuitiv lebt, darum bittet, für kurze Zeit zur ihr ziehen zu dürfen. Einige Jahre zuvor hat die Schwester in einer früheren Ehe der Patientin deren Ehemann verführt, was auch mit zur Scheidung der damaligen Ehe beigetragen hat. Obwohl die Patientin diesmal daran denkt, daß sich etwas Ähnliches wieder ereignen könnte, glaubt sie nicht, daß es "ernsthaft im Bereich des Möglichen" liegt und gibt dem Wunsch der Schwester statt. Jedoch passiert dasselbe auch mit dem jetzigen Ehemann, und als die Patientin dahinter kommt - viel später, als andere Leute Verdacht geschöpft hätten -, ist sie überrascht und erstaunt. "Also ehrlich ... ich habe schon an diese Möglichkeit gedacht ... der Gedanke kam mir durchaus ... aber ich hätte nie gedacht, daß es wirklich passieren würde."

Bei einer dritten, 30jährigen Patientin ereignen sich periodisch stürmische, hysterische Zornesausbrüche, die sich grundsätzlich gegen den Ehemann richten. Eines Tages ist sie ganz erstaunt, als er ihr sagt, daß er das nicht mehr ertragen kann. "Er meint das ernst", sagt sie voller Verwunderung, "aber wenn ich so was sage, dann meine ich das ja gar nicht so."

Hätten sich diese Menschen ein paar ganz bestimmte Fragen klar und ernsthaft gestellt, dann wären sie wahrscheinlich auf die richtige Antwort gestoßen, sie hätten diese Entwicklungen vorhersehen können oder sie zumindest für wahrscheinlich angesehen. Natürlich mögen sie Motive gehabt haben, diesen Antworten aus dem Weg zu gehen, aber ein Motiv, die Realität zu verzerren, ist nie eine hinreichende Erklärung dafür, daß es auch tatsächlich getan wird. Es ist das diffuse, impressionistische Gesamterleben - das generelle Fehlen genauen Hinsehens und eines deutlichen Sinnes für harte Tatsachen -, das es möglich macht, diese ernsthaften Fragen so konsequent zu vermeiden.

Auch andere Menschen, sicherlich auch normale, machen Erfahrungen wie die eben beschriebenen. Andere sagen, wenn sie überrascht feststellen, wie sich die Dinge entwickelt haben: "Nun, gedacht habe ich wohl daran, aber ich habe einfach nicht geglaubt, daß es wirklich passieren würde"; und auch bei Patienten, die nicht besonders hysterisch sind, kommt es vor, daß etwas erst durch die Bemerkung des Therapeuten plötzlich im Zentrum der Aufmerksamkeit steht, worauf sie zuerst überrascht reagieren, um dann kurz darauf zu sagen: "Aber eigentlich habe ich es die ganze Zeit gewußt!" Bei den Hysterikern jedoch scheint dies die Regel zu sein. Reale Fakten und reale Konsequenzen realer Fakten werden nur unscharf und peripher wahrgenommen. Sie haben für den Betreffenden weder Kontur noch Substanz, bis jemand anders oder ein Ereignis mit Nachdruck sagt: "Schau genau hin!"

Das Gefühl, daß die Dinge nicht wirklich zählen, oder genauer gesagt: das Fehlen des Gefühls dafür, daß sie zählen, zeigt sich am deutlichsten, wenn es durch die Macht der Umstände gestört wird oder scharfen Widerspruch erfährt. Grundsätzlich jedoch ist es als ständiges, allgemeines Grundgefühl vorhanden und ist ein Aspekt vieler typisch hysterischer Einstellungen. Manchmal wird es zum Beispiel an der Abneigung deutlich, die diese Menschen gegen harte finanzielle Tatsachen haben. Bei eher impulsiven Hysterikern, die gerade heftig romantisch verliebt sind, bildet es oft den wesentlichen Hintergrund für das Gefühl "nichts auf der Welt ist wichtig außer uns beiden." Möglicherweise ist es auch einer der Gründe, warum das Altern für diese Menschen häufig als plötzlicher Schock erlebt wird. Es ist ein wichtiger Teil der oft beschriebenen hysterischen Unreife und der kindlich-unschuldigen Ausstrahlung vieler Hysteriker. Es handelt sich dabei vielleicht auch um einen Aspekt bestimmter gesellschaftlicher Vorstellungen von Weiblichkeit, die mittlerweile überholt sein mögen - außer vielleicht bei den Frauen der gehobenen Südstaaten-Society. Sicherlich eng verknüpft damit ist die hysterische Naivität, die aber durchaus zu unterscheiden ist von der reinen faktenbezogenen Naivität, die es bei diesen Menschen ja auch gibt. Es handelt sich eher um eine bestimmte Haltung der Realität gegenüber als um blankes Ignorieren. Anstatt sie Verdrängungstendenzen zuzuschreiben, sollten wir daher beide Tendenzen auf einen allgemeineren Modus der Kognition und des subjektiven Erlebens zurückführen.

Diese Haltung gegenüber der Realität hat eine weitere interessante Folge, die in der Psychiatrie gut bekannt ist. Häufig ist beschrieben worden, daß hysterische Menschen ihren Symptomen (beispielsweise Konversionssymptomen) mit merkwürdiger Gelassenheit oder Gleichgültigkeit gegenüberstehen können, *la belle indifférence*, wie man in den Zeiten der deskriptiven Psychiatrie sagte. Diese Formulierung ist heute nur noch selten zu hören, wahrscheinlich, weil dramatische Konversionssymptome nicht mehr so oft auftreten. Dennoch ist die gleichgültige Haltung - oder, wie ich sagen würde, die Einstellung, daß es nicht wirklich ernst ist - nach wie vor zu finden.

Hysterische Emotionen

Bei der hysterischen Emotionalität können wir eine interessante Paradoxie konstatieren. Wenn es, wie wir gesehen haben, stimmt, daß das seelische Leben des Hysterikers von dem Flair des Phantastischen durchzogen ist und seine Selbst- und Außenwahrnehmung von einem Grundgefühl der Unkonkretheit und Unbestimmtheit geprägt sind, wie ist es dann möglich, daß eben diese Menschen so typisch lebhafte, intensive Emotionen erleben? Man sollte meinen, daß ein lebhaftes emotionales Innenleben, intensive Gefühle, mehr als alles andere auf ein ebenso lebhaftes, deutliches Selbstgefühl hinweisen, aber hier ist das mit Sicherheit nicht der Fall. Es empfiehlt sich, diese Paradoxie im Sinn zu behalten, wenn wir die Emotionalität des Hysterikers näher betrachten. Ich möchte dieses Thema von seinem Extrem her angehen: dem hysterischen Gefühlsausbruch.

Gefühlsausbrüche oder emotionale Explosionen sind manchmal das Hauptleiden, das die Patientin zur Psychotherapie bewegt, wenn auch die eigentliche Klage eher vom Ehemann oder anderen Nahestehenden kommt, die in der Regel Zielscheibe dieser Ausbrüche sind. Es läßt sich beobachten, daß der Patient selbst, abgesehen von einer kurzen Phase der Zerknirschung nach jeder Episode, von dieser Symptomatik relativ unbeeindruckt ist. Meistens handelt es sich um Zornesausbrüche, die jedoch auch mit depressiven Gefühlen durchsetzt sein können.

Eine typische Patientin, eine 26 Jahre alte Frau hatte gelegentlich solche Ausbrüche, wenn sie abends mit ihrem Verlobten ausgegangen war. In der Regel begann der Abend recht friedlich, aber auf dem Weg nach Hause, im Auto, fing sie dann immer an, ihn zu kritisieren: Zunächst zwar angespannt, aber noch kontrolliert, wobei sie irgendeine kleine Verhaltenssequenz kritisierte, etwa, daß er sich im Laufe des Abends hatte zuschulden kommen lassen, daß er sie einen Moment lang nicht gebührend beachtet hatte. Sie konnte dabei selbst undeutlich spüren (und später durchaus zugeben), daß der Anlaß, den sie als störend "wählte", in fast allen Fällen eine Bagatelle war. Jedenfalls, ob ihr Verlobter nun sein Verhalten rechtfertigte oder sich dafür entschuldigte, ihr Zorn wuchs, sie schleuderte ihm Anklagen entgegen und schrie schließlich, schluchzte, griff nach irgend etwas, um nach ihm zu werfen oder ihn zu bedrohen. Kurz darauf pflegte der Ausbruch dann zu einem wütenden Schmollen abzuflauen und fand erst ein Ende, wenn sie ihn, immer noch schmollend, verließ.

Egal, wodurch diese Ausbrüche ausgelöst wurden, der Inhalt ihrer Attakken war fast immer derselbe. Sie schleuderte ihm einfach jene Anklagen an den Kopf, die ihn ihrer Meinung nach am stärksten verletzen würden. So beschuldigte sie ihn, egoistisch, unsensibel, geizig und vieles mehr zu sein. Aber auch hier möchte ich nicht im einzelnen auf den Inhalt solcher Ausbrüche eingehen, der von Patient zu Patient und von Mal zu Mal wechseln kann, sondern auf die allgemeine Form, die so variabel nicht ist.

Ich habe bereits darauf hingewiesen, daß die manchmal als Gleichgültigkeit bezeichnete Haltung des Hysterikers gegenüber seinen Symptomen in gewissem Ausmaß auch in der Haltung gegenüber solchen Ausbrüchen zutage tritt. Auf diese Tatsache möchte ich nun zurückkommen und sie etwas eingehender betrachten, denn das Verhalten nach solchen Ausbrüchen und die allgemeine Haltung im Rückblick auf das Geschehene scheinen mir nicht peripher, sondern ein essentieller und vielsagender Bestandteil des Symptoms zu sein. Wenn schon hinsichtlich des Konversionssymptoms die relative Gleichgültigkeit und Unbeteiligtheit des Hysterikers der Erwähnung wert ist, dann ist dieselbe Reaktion auf eigene emotionale Ausbrüche es umso mehr. Konversionssymptome bleiben schließlich doch eine recht mysteriöse und vielleicht irgendwie passagere Sache. Im Falle eigener Gefühle und emotionaler Reaktionen jedoch ist das Gefühl des Unbeteiligtseins sehr viel schwerer zu verstehen, vor allem, da sie ja so lebhaft ausfallen. Dennoch glaube ich, daß eingehende Beobachtungen zeigen werden, daß hysterische Menschen in der Tat ihre eigenen emotionalen Ausbrüche genauso sehen, wie sie auch Konversionssymptome betrachten; das heißt, sie sehen die bei einem solchen Vorfall geäußerten Inhalte nicht als etwas, was sie wirklich empfunden haben, sondern als etwas, was sie heimgesucht hat oder ihnen widerfahren ist.

In dem angeführten Fall berichtete die Patientin in einer Weise von den explosiven Vorfällen, daß man, abgesehen von ein paar Einzelheiten, den Eindruck hätte haben können, sie sei gar nicht dabei gewesen. Wohl gab sie hinterher ein bis zwei Tage lang ihrer Zerknirschung, Reue und ihrem Bedauern Ausdruck, aber das ging schnell vorbei. Und selbst diese Formulierungen enthielten bei genauerem Hinsehen schon Hinweise auf das innere Unbeteiligtsein, das kurz darauf deutlicher hervortrat. Selbst in diesen wenigen ersten Tagen "danach", wenn sie unter Tränen über den Vorfall berichtete und sich echte, ernsthafte Sorgen machte, wie der Verlobte sich nun wohl fühlte, waren ihre Berichte davon - und das ist das Erstaunliche - im Grunde ohne jeden Bezug dazu, daß sich in diesem Ausbruch ihre Gefühle dargestellt hatten. Nicht nur, daß diese recht intelligente Frau nicht in der Lage war, ein paar Tage nach einem solchen Vorkommnis einzusehen, daß jene zornigen Gefühle, die sich so intensiv gezeigt hatten, nicht einfach fort sein konnten - und das allein ist schon bemerkenswert genug. Nein, sie betrachtete eindeutig die in dem Ausbruch geäußerten Gefühle als einfach nicht repräsentativ für das, was sie für ihren Verlobten tatsächlich empfand, auch nicht in dem betreffenden Moment. Im Gegenteil, ob in der kurzen Folgezeit des Bedauerns oder später, sie sprach davon wie von einem mysteriösen Vorgang, etwa ähnlich einem Anfall, oder als hätte eine fremde Macht von ihr Besitz ergriffen - kurz: es hatte nichts, rein gar nichts mit ihren Gefühlen zu tun. "Aber ich meine das doch gar nicht so", sagte sie verwirrt, und wenn die Verwirrung auch etwas betont wirkte, schien sie doch echt. Und sie fügte hinzu, sie meine es auch jetzt nicht. Ganz im Gegenteil, sie liebe ihren Verlobten und respektiere ihn sogar sehr. Und in der Tat klang das, als sie es sagte, vollkommen glaubhaft und überzeugend.

Manchmal schreiben diese Patientinnen ihre Ausbrüche - oder, wie sie es nennen, ihre Anfälle - ihrer Menstruation zu; auch diese Patientin hatte diese Theorie nur widerwillig und auch nicht vollkommen aufgegeben, obwohl keine zeitlichen Zusammenhänge nachweisbar waren. Eine andere Patientin mit ähnlicher Symptomatik, die sich per Lektüre in die Geheimnisse der Psychoanalyse eingeweiht hatte, wandte sich, nachdem sich andere Theorien für die Erklärung ihrer Ausbrüche als unbrauchbar erwiesen hatten, ihrer eigenen Geschichte und ihrem "Unbewußten" zu. "Warum? Warum? Ich sage Dinge, die ich überhaupt nicht meine? Ich weiß nicht warum. ... Vielleicht mein Bruder - ich fühle mich von ihm immer abgelehnt. Aber ich kann mich nicht daran erinnern, zornig auf ihn gewesen zu sein. Verletzt, vielleicht, aber ..."

Man darf sich hier nicht täuschen; diese Suche nach einer "Ursache" für den emotionalen Ausbruch in der Kindheit oder im Unbewußten ist nicht einfach eine Suche nach Einsicht. Vielmehr untermauert sie auf die eine oder andere Weise, explizit oder implizit, die Überzeugung der Patientin, daß diese Ausbrüche nicht zeigen, was sie fühlt oder fühlte, sondern daß sie auf eine fremde Macht (das "Unbewußte") schließen lassen, die von ihr Besitz ergreift. Diese Überzeugung hat mit Sicherheit Abwehrcharakter. Letztlich plädiert die Patientin damit auf vorübergehende Unzurechnungsfähigkeit und sucht nach einem Verursacher oder Provokateur, der diese Argumentation stützen könnte. Aber ohne Zweifel kann sie - wenn auch aus Abwehrgründen - nur deshalb so plädieren, weil das ihr momentanes Erleben durchaus widerspiegelt. Wenn man das Ausmaß dieses Erlebens betrachtet ("das waren nicht meine Gefühle"), kann man eigentlich kaum umhin, an einen anderen, berühmten Typ hysterischer Symptomatik zu denken, nämlich die Fälle sogenannter multipler Persönlichkeiten, bei denen die Mr. Hyde-Gedanken und -Taten der einen Phase für das Bewußtsein der anderen Phase komplett verlorengehen und nicht einmal in der Erinnerung vorhanden sind.

In der Auseinandersetzung mit diesen emotionalen Ausbrüchen sollte noch ein anderer, allgemeinerer Problembereich aus dem Verhalten und emotionalen Leben hysterischer Patienten genannt werden. Sie sind in ihrem alltäglichen Verhalten für gewöhnlich recht sanft und umgänglich. Die zuvor zitierte Patientin empfand sich selbst zum Beispiel als "bescheidenen" Menschen und war auch so, und in ihrer reuevollen Verwirrung nach ihren Ausbrüchen schwang auch immer das Gefühl mit: "Wie ist es möglich daß ich, eine nette und bescheidene Person, solche Dinge getan haben soll?". Abgesehen von den Zornesausbrüchen war sie relativ gehemmt und fühlte sich zum Beispiel ausgesprochen unwohl, wenn sie etwas vor sich hatte, was für jemand anderen eine geringfügige, ziemlich triviale aggressive Durchsetzung gewesen wäre. Ein Verhalten, das Selbstbehauptung, leichte Aggressivität oder auch etwas Forderndes an sich hatte, erschien ihr "rüde" oder "unverschämt". Wenn sie auch meinte, daß es ihr in dieser Hinsicht primär darum ging, niemanden zu verletzen, war es ohne Zweifel am allermeisten sie und nicht der andere, der "Unannehmlichkeiten" nicht ertragen konnte. Und dennoch waren gerade manche jener Menschen, die sie normalerweise so behutsam behandelte, zuweilen Objekt eines ausgewachsenen Zornesausbruches.

Diese Kombination von affektiver Explosivität einerseits und Gehemmtheit der nichtexplosiven Affekte und Verhaltensweisen andererseits ist für solche Menschen typisch, und auch in anderen emotionalen Bereichen finden sich entsprechende Parallelen. So ist zum Beispiel bekannt, daß so manche eher impulsive hysterische Frau sich zwar häufig plötzlich, fast explosionsartig, tief emotional verlieben kann, jedoch große Probleme hat, eine weniger explosive, aber dauerhafte Liebesbeziehung aufrecht zu erhalten.

Wie ist das alles nun zu verstehen? Reicht es, zu sagen, wie wir es gelegentlich hören, daß die Affekte des Hysterikers flach, wechselhaft und flüchtig sind, und nicht tief und dauerhaft? Im großen und ganzen klingt das plausibel, zumindest wenn man einen bestimmten Punkt etwas großzügiger auslegt und akzeptiert, daß die emotionale Qualität der Zornesausbrüche unter der Rubrik "flache Affekte" subsumiert wird. Dabei kann es leicht passieren, daß wir, wenn wir die Gefühle der Patientin als objektiv "flach" bezeichnen, nur das ausdrücken, was die Patientin subjektiv erlebt, wenn sie sagt: "Ich habe das überhaupt nicht so gemeint." Das jedoch, so meine ich, bringt unser Verständnis hysterischer Emotionalität nicht voran, insbesondere hilft es uns nicht, die Beziehung zwischen dieser Art von Affekten und anderen Aspekten hysterischen Verhaltens und Erlebens besser zu verstehen.

Erinnern wir uns hier an etwas, was zum kognitiven Prozeß hysterischer Menschen und zu ihrem allgemeinen subjektiven Erleben bereits gesagt wurde: Ich habe oben ihre Kognition als impressionistisch, unmittelbar und global bezeichnet. Das kognitive Erleben des Hysterikers beruht nicht auf genau beobachteten Tatsachen und daraus entwickelten Einschätzungen und Urteilen, sondern auf schnellen Einfällen und unmittelbaren Eindrücken. Dementsprechend handelt es sich um Menschen, deren Aufmerksamkeit relativ leicht zu fesseln ist, die leicht beeinflußbar sind und sich leicht von etwas mitreißen lassen, was sie beeindruckt oder Erinnerungen in ihnen anklingen läßt. Ihr

Urteil ist entsprechend unsicher - und so erleben sie es auch selbst, denn es wurzelt nicht in festen, gut durchdachten Überzeugungen und beruht nicht auf klarem Wissen oder eigenen Erfahrungen. In dem Sinne, daß ihre Urteile und Vorstellungen nicht gründlich integrierte Verarbeitungsergebnisse, sondern schnelle, labile und wechselnd beeinflußbare Phänomene sind, könnte man sagen, daß diese Urteile und Vorstellungen nicht wirklich oder zumindest nicht durch und durch repräsentativ für diese Menschen sind, und daß sie das auch nicht so empfinden. Ich möchte nun behaupten, daß die emotionalen Ausbrüche des Hysterikers, die abrupten Affektentladungen, die schnell abflauen und später so erlebt werden, als seien sie über das Subjekt hinweggegangen, ohne daß dies wirklich beteiligt war, mit diesem Stil des Verhaltens und Erlebens konsistent sind und nur im Zusammenhang mit einem solchen Stil überhaupt auftreten können.

Wie wird ein nur halb bewußter, halb verarbeiteter Impuls oder eine solche Gefühlsempfindung normalerweise in eine voll bewußte und mitteilbare Emotion transformiert? Bestimmte integrative Prozesse müssen ablaufen, damit aufsteigende, erst halb ausgeformte Gefühle mit den bestehenden Einstellungen und Haltungen, Interessen und Gefühlen des Individuums assoziativ verknüpft werden und dadurch an assoziativem Gehalt gewinnen können, gewissermaßen mehr Gewicht bekommen und gleichzeitig besser ausdifferenziert und artikulierbar werden. Stellen wir uns nun vor, daß der Hysteriker durch eine generelle Unmittelbarkeit seines subjektiven Erlebens charakterisiert ist, im kognitiven wie auch im affektiven Bereich. Die relative Abwesenheit komplexer kognitiver Integration - oder anders gesagt, die schnelle, impressionistische Kognition - wird in der Unmittelbarkeit und Dominanz des Affekts seine Parallele haben. Dieser Affekt, leicht auszulösen und zu provozieren, tritt abrupt als endgültiges affektives Produkt in das Bewußtsein, genauso, wie der unmittelbare, globale Eindruck als endgültiges kognitives Produkt stehen bleibt. Anders gesagt, scheinen diese Menschen allgemein durch eine zu hastige und unzureichende innerpsychische Organisiertheit, Differenzierung und Integration mentaler Inhalte gekennzeichnet zu sein. Der normale geistig-seelische Integrationsprozeß, in dem ein halbbewußter Einfall zu einer bewußten Einschätzung, ein halb aufgenommener und diffuser Eindruck zu einer klaren Vorstellung und eine halbbewußte und momentane Gefühlsregung eine artikulierbare und tiefe Emotion werden - diese Prozesse sind bei hysterischen Menschen in entscheidender Weise ausgedünnt.

Wenn eine Emotion als Resultat eines normalen Integrationsprozesses und durch assoziatives Verknüpfen halb ausgeformter Impulse oder Gefühle mit bestehenden Interessen, Zielen, Gefühlen oder Vorlieben in das Bewußtsein aufsteigt - dann empfindet man diese Emotionen als echt und als eigene. Sie ist mit dem eigenen Selbst konsistent, und man spürt ihren "Tiefgang". Dieses integrative Entwickeln findet jedoch bei hysterischen Menschen nicht statt, weder auf affektiver noch auf kognitiver Ebene, und in diesem Sinne spiegelt ihr Erleben, daß sie am eigenen emotionalen Ausbruch nicht wirklich beteiligt seien, im Grunde eine reale Tatsache wieder. So gesehen, stimmt es in der Tat, daß ihre Emotionen nicht als für sie repräsentativ genommen werden können. Diese Insuffizienz integrativer Prozesse und Entwicklungsmöglichkeiten bewirkt, daß ihre Affekte einerseits explosiv, abrupt und labil, andererseits relativ undifferenziert, grob und schwarz/weiß ausfallen. Anders gesagt, der hysterische Affekt steigt, genau wie auch die Kognition, nicht als gründlich entwickelter und ausformulierter mentaler Inhalt in eine klar fokussierte, gut differenzierende Wahrnehmung auf, sondern dominiert und beansprucht global und unvermittelt eine diffuse und passive Wahrnehmung.

Es gibt viele hysterische Menschen, insbesondere Frauen, die nicht unbedingt durch besondere Ausbrüche oder affektive Explosivität auffallen, sondern statt dessen unter mehr oder weniger ständigen Ausbrüchen leiden, die vielleicht gerade eben unter dem Intensitätsmaß bleiben, um das es im vorhergehenden ging. Es ist leicht zu erkennen, daß bei diesen Menschen genau derselbe Funktionsmodus am Werk ist. Henry James läßt in einer seiner Erzählungen eine der Personen über eine andere sagen: "Sie ratterte das herunter wie eine Frau von der man weiß, daß sie alles, was ihr in den Sinn kommt, auch gleich sagt ...".[6] Ich würde hinzufügen, daß diese hysterische Frau genau deshalb "alles sagte, was ihr in den Sinn kam", weil alles, was für andere unausgegorene Launen, flüchtiger Eindruck oder momentane Emotion ist, bei ihr in diesem Augenblick ihr Erleben dominiert. Wenn man mit so einem Menschen zusammen ist, hat man all-

6 Henry James: Der Amerikaner. Köln 1966.

gemein das Gefühl, daß er an seinen Affekten und Eindrücken irgendwie nicht wirklich beteiligt ist. Wir wissen und erwarten, daß er am nächsten Tag wahrscheinlich die Hälfte dessen, was er empfunden hat, vergessen hat und von der anderen Hälfte das Gefühl hat, er habe es "nicht wirklich so gemeint". Genau damit ist meines Erachtens das erfaßt, was wir mit dem Ausdruck "flach" bezeichnen, wenn wir von den Emotionen des Hysterikers sprechen.

Derselbe Funktionsmodus, der Affekte dieser Art zur Folge hat, produziert sie auch in bemerkenswertem Ausmaß. Emotionen, insbesondere solche labilen, sind naturgemäß relativ unmittelbare Erlebensformen und brauchen für ihre bloße Existenz nicht unbedingt größere Beträge an psychisch-integrativer Aktivität. Damit will ich keineswegs bestreiten, daß Affekte von der Entwicklung psychischer Integrationsfähigkeit abhängig sind und diese auch reflektieren, sondern es soll nur besagen, daß Affekte als solche auch dann existieren können (und es auch tun), wenn dieser Entwicklungsstand nicht besonders hoch ist. So sind etwa die Emotionen der Kindheit allgemein vielleicht weniger subtil als die des Erwachsenenalters, aber sicher kann man nicht behaupten, sie seien deswegen weniger spürbar oder weniger lebhaft. Daraus kann man folgern, daß eine psychische Struktur mit unmittelbar-impressionistischem Auftreten mentaler Inhalte wahrscheinlich - in bestimmten, wichtigen Grenzen, die im nächsten Kapitel zu untersuchen sein werden - gekennzeichnet ist durch die "Flachheit" und Dominanz der Affekte einerseits und durch die Vielzahl solcher Affekte andererseits.

Wir haben auch darauf hingewiesen, daß hysterische Menschen, so emotional sie sein können, trotzdem in verschiedener Hinsicht sehr gehemmt sein können, und jetzt können wir dies besser verstehen. Offensichtlich ist die beschriebene emotionale Erlebensweise - explosiv und lebhaft, aber flüchtig und ohne "tiefes" Empfinden - konsistent mit dem romantischen und unkonkreten Selbst- und Außenwelterleben, das diese Menschen wohl haben. Diese subjektive Welt ist das Produkt des hysterischen Stils, und zuweilen können sie es sich darin vergleichsweise bequem einrichten. Eine "ernsthafte" Emotion, eine Emotion, die zählt und mit dem tiefen Gefühl erlebt wird, daß man "es so meint", ist jedoch ebenso wie eine ernsthafte Überzeugung mit dieser subjektiven Welt nicht zu vereinbaren und verursacht dem hysterischen Menschen extremes Mißbehagen. Diese Menschen fühlen sich wie Leichtgewichte, und wenn es vorkommt - und da Menschen nicht mit der perfekten Regelmäßigkeit einer Maschine funktionieren, kommt es vor - daß sie etwas Substantielleres erleben, sei es eine Emotion, ein sachliches Urteil oder ähnliches, fühlen sie sich dem nicht gewachsen und scheuen unweigerlich davor zurück. Das gilt für weite Bereiche spezieller emotionaler Inhalte oder auch für Vorstellungsinhalte. Insofern wird der sentimentalste Hysteriker oft schwer gehemmt sein, wirklich zu lieben, und sich nicht vorstellen können, eine politische Überzeugung zu haben.

Hysterische Menschen sind keineswegs die einzigen, deren Kognition und subjektives Erleben von impressionistischen, schnellen und unzureichend strukturierten geistig-seelischen Inhalten gekennzeichnet sind, und sie sind auch keineswegs die ernstesten und eklatantesten Beispiele dafür. Wie ich im nächsten Kapitel darlegen möchte, zeigen sich diese Probleme bei den Menschen, die man als passive oder impulsive Charaktere bezeichnen könnte, in noch deutlicherem Ausmaß, ohne jedoch von einer starken Emotionalität im eigentlichen Sinne des Wortes begleitet zu sein. Sie neigen vielmehr zu impulsiven Handlungen, Handlungen also, die anderen als nicht vollkommen beabsichtigt und nicht vollkommen überdacht und gewollt erscheinen.

5. Impulsive Stile

Die hier untersuchte Gruppe von Stilen stimmt mit keiner psychiatrischen Diagnose vollständig überein, denn im einen Fall kann zum Beispiel das impulsive Verhalten als primäres Diagnosekriterium gelten, während im anderen - bei sehr ähnlichem Funktionsstil - ein anderes psychiatrisches Problem oder Symptom die Diagnose dominiert. Demzufolge umfaßt die Gruppe, die hier zur Debatte steht, die Mehrzahl jener Menschen, die gewöhnlich als ungesteuerte oder psychopathische Charaktere diagnostiziert werden, manche der passiv-neurotischen und narzißtischen Persönlichkeiten, dazu bestimmte Gruppen männlicher Homosexueller, Alkoholiker und wahrscheinlich auch Süchtige.

Diese Gruppe hat trotz ihrer offensichtlichen Heterogenität eines gemeinsam: Einen allgemeinen Modus des Handelns, wenn man auch hinzufügen muß, daß dieser allgemeine Modus zahlreiche Varianten hat. Eine weitere Gemeinsamkeit liegt in anderen mit diesem Handlungsmodus verknüpften grundlegenden Problembereichen: Ein bestimmter kognitiver Stil und, für uns von besonderem Interesse, ein charakteristischer und deutlich umschriebener Typus subjektiven Erlebens von Handlung und Handlungsmotivation.

Die gemeinte Charakteristik des subjektiven Erlebens ist eine Schwächung oder Beeinträchtigung des normalen Empfindens von Intention und Freiwilligkeit. Sie manifestiert sich für diese Menschen in der Weise, daß sie häufig einen "Impuls" oder "unwiderstehlichen Drang" verspüren, und daß "Launen" in ihrem Seelenleben eine entscheidende Bedeutung haben. Das subjektive Erleben des Impulses ist keine so einfache Sache, wie es zunächst scheinen mag. Zuweilen hat die spezielle Eigenheit dieses Erleben zusammen mit der relativ primitiven Natur solcher Impulshandlungen zu der Ansicht geführt, impulsives Handeln sei als ein temporärer Ausbruch zu sehen, bei dem die üblichen handlungsleitenden Mechanismen und Strukturen oder die sonst allgemein vorherrschenden Funktionsmodi umgangen oder durchbrochen werden. Meine Folgerung wird anders lauten, nämlich: daß das subjektive Erleben eines Impulses selbst Aspekt eines speziellen Funktionsstils ist.

An dieser Stelle möchte ich darauf eingehen, warum bestimmte Zustände, die sonst als "passiv" beschrieben werden, den impulsiven Stilen zugeordnet werden. Der Grund liegt darin, daß sich bei einer Untersuchung der beiden Zustandsbilder - starke Impulsivität und extreme Passivität - zeigt, daß sie sehr eng miteinander verwandt sind. Ich glaube sogar, daß es aufgrund der formalen Ähnlichkeit gerechtfertigt wäre, von einem allgemeinen "passiv-impulsiven Stil" zu sprechen. Mit Sicherheit gibt es Bedingungen, unter denen das symptomatische Verhalten der einen so gut wie der anderen Kategorie zugeordnet werden könnte. Nicht jede Impulshandlung ist spektakulär oder dramatisch. Manchmal kann ein Handeln, das sehr still und von außen betrachtet eher passiv vor sich geht, wie etwa das Alkoholtrinken, in formaler Hinsicht nicht von einem Handeln zu unterscheiden sein, das sehr viel Aufmerksamkeit erregt und daher viel offenkundiger impulsiv ist. Ich möchte hier auch deutlich machen, daß das charakteristische subjektive Erleben beim extrem passiven oder "willensschwachen" Menschen, insbesondere das Gefühl, äußerem Druck oder äußerer Versuchung nachzugeben, eng verwandt ist mit dem subjektiven Erleben des typischen impulsiven Charakters.

Das subjektive Erleben von "Impulsen"

Ein impulsiver Patient, ein Künstler, sagte über eine seiner letzten Aktionen, einen ausschweifenden Abend in einem Spielkasino, folgendes: "Ich hab's halt gemacht - warum, weiß ich nicht." Was meint er damit?

Wahrscheinlich meint der Patient: "Ich wollte es gar nicht wirklich", oder: "Es war nicht meine Absicht". Feststellungen wie "Ich hab's halt getan - warum, weiß ich nicht", hört man von impulsiven Menschen recht häufig, manchmal bedauernd und schuldbewußt, manchmal auch nicht. Es stimmt auch, daß solche Bekundungen, wie das Bedauern des Hysterikers über einen Gefühlsausbruch, nicht immer ganz echt sind. Das heißt, sie erhalten oft auch eine Art Plädoyer, in diesem Fall das Plädoyer der Verteidigung: "Schuldhaft, aber nicht vorsätzlich gehandelt."

Obwohl aus Verteidigungsgründen dabei übertrieben worden sein mag, scheinen solche Formulierungen doch ein subjektives

Erleben besonderer Art widerzuspiegeln, das teilweise dem hysterischen Erleben bei emotionalen Ausbrüchen ähnelt, aber keineswegs mit ihm identisch ist. Es ist das Gefühl, eine nicht unerhebliche Handlung vollzogen zu haben, ohne zuvor klar und vollständig eine entsprechende eigene Motivation, Entscheidung oder stabile Intention entwickelt zu haben. Man hat mit anderen Worten also das Gefühl, das Handeln nicht vollständig freiwillig und mit Absicht vollzogen zu haben. Dennoch geht es dabei nicht um äußeren Zwang oder Unterwerfung unter moralische Prinzipien. Wohl wird ein Wunsch, ein Wollen oder sogar ein Sich-Entscheiden erlebt; allerdings so außerordentlich abrupt, flüchtig und partiell, insgesamt also so punktuell, daß dies kaum noch vergleichbar ist mit dem normalen Gefühl des Wünschens oder Entscheidens, und so eingeengt, daß das Plädoyer "schuldhaft, aber nicht vorsätzlich gehandelt" angebracht oder sogar plausibel scheint. Das Gefühl scheint in mancher Hinsicht dem normalen Erleben von Stimmungen oder Launen zu ähneln.

Dieses eingeengte motivationale Erleben kann bei impulsiven und passiv-impulsiven Menschen eine Vielzahl unterschiedlicher Formen annehmen. Manchmal scheint es im Grunde identisch zu sein mit dem, was normalerweise als Stimmung oder "Lust und Laune" erlebt wird - natürlich mit dem Unterschied, daß die "Lust und Laune" in diesem Fall zu sehr viel folgenreicheren Handlungen führt als normalerweise. So könnte ein Psychopath als Erklärung für einen Raub sagen: "Mir war gerade danach", was heißen soll, daß ihn diese Stimmung im entscheidenden Moment einfach überwältigt hatte. Eine andere Variante ist, daß das Gefühl von Drang oder Impuls nicht ein umschriebenes Wahrnehmen einer momentanen "Anwandlung" ist, die die eigentlichen Absichten durchkreuzt, sondern daß das gesamte normale Wunscherleben verzerrt und geschwächt ist, so daß das Gefühl aktiver Intention und Freiwilligkeit in besonderer Weise gestört ist - meist wird es zur eigenen Verteidigung dann auch noch weiter verleugnet. So verstanden, kann man annehmen, daß die typische Behauptung eines unwiderstehlichen Impulses - "Ich will es nicht tun, aber ich kann meinen Impuls einfach nicht beherrschen" - meistens übersetzt werden kann in: "Ich weiß, daß ich es nicht tun sollte, und ich würde mich scheuen, es absichtlich zu tun; aber wenn ich gerade nicht hinschaue und meine Hände, Füße oder meine Impulse es ganz schnell einfach *tun* - dann kann man mich kaum dafür verantwortlich machen."

In anderen Fällen wird genau derselbe Typus eingeschränkten, unwillentlichen Motivationserlebens beschrieben als im Grunde reflexartige Reaktion auf eine Provokation oder Versuchung von außen (wobei, wie anzunehmen ist, wiederum zur eigenen Verteidigung übertrieben wird): "Ich wollte es gar nicht, aber da sah ich das Geld auf dem Tisch liegen, und irgendwie habe ich es dann wohl genommen." Unter den passiv-impulsiven, "willensschwachen" Charakteren, auf die wir später noch näher eingehen, findet sich noch ein anderer Typ reflexartigen Reagierens: "Ich wollte es eigentlich nicht, aber er hat so gedrängt, und irgendwann habe ich dann halt nachgegeben." Diese verschiedenen Formen des Erlebens - Stimmung, Drang oder Impuls und Nachgeben - sind im Hinblick auf ihre formalen Qualitäten im Grunde sehr ähnlich. Alle beschreiben dieselbe Verzerrung und Beeinträchtigung des normalen motivationalen Erlebens. Immer handelt es sich um ein abruptes, momentanes und partielles Erleben von Wunsch, Wahl oder Entscheidung - das eigene Handeln wird so erlebt, daß das Gefühl aktiver Intention und freier Entscheidung deutlich beeinträchtigt scheint.

Ich habe schon darauf hingewiesen, daß dieser Modus des Erlebens eine Grundlage für bestimmte Abwehrmanöver bildet, sie also begünstigt. Es handelt sich um Abwehrmanöver, die bei impulsiven Charakteren nur allzu bekannt sind. Genauer gesagt, bildet die Beeinträchtigung der subjektiven Intentionalität und Entscheidungsfreiheit die Grundlage für eine defensive Leugnung persönlicher Verantwortlichkeit, sowohl anderen als auch sich selbst gegenüber. Das bekannteste solcher Abwehrmanöver ist wohl die "Externalisierung der Verantwortung".

Ein Einbrecher zum Beispiel erklärt seine wiederholten Straftaten folgendermaßen: "Anscheinend habe ich jedes Mal, wenn ich rauskam (aus dem Gefängnis), niemanden getroffen, der mir geholfen hätte, sondern irgendwie war dann immer einer da, der mir die Brechstange in die Hand gedrückt hat."[1]

Letztlich sagt dieser Mann damit, daß er im Grunde nie wirklich vorhat, einzubrechen. Er wird halt nur gelegentlich schwach und kann nicht Nein sagen. Eine andere Möglichkeit, Verantwortung zu externalisieren, ist eine "unwiderstehliche" Versuchung: "... das Geld lag halt da ...". Auch hier wird behauptet:

---

1 WILLIAM KRASNER: Hoodlum Priest and Respectable Convicts. - In: Harper's Magazine, 222 (Feb. 1961), S. 63.

"Ich wollte es eigentlich gar nicht". In diesem Fällen ist das Abschieben der Verantwortung auf andere im Grunde das gleiche wie das Geltendmachen unkontrollierbarer Impulse, denn auch da heißt es: "Ich habe es getan, aber eigentlich wollte ich es gar nicht." Bei impulsiven oder passiv-impulsiven Menschen sind all diese Strategien zur Leugnung eigener Verantwortung also immer dann zu erwarten, wenn ein entsprechendes Abwehrbedürfnis entsteht - sie haben im tatsächlichen subjektiven Erleben solcher Menschen durchaus eine geeignete Grundlage.

Bekanntlich tritt das subjektive Erleben von Launen oder Impulsen nicht nur bei impulsiven Charakteren auf, sondern ist Teil des geistig-seelischen Lebens aller Menschen.[2] Im Fall eines generell impulsiven Stils jedoch ist dieser Modus des motivationalen Erlebens überall dominant und okkupiert psychologische Bereiche, die normalerweise vom aktiven und beständigen Wünschen, Auswählen und Entscheiden beherrscht werden. Insofern kann man von einer Verzerrung normalen subjektiven Erlebens sprechen. Dieser Erlebensmodus impulsiver Menschen ist seiner Natur nach, wie ich hier zeigen will, mit anderen Aspekten ihres allgemeinen Funktionsstils konsistent, und insbesondere ergibt er sich aus einem allgemeinen Defizit an aktiv-strukturierenden und integrativen psychischen Funktionen. Das Impulserleben ist daher bei diesen Menschen nicht die Ausnahme, sondern die Regel; und es entsteht nicht durch ein Versagen steuernder Funktionen, sondern ist integraler Bestandteil ihrer Daseinsweise. Bei diesem eingeengten motivationalen Erleben ist ein gewisses Gefühl der Fremdheit gegenüber eigenen Impulsen oder daraus folgenden Handlungen ein normales Phänomen, so wie auch der normale Mensch sich nicht mit jeder seiner vorübergehenden Launen vollständig identifiziert.

Dieser Modus motivationalen Erlebens mit seinem Gefühl von Unfreiwilligkeit ist ein zentrales Element vieler anderer Aspekte dieses Funktionsstils und vieler auch im Alltag auffälliger Züge impulsiver Menschen. Er paßt zum Beispiel offensichtlich zu vorschnellen Aktionen und begünstigt sie auch bei solchen Menschen, deren Gewissen ihnen nicht gestatten würde, solche Handlungen mit Absicht auszuführen. Das Gefühl des Nichtabsichtlichen ist wohl auch zentral für einen der interes-

---

2 Bei manchen jedoch ist es drastisch beschnitten, z.B. bei zwanghaften und paranoiden Menschen.

santesten Züge vieler impulsiver Charaktere, der über alle Neurosen hinweg fast einzigartig erscheint: nämlich das offensichtliche Selbstvertrauen sowie eine erstaunliche Angstfreiheit und Ungehemmtheit.[3] Dazu eine Parallele aus der Alltagserfahrung: bekanntlich fühlen sich auch viele normale Menschen selbstsicherer und weniger gehemmt, wenn sie berauscht sind und, wie man sagt, "nicht mehr genau wissen, was sie tun".

Charakteristika impulsiven Handelns

Wollen wir die Formalcharakteristika impulsiven Handelns näher untersuchen, sind uns einige ad hoc präsent: Ich habe zum Beispiel bereits erwähnt, daß die entsprechenden Aktionen recht schnell vonstatten gehen. Die schnelle Ausführung ist typisch, und was noch wichtiger ist: Die Schnelligkeit besteht insbesondere darin, daß die Zeit zwischen Idee und Ausführung in der Regel kurz ist. Ein anderes Charakteristikum: solches Handeln ist meistens abrupt und diskontinuierlich, im Gegensatz zum normalen Handeln, das aus zunächst geäußerten oder zumindest erkennbaren Zielsetzungen oder sichtbaren Vorbereitungen folgt. Ein drittes, vielleicht grundlegendes Charakteristikum: impulsives Handeln ist ungeplantes Handeln, was nicht heißt, daß es unvorhergesehen sein muß. Ein Trinker mag sehr wohl seinen nächsten Alkoholexzeß kommen sehen. Aber Vorhersehbarkeit, so wie der nächste Schneefall vorhersehbar ist, hat nicht unbedingt etwas mit Planung zu tun.[4] Alle drei Charakteristika - Geschwindigkeit, Abruptheit, fehlende Planung - scheinen ein Defizit an jenen psychischen Prozessen zu reflektieren, die normalerweise ablaufen, wenn Ideen in Handlungen umgesetzt

---

3 Dieser Zug tritt meines Wissens in nur einem einzigen anderen pathologischen Zustandsbild auf: Dem hypomanischen. Es gibt in dieser und einigen anderen Hinsichten bedeutsame formale Verwandtschaften zwischen hypomanischen und impulsiven Zuständen. Eine andere Beziehung zwischen beiden ist in der Psychoanalyse bereits bekannt. Siehe OTTO FENICHEL: Psychoanalytische Neurosenlehre. - Olten und Freiburg Bd. II, S. 303.

4 In der Tat muß die Beschreibung impulsiven Handelns als ungeplant relativiert werden. Was impulsiven Menschen fehlt, ist die Fähigkeit zur Planung im langfristigen Sinn. Das kurzfristige, handlungsbezogene Planen scheint andere Prozesse zu involvieren und ist bei diesen Menschen, wie ich später ausführen werde, oft hoch entwickelt.

werden. Bestimmte aktive psychische Prozesse, die sonst zum Umsetzen von Motiv oder Tendenz in Handlung gehören, scheinen hier "kurzgeschlossen"[5] zu werden, aber welche? Und können wir die Einschränkung subjektiver Absichtlichkeit und Freiwilligkeit, die solche Menschen empfinden, auf diese Defizite oder "Kurzschlüsse" zurückführen?

Bei normalen Menschen setzen "Lust und Laune" oder die aufkommende Neigung, etwas zu tun, einen komplexen Prozeß in Gang, der, wenn alles in Ordnung ist, reibungslos und automatisch abläuft. Erstens entsteht die Lust, etwas zu tun, im Kontext relativ stabiler Ziele und Interessen, und in diesem verliert oder gewinnt sie auch an Bedeutung, fordert und erhält sie weitere Aufmerksamkeit oder nicht. Wenn sie Aufmerksamkeit fordert - das heißt, interessant, reizvoll oder aufregend ist - beeinflußt das in gewissem Grad die vorherige Interessenlage, und auch der Impuls seinerseits wird von dieser wahrscheinlich modifiziert. So also werden aufsteigende Tendenzen durch Verarbeitung in die aktuellen Ziele und Interessen integriert und eingebunden. Im übrigen ist es sogar relativ willkürlich, eine spontane Handlungstendenz als Beginn dieses Prozesses zu sehen, denn die Gestalt und überhaupt die Existenz dieses Impulses ist offensichtlich zu einem guten Teil eine Funktion der ursprünglich gegebenen Interessenlage und -intensität. Jemand, der sich für Kunst interessiert, wird die Galerie auf dem Weg zur Arbeit wahrnehmen und Lust bekommen, hineinzugehen; jemand, der solche Interessen gar nicht hat, bemerkt sie vielleicht nicht einmal. Auf jeden Fall kann eine Laune oder ein Impuls im Verlauf eines normalen integrativen Prozesses entweder verworfen oder aus einer bereits bestehenden Interessenlage heraus emotional und assoziativ bestärkt werden. Ein solcher Prozeß zeugt, so können wir annehmen, von der Transformation eines passiv erlebten Impulses in das Erleben aktiven, selbstgesteuerten Wollens, Auswählens und Entscheidens. Was sonst eine flüchtige Anwandlung geblieben wäre, wird so zu einem beständigen Wunsch. Damit ist eine Grundlage für Planungen vorhanden, womit das Gefühl von Absicht und Freiwilligkeit wahrscheinlich weiter konsilidiert wird.

---

5 Dieser ausgesprochen deskriptive Begriff wurde in einem ähnlichen Zusammenhang von DAVID RAPAPORT benutzt: DAVID RAPAPORT, ROY SCHAFER und MERTON GILL: Diagnostic Psychological Testing, Bd. II. - Chicago 1945.

Dieser Prozeß, bei dem ein Impuls in die Struktur stabilerer Interessen integriert wird, hat verschiedene Folgen gleichzeitig: Erstens bewirkt er die Transformation unreflektierter Anwandlungen oder Impulse in aktives Wollen und Handeln. Zweitens bewirkt er eine Modifikation und Weiterentwicklung des Impulsinhaltes; die Integration in bestehende Interessen sowie das Hinzukommen assoziativer Inhalte und Affekte wird ihn verändern, und obendrein wird die aktive Planung eines Handlungsablaufes den ursprünglichen Wunsch noch weiter modifizieren. Die dritte Konsequenz des integrativen Prozesses ist eine Veränderung in der Haltung gegenüber dem Handlungsziel: Wenn der unbearbeitete Impuls sowohl zusätzliche Inhalte als auch emotionale Unterstützung von den bereits vorhandenen Interessen erhält, so bekommt sein Ziel ebenfalls zusätzliche, reale und potentielle Bedeutungsdimensionen; wenn ein Impuls in eine klare und aktive Intention transformiert wird, muß diese Intention von einer gesteigerten Aufmerksamkeit für und von verstärktem Interesse an ihrem äußeren Ziel begleitet sein. Insofern liegt der Unterschied zwischen der passageren Idee, Arzt zu werden, und der Absicht, der Entscheidung oder dem Vorhaben, Arzt zu werden, nicht nur im Status oder in der Intensität des Wunsches, sondern auch darin, wie das Ziel jeweils wahrgenommen wird.

Wenn dies die Resultate normaler Integrationsprozesse sind, so kann man sagen, daß bei impulsiven Menschen all diese Schritte nicht gelingen und der integrative Prozeß "kurzgeschlossen" wird. Wenn der Impuls keine affektive und assoziative Anreicherung aus stabilen und kontinuierlichen Zielen und Interessen beziehen kann, kann er sich nicht zu einem beständigen, aktiven Wunsch entwickeln. Er bleibt ein Impuls, nicht intentional, flüchtig und partiell. Kann der Inhalt eines Impulses nicht im notwendigen Integrationsprozeß durch stabile Ziele modifiziert oder durch affektive und assoziative Verknüpfungen angereichert werden, dann bleibt der Impulsinhalt primitiv und rudimentär, und da er nicht in stabilen Prozessen verankert ist, kann er sich auch sprunghaft verändern. Und schließlich kann der impulsive Mensch an den unabhängigen Eigenschaften und Rechten des Objekts, auf das sein Drang sich richtet, ein nur sehr begrenztes Interesse entwickeln - wenn er sie überhaupt wahrnimmt; denn wo andere eine beständige und inhaltlich gefüllte

Absicht erleben, verspürt er einen Drang, das heißt: Sein Interesse gilt nicht dem Objekt, sondern allein seiner Befriedigung.

Eine ähnliche Insuffizienz integrativer Prozesse habe ich für die Hysteriker beschrieben, aber die labilen Affekte des Hysterikers sind, verglichen mit der impulsiven Problematik noch relativ gut entwickelt. Vergleichen wir nur einmal das romantische Interesse Hysterischer am Objekt ihrer Verliebtheit - ein Interesse, das mit großer Wahrscheinlichkeit nicht dauerhaft und vielleicht sogar "flach" zu nennen ist - mit dem noch viel flüchtigeren und zutiefst ausbeuterischen Interesse vieler impulsiver Charaktere am je aktuellen Sexualobjekt.

Selbst wenn die Mangelhaftigkeit oder "Kurzschlüssigkeit" des integrativen Prozesses so deutlich ist, bleibt weiterhin die Frage: Worin besteht diese Mangelhaftigkeit eigentlich? Und wir können die daraus folgende Frage hinzufügen: Welche integrativen Prozesse finden denn stattdessen bei impulsiven Menschen statt? Zweifelsohne sind auch die unbedachten, impulsiven Handlungen, zu denen solche Menschen fähig sind, Ergebnisse irgendeines integrativen Prozesses. Die andere Möglichkeit wäre sonst, daß es sich einfach um Ausbrüche von Triebenergie handelt, bei denen steuernde psychische Apparate und Funktionen außer Kraft gesetzt sind, und das wäre theoretisch schwerlich zu untermauern - und falls so etwas überhaupt auftreten kann, dann sicher höchstens bei Psychotikern. Im Gegenteil, es ist für impulsive Menschen geradezu charakteristisch, daß sie weder hilflos irgendwelchen triebhaften Schüben ausgesetzt sind, noch chaotisch explodieren. Sie *handeln.* Und die impulsiven Handlungen, die einerseits so unberechenbar und gedankenlos erscheinen, werden andererseits im typischen Fall mit vollkommen adäquater und vielfach überdurchschnittlicher Handlungskompetenz ausgeführt. Wir werden auf diesen wichtigen Punkt später noch zurückkommen; zunächst einmal steht als nicht zu leugnende Tatsache fest, daß Impulshandlungen Ergebnisse eines integrativen Prozesses sind, auch wenn er sich von den normalen unterscheidet und als entschieden defizitär zu bezeichnen ist.

Wenn wir bedenken, daß das erwähnte Defizit darin liegt, daß der Impuls nicht in eine vorgegebene Struktur stabiler und beständiger Ziele und Interessen integriert werden kann, stoßen wir auf eine recht wichtige Tatsache: Beim näheren Kennenlernen merken wir bald, daß diese Menschen erstaunlich wenig aktive, über die unmittelbare Lebenssicherung hinausgehende Interessen haben. Dauerhaftes emotionales Engagement - tiefe Freundschaft oder Liebe - kommt nicht vor. Familiäre Interessen und selbst berufliche Ziele spielen keine große Rolle. In der Regel haben solche Menschen nicht einmal langfristige persönliche Pläne oder Bestrebungen, geschweige denn abstrakte Ziele, Zwecke oder Wertvorstellungen. Typischerweise sind sie nicht nur in kulturellen oder intellektuellen Dingen recht uninteressiert, sondern auch in ideologischen oder politischen Fragen. Auch Ereignisse von allgemeinem öffentlichem Interesse - Kriegsgefahr, Wahlen und ähnliches - lassen sie an sich vorüberziehen, ohne davon Notiz zu nehmen. Dabei gibt es eine Ausnahme, und zwar eine sehr bedeutsame, die ich hier nur mit einem Beispiel anführen will, um erst später wieder darauf zurückzukommen.

Ein solcher Patient, der bis dahin an der internationalen Politik ausgesprochen desinteressiert gewesen war, überraschte seinen Therapeuten eines Tages damit, daß er ein intensives, aufgeregtes Interesse an den neuesten Nachrichten bekundete. In den Schlagzeilen der letzten Tage war es um eine neue Serie von Atombombentests gegangen, was sehr erschreckend und bedrohlich geklungen hatte. Er fragte aufgeregt, ob auch der Therapeut das gelesen habe. Es hatte ihn auf die Idee gebracht (und er hatte auch schon entsprechende Schritte unternommen), ein Geschäft für Katastrophenschutzausrüstungen zu eröffnen. Von den damit verbundenen Aussichten für ihn war er regelrecht begeistert.

Wenn dem impulsiven Menschen Ziele, Interessen und Bestrebungen fehlen, die über die unmittelbaren Lebensinteressen hinausgehen, fehlt ihm in der Tat die grundlegende Ausstattung für eine erfolgreiche Modulation und Weiterentwicklung seiner Impulse oder Anwandlungen und dafür, dem einen oder anderen Impuls zu widerstehen. Ziele und Interessen, wie ich sie meine, sind naturgemäß relativ stabil und dauerhaft, und sie sind wegen ihrer Langfristigkeit und ihres weiten Geltungsbereichs für die Stabilität und Kontinuität des Lebens überhaupt außerordentlich wichtig. Auf der anderen Seite sind Interessen, die auf unmittelbare Erfordernisse und Bedürfnisse des Lebens beschränkt bleiben, sich also auf momentane Gratifikation und Befriedigung richten, notwendigerweise labil und wechselhaft. Langfristige Interessen, Wertvorstellungen und emotionale Engagements sind genau jene Strukturen, die den vorgegebenen stabilen Kontext bereitstellen, innerhalb dessen ein Impuls oder eine spontane Tendenz bei normalen Menschen auftauchen. Und dieser Kontext übt im Normalfall von Anfang an selektive Wirkungen auf die aufsteigenden Neigungen und Impulse aus, einfach weil die gegebene Interessenlage schon eine bestimmte Richtung vorgibt. Aus diesem Kontext erhält der Impuls emotionale und assoziative Anreicherungen, und ebenso sogt er für die Modifikation und Umgestaltung des Impulsinhaltes. In einem Kontext bereits vorhandener Zuneigung, Bereitschaft zur Intimität und bestimmter Erwartungen an das Leben kann die unmittelbare Reaktion auf eine attraktive junge Frau sich zum Beispiel weiterentwickeln, zusätzlich an Inhalten gewinnen und dauerhaft werden. Die Frau "stimmt einfach". Ohne diesen Kontext muß das Erleben auf den sexuellen Impuls beschränkt bleiben.

So, wie diese Strukturen für die Weiterentwicklung und Modulation eines Impulses sorgen, wirken sie auch außerordentlich stabilisierend, ja bewahrend. Sie stabilisieren das Individuum gegen ein unvermitteltes, automatisches und unterschiedsloses Umsetzen momentaner Impulse oder Reaktionen in Handeln. Mit "stabilisieren gegen" meine ich nicht, daß jemand ganz rigide gegen jeden Impuls oder jede Provokation gewappnet und völlig unsensibel dafür ist. Ich meine nur, daß ein Kontext stabiler, langfristiger Interessen und Wertvorstellungen einen Standpunkt oder eine Perspektive ermöglicht, unter der sozusagen eine Laune auch als Laune erlebt wird: vielleicht als aufregend, interessant oder zumindest ganz nett (oder auch nicht), aber jedenfalls nicht unmittelbar und reflexhaft als die einzige nächste Handlungsmöglichkeit. Insofern bieten solche Strukturen durch die Weiterentwicklung und Stabilisierung des Impulses eine unerläßliche Grundlage absichtlichen, freiwilligen Handelns.

Diese Sichtweise kann übrigens ohne weiteres auf das Konzept der Spannungs- oder Frustrationstoleranz angewendet werden und auch dazu dienen, bestimmte unpsychologische Konnotationen dieses Konzeptes zu korrigieren. Wenn Psychologen von der geringen "Toleranz" impulsiver Menschen gegenüber Frustration oder Spannung allgemein sprechen, meinen sie wohl die begrenzte Fähigkeit, Bedürfnisbefriedigungen aufzuschieben. Zumindest teilweise scheint mir dieses Konzept eine moralische Komponente zu haben.[6] Obwohl diese Beobachtung sicher

6 Und zwar moralisch in dem Sinne, daß impliziert wird, (moralischer) Wille müsse irgendwie in der Lage sein, sich über psychische Notwendigkeiten zu erheben. Ich muß jedoch einräumen, daß ich nicht sicher bin, ob das Konzept der "Toleranz" allgemein in diesem Sinne verstanden wird

einen gewissen deskriptiven Wert hat, wird dabei vernachlässigt, daß dieselbe objektive Frustration von verschiedenen Menschen auch verschieden erlebt wird.

Der normale Mensch "toleriert" eine Frustration oder stellt die Befriedigung seiner Impulse zumindest teilweise deswegen hintan, weil er auch an anderen Dingen interessiert ist; sein Herz hängt an Zielen und Interessen, die unabhängig von der momentanen Frustration sind oder über den Impuls hinausweisen und ihn an subjektiver Bedeutsamkeit übertreffen. Unter diesen Umständen ist das Aufschieben oder Unterlassen nur so schlimm, wie es im Lichte solcher Interessen oder Werthaltungen erscheint. Dabei geht es nicht nur um intellektuelles Abwägen; vielmehr ist es so, daß die Existenz dieser allgemeinen Ziele und Interessen automatisch eine Perspektive, einen Erwartungshorizont herstellt, in dessen Rahmen Impulse oder momentane Frustrationen erlebt werden. Sind solche Ziele oder Interessen nicht vorhanden, so müssen dementsprechend die momentan erfahrene Frustration oder die antizipierte sofortige Befriedigung subjektiv wichtiger werden; und unter dieser Bedingung sind Aufschub oder Versagung undenkbar.[7]

Fehlen die genannten höher entwickelten und stabilen Strukturen, so richten sich die vorherrschenden Interessen des impulsiven Menschen - wie bei dem Patienten mit der Idee, Katastrophenschutz-Ausrüstungen zu verkaufen - auf unmittelbare Vorteile und Befriedigungen. Weiterhin werden seine Interessen dann tendenziell labil und sprunghaft, stimmungsabhängig und abhängig von persönlichen Bedürfnissen und situativen Gele-

---

(oder evtl. in dem Sinne, wie es in der Technik verwendet wird, wo so etwas wie "Spielraum" damit gemeint ist).

7 In seiner Schrift "Das moralische Urteil beim Kinde" gibt JEAN PIAGET die gleiche Analyse von "Willen". Ein Willensakt, meint er, wie etwa einer Ablenkung widerstehen, um die eigene Arbeit fortzuführen, erfordert ein Erleben, bei dem die vordergründige Attraktivität der Ablenkung durch das größere Interesse an der Vollendung der Arbeit übertrumpft wird, das heißt, es muß vorgegebene, langfristig bestimmte Ziele oder Werthaltungen geben. Er faßt wie folgt zusammen: "Ich schließe daraus folgendes: Ein eigener Wille bedeutet, daß man über eine permanente Wertskala verfügt ... und umgekehrt: Keinen Willen zu haben bedeutet, daß man nur instabile und zeitweilige Werte kennt und sich nicht auf eine dauerhafte Werteskala verlassen kann." JEAN PIAGET: Will and Action, Bulletin of the Menninger Clinic, XXVI, No. 3 (May 1962), S. 144.

genheiten. Dieser Kontext von zutiefst egozentrischen und labilen Interessen ist keine Basis für eine ausgeprägte Modulation aufsteigender Impulse oder Tendenzen, und ebensowenig kann er eine Basis für Aufschub oder Versagung unmittelbarer Befriedigung sein. Im Gegenteil, wo eine Orientierung auf unmittelbare Gratifikation oder Befriedigung vorherrscht, wird ein auftretender Impuls wahrscheinlich mit einem wohlgeübten Arsenal an Techniken und Fähigkeiten zu seiner schnellstmöglichen Verwirklichung und Befriedigung geführt werden. Auch dies stellt natürlich einen integrativen Prozeß dar, allerdings einen relativ primitiven, wenn man ihn mit normalen Verarbeitungsprozessen vergleicht.

Wir sollten jedoch im Auge behalten, daß der impulsive Stil in bestimmten Lebensbereichen durchaus adäquat wirken kann, und zwar anscheinend dort, wo ganz allgemein schnelles Handeln oder Sprechen und gerade die Fähigkeiten nützlich sein können, die beim Verfolgen unmittelbarer, egozentrischer Interessen vonnöten sind. So ist zum Beispiel bekannt, daß viele impulsive Menschen eine beachtliche soziale Geschicklichkeit haben und in Gesellschaft oft sehr charmant und anziehend wirken. Sie können, etwa im Gegensatz zum schwerfälligen, überbedachten und irgendwie farblosen Auftreten zwanghafter Menschen, auch eine gewisse spielerische Leichtigkeit ausstrahlen, und bei guter intellektueller Begabung sind sie unter Umständen recht geistreich, witzig und unterhaltsam. Ohne Zweifel sind auch viele - reale und erfundene - "Männer der Tat", also Männer mit exzellentem praktischen Können und der Fähigkeit zu schnellem, unverzüglichen Handeln, durch diesen Funktionsstil charakterisiert. Ich will im folgenden zu zeigen versuchen, daß der mit diesem allgemeinen Stil einhergehende Kognitionsmodus zu dieser Art von Können und Fähigkeiten ebenfalls beiträgt.

Der impulsive Kognitionsmodus

Den auffallenden Mangel an langfristiger Planung bei impulsiven Menschen habe ich bereits erwähnt. Man mag nun meinen, es handele sich um ein spezielles und isoliertes Defizit, das einfach aus der Neigung zum schnellen Handeln resultiert. Tatsächlich jedoch ist die fehlende Planung nur ein Aspekt eines Denk- und Kognitionsstils, bei dem aktive Konzentration, Abstraktions- und Generalisierungsfähigkeit und die Reflexionsfähigkeit allgemein sämtlich beeinträchtigt sind. Die Kognition impulsiver Menschen ist durch eine Insuffizienz aktiver Integrationsprozesse gekennzeichnet, die mit der Insuffizienz integrativer Prozesse im Affektbereich vergleichbar ist.

Als erstes möchte ich näher auf die *Urteilsfähigkeit* dieser Menschen eingehen, denn gerade sie läßt sich besonders leicht beobachten. Jeder, der eine Weile die Urteilsfähigkeit eines impulsiven Menschen beobachtet hat, wird sicher sagen, daß sie eher schwach ist; ferner wird häufig beschrieben, daß Urteile und Entscheidungen willkürlich und unbedacht wirken. So sind impulsive Menschen zum Beispiel bekannt für ihre Neigung, sich Hals über Kopf in aussichtslose Geschäfte oder in Ehen zu stürzen, die gar nicht gut gehen können. Dieses Verhalten hat einen kognitiven Aspekt, nämlich eine Urteilsbildung, die diese Handlungstendenzen unterstützt. Die geschäftlichen Aussichten werden rosig gesehen, obwohl jeder andere schwarz sehen würde; die Frau - man kennt sie zwar erst seit kurzem - ist *die* Frau fürs Leben; und selbst eine zutiefst aussichtslose Straftat wirkt, wie in folgendem Beispiel, als könne man damit noch leicht davonkommen.

Ein 40jähriger Mann kam zur Psychotherapie, nachdem er in seinem bisherigen Leben die verschiedensten Formen impulsiven Verhaltens an den Tag gelegt hatte. Einige Jahre lang hatte er exzessiv gespielt; verschiedentlich hatte er Stellen gekündigt, die eigentlich recht günstig für ihn gewesen waren; und erst kürzlich hatte er mehrere ungedeckte Schecks ausgestellt. Nach einer kurzen Phase der Reue und Zerknirschung, in der er mit mehr Pathos als Überzeugung erklärte, daß es nun sicherlich ein schlechtes Ende mit ihm nehmen würde, beschrieb er auch, was in ihm vorgegangen war, als er die Schecks ausstellte. Er hatte in dem Moment gedacht, daß er "irgendwie" da herauskommen würde, ohne gefaßt zu werden; "wahrscheinlich" werde er das Geld rechtzeitig aus der und der Quelle herbeischaffen können; und falls nicht, hatte er "angenommen", daß er es von dem und dem schon bekommen würde. In Wirklichkeit jedoch, fügte er hinzu, hatte das alles keineswegs funktioniert, und jetzt konnte er auch erkennen, daß keine seiner Vorstellungen realistisch gewesen war; trotzdem hatte er in dem Moment aber genau so gedacht. Er machte nur die eine weitere Bemerkung, daß er heute annehme, daß er es damals "irgendwie eigentlich doch besser wußte".

Seine Geschichte klang überzeugend, so vage er sie auch erzählt hatte. Mit anderen Worten: es klang, als habe er wirklich ungefähr so gedacht, wie er es beschrieben hatte, und als habe er wirklich vage "angenommen", daß er irgendwie davonkommen könnte. Dennoch muß man zustimmen, daß seine letzte Bemerkung, er habe es "eigentlich besser gewußt", in gewissem Sinne berechtigt ist. Seine nachträgliche Analyse zeigt, daß er durchaus klar und vernünftig einschätzen konnte, daß seine Erfolgschancen (oder in diesem Fall: die Chancen, davonzukommen) sehr gering gewesen waren, und es scheint kaum möglich, daß ihm dies erst bewußt geworden sein soll, *nachdem* er die Schecks ausgestellt hatte. Heute kennt er die richtigen Antworten, und ohne Zweifel kannte er sie auch zuvor. Man kann nur den Schluß ziehen, daß er es vermieden hat, sich die richtigen Fragen zu stellen.

Fragenstellen und selbstkritisches, aktives Prüfen des ersten Eindrucks oder vagen Einfalls, das Ordnen von Informationen und das Durchdenken von Möglichkeiten - dieser Prozeß kennzeichnet genau das, was die normale Urteilsbildung ausmacht. Und dieser Prozeß ist genau das, was in der "Urteilsbildung" des impulsiven Menschen fehlt. Diesem Patienten zum Beispiel fehlen nicht relevante Informationen, sondern die aktive, prüfende Aufmerksamkeit und der ordnende Prozeß, der solche Informationen normalerweise nutzbar macht. Natürlich ist das keine Frage von "ganz oder gar nicht", und bei vielen impulsiven Menschen, so auch bei diesem Patienten, taucht durchaus ein Ansatz von selbstkritischer Prüfung auf, aber nur punktuell und insuffizient. So mochte dieser Mann etwa vor einem Einsatz bei einer Pferdewette pro forma über seine Chancen nachdenken, vielleicht sogar ernst und nachdenklich aussehen; indessen war er nur darauf konzentriert, richtig zu tippen.

Der aktive, prüfende und kritische Prozeß, den wir Urteilsbildung nennen, ein Prozeß, den zwanghafte Menschen geradezu andächtig und sehr umständlich ausführen, während normale Menschen ihn relativ flüssig und automatisch vollziehen, ist bei impulsiven Menschen abgekürzt oder gar nicht vorhanden. Ein solcher Prozeß paßt nicht zu ihrem Stil. Wenn situative Faktoren den impulsiven Menschen zum schnellen Handeln auffordern, erleichtert es ihm die Art seiner Urteilsbildung (genauer gesagt, das, was die Urteilsbildung ersetzt), dem sogleich nachzukommen, läßt es "günstig" für ihn aussehen und erlaubt ihm, Einwände oder Komplikationen, die andere Menschen zum Innehalten veranlassen und sonst vielleicht auch ihn zögern lassen würden, nicht wahrzunehmen.

Wenn wir die Urteilsbildung impulsiver Menschen als unterdurchschnittlich bezeichnen, sagen wir also auch etwas über ihre Kognition im allgemeinen aus, nämlich, daß ihr bestimmte aktive Prozesse fehlen. Wo der normale Mensch prüft, abwägt und einen ersten Eindruck von der Sachlage entwickelt, empfindet der Impulsive eine viel unvermitteltere innere Reaktion. Seine ersten Eindrücke, Einfälle oder Vermutungen werden ohne weitere Bearbeitung zur endgültigen Schlußfolgerung. Ich habe oben den hysterischen Kognitionsmodus, der durch ähnliche Defizite gekennzeichnet ist, als impressionistisch beschrieben; impulsive Kognition, bei der das Defizit an aktiver, prüfender und kritischer Aufmerksamkeit noch gravierender ist, kann als "passiv" und "konkret" bezeichnet werden.[8] Was ich mit diesen Begriffen meine, möchte ich mit Hilfe einer weiteren Illustration von impulsiver "Fehleinschätzung" verdeutlichen.

Eine impulsive junge Frau bekam das Angebot, als Geschäftsreisende eine Arbeit zu übernehmen, die unsolide und vielleicht sogar unehrlich war. Es sah jedoch aus, als ob es sich finanziell sehr lohnen würde, und sie brauchte dringend Geld. Diese Tatsache, die Aussicht auf den guten Verdienst, war daher das erste, was sie an dem Angebot beeindruckte, und insoweit war ihre erste Reaktion sicher kaum anders als bei jedem anderen unter ähnlichen Umständen. Es gab jedoch auch einige wichtige unattraktive Seiten an diesem Job. Zahlreiche Reisen durch viele kleine Städte waren notwendig, ohne daß für bequeme Unterkunft gesorgt war, sie mußte sich auf verschiedene freie Mitarbeiter verlassen, die schwer einzuschätzen waren, usw.

Diese ernsten Schattenseiten, die sich später auch bestätigten, wurden in der ersten Beschreibung, die die junge Frau von dieser Stelle gab, durchaus schon deutlich. Dennoch waren sie *ihr* nicht deutlich, das heißt, sie schenkte ihnen keine Aufmerksamkeit. Statt dessen nahm sie die Stelle ohne Umstände an und kündigte sie wenige Wochen später. Inzwischen spürte sie nämlich vorwiegend die Unannehmlichkeiten des Herumreisens, während ihre unbezahlten Rechnungen und die Gläubiger zunehmend in den Hintergrund getreten waren.

Mit dieser Illustration möchte ich mehrere Dinge verdeutlichen: Erstens können wir der Feststellung, daß die Aufmerksamkeit des impulsiven Menschen nicht aktiv und analytisch prüft, hinzufügen, daß seine Aufmerksamkeit recht leicht und gänzlich zu fesseln ist; er ist von irgend etwas beeindruckt, und das ist nicht etwa nur der Ausgangspunkt für einen kognitiv-integrativen Prozeß, sondern im Grunde bereits dessen Abschluß. In die-

8 Der Leser sollte solche Beschreibungen immer mit dem Zusatz "relativ" versehen. Ein Denken, das vollständig passiv und konkret wäre, ist nicht vorstellbar, schon gar nicht bei nichtpsychotischen Menschen. Ich spreche hier also von einer Tendenz im Vergleich zu anderen.

sem Sinne kann seine Kognition als *passiv* bezeichnet werden.[9] Zweitens, wenn er nicht prüft - also diesen Aspekt und jenen Aspekt kritisch untersucht -, nimmt er die Dinge nicht in ihrer potentiellen und logischen Bedeutsamkeit wahr, sondern erkennt nur ihre offensichtlichsten, unmittelbar für ihn relevanten Eigenschaften. In diesem Sinne ist der impulsive Kognitionsmodus relativ *konkret*. So etwa bemerkt die junge Frau in dem oben genannten Beispiel nicht, daß der angebotene Job diverse Fußangeln enthält, sondern läßt sich von der Aussicht fesseln und beeindrucken, ihre drückenden Geldsorgen beheben zu können.

Die Grenzen dieses allgemeinen kognitiven Modus zeigen sich in verschiedenen bekannten Formen, und einige davon sind bereits genannt worden. Planung, Konzentration, logische Objektivität und Reflexionsfähigkeit allgemein sind bei impulsiven Menschen allesamt beeinträchtigt; all dies erfordert eine Art der Kognition, für die der impulsive Charakter nicht ausgestattet ist. Planung erfordert, wie die Urteilsbildung, die Fähigkeit, seine Aufmerksamkeit verschiedenen Möglichkeiten zuzuwenden, anstatt sie nur auf das zu richten, was momentan beeindruckt. Kognition, die konkret ist, ist im allgemeinen unweigerlich durch das Gegenwärtige dominiert und die Bedeutsamkeit der fernen Zukunft schrumpft. Konzentrationsfähigkeit setzt eine klar fokussierende, dauerhafte Aufmerksamkeit und intensives Hinschauen voraus; sie ist immer beeinträchtigt, wenn der vorherrschende kognitive Modus passiv-reagierend ist und das Individuum daher von der nächstbesten Auffälligkeit, die ihm in die Quere kommt, abgelenkt werden kann.[10] Reflexionsfähigkeit impliziert im allgemeinen, daß man eine Situation in Gedanken von allen Seiten betrachten kann, also wiederum ein aktives Wandern der Aufmerksamkeit von diesem Aspekt zu jenem.

9 Der Begriff "passiv" ist hier in einer ganz ähnlichen Bedeutung gebraucht wie bei DAVID RAPAPORT: "Some Metapsychological Considerations Concerning Activity and Passitivity." (unveröffentl. Manuskript 1953). Siehe auch: DAVID SHAPIRO: Color Response and Perceptual Passivity. In: Journal of Projective Techniques, XX, No. 1 (1956), S. 52-69.

10 Diese Störung ist bei Testpsychologen wohlbekannt. Sie spiegelt sich zum Beispiel im relativ schlechten Abschneiden dieser Menschen beim arithmetischen Test der Wechsler-Bellevue-Intelligenzskala. Ebenso evident wird sie in ihrem allgemeinen Verhalten während des Tests, zum Beispiel, wenn sie nur einen kurzen Blick auf die Rorschach-Tafel werfen und sie kaum jemals eingehend betrachten.

Ganz ähnlich erfordert objektive Betrachtung - oder das, was manchmal die Fähigkeit "innerlich Abstand zu nehmen" genannt wird - eine Aufmerksamkeit, die sich nicht nur auf das richtet, was momentan interessant, faszinierend oder relevant für die Belange des Betrachters scheint, sondern auch auf das, was in einem allgemeineren oder langfristigeren Sinn bedeutsam sein könnte. Passive, konkrete Kognition ist daher nie objektive Kognition, sondern im großen und ganzen egozentrisch.

Auch hier muß ich jedoch betonen, daß ich bei der Beschreibung dieser Beeinträchtigungen nur vergleichend vorgehe. Die Intelligenz impulsiver Charaktere ist keine planende, abstrahierende und reflektierende Intelligenz, aber deshalb ist sie nicht lahmgelegt oder desorganisiert. Im Gegenteil, oft haben diese Menschen eine brillante praktische Intelligenz, mit anderen Worten: eine Intelligenz, die für die kompetente Ausführung ihrer kurzfristigen unmittelbaren Ziele genau richtig ist. Selbst außerordentlich impulsive Menschen, denen Planung oder Reflexion überhaupt fremd sind, können mit beträchtlicher Effektivität funktionieren, wenn sie fast gleichzeitig mit dem ersten Eindruck genau die Aspekte einer Situation erfassen, die für ihre unmittelbarsten persönlichen Interessen relevant sind. Sie "funktionieren", und das unter Umständen virtuos. Dazu folgendes Beispiel:

Bei einem Gefängnisbesuch ging ich mit dem Gefängnispsychologen über einen Hof, auf dem sich viele Gefangene aufhielten. Wir hatten nur einen kurzen Weg zu einem anderen Gebäude und waren erst seit wenigen Minuten auf dem Hof, als sich uns ein Häftling näherte, direkt auf meinen Gastgeber zu ging und mit beträchtlichem Charme den Wunsch nach einer speziellen Vergünstigung an ihn richtete. Aus seinem Verhalten war deutlich, daß er schnell erfaßt hatte, daß die Gegenwart des Psychologen im Hof und die Tatsache, daß er in Begleitung war, eine exzellente Gelegenheit bot, der Bitte Nachdruck zu verleihen. Später wurde mir dieser junge Mann als intelligent, aber extrem impulsiv und psychopathisch beschrieben; er war ein mehrfacher Wiederholungstäter und hatte auch im Gefängnis genau wie draußen regelmäßig Probleme mit seinen Mitmenschen. Hier war also bei einem Mann, der wahrscheinlich weder planvoll noch reflektiert oder mit guter Urteilsfähigkeit vorgehen konnte, trotz seines unmittelbaren, hoch egozentrischen Denkens eine gewisse Effektivität nicht zu leugnen.

Übrigens erhebt sich bei diesem Beispiel auch eine interessante Frage zu dem verbreiteten Glauben, daß diese Menschen zur Empathie kaum fähig sind. Mir schien vielmehr, daß dieser

Mann eine recht beeindruckende, wenn auch sehr eingeschränkte empathische Wahrnehmung bewies. Aller Wahrscheinlichkeit nach interessierte er sich nicht für die Gefühle des Psychologen als solche und wird sie auch kaum wahrgenommen haben. Seine Wahrnehmung und sein Interesse waren sicher grundsätzlich auf das beschränkt, was momentan für seine aktuellen Bedürfnisse relevant war, jedoch war es eine außerordentlich sensible Wahrnehmung. Mir scheint unwichtig, ob man dies nun "Empathie" nennt oder nicht. Auf jeden Fall handelt es sich um eine Art psychologischer Sensitivität, die man bei vielen narzißtisch-impulsiven Menschen findet. Trotz ihres begrenzten oder rein ausbeuterischen Interesses an anderen Menschen sind sie dennoch recht geübt in den sozialen Manipulationen, die ihren Interessen dienlich sind.

Interessant ist, daß kognitive Prozesse beim impulsiven Individuum nicht denselben Stellenwert einnehmen wie bei normalen Menschen, insbesondere, was unmittelbare Bedürfnisse oder Impulse betrifft. Normalerweise betrachten wir kognitive und Denkprozesse insgesamt als Faktoren, die dem Individuum Stabilität vermitteln. Planung, Reflexion, Urteilsfähigkeit und Objektivität haben beim normalen Funktionieren den Sinn, das Individuum gegen sprunghafte und impulsive Handlungen zu stabilisieren. So wird zum Beispiel der Impuls, eine Arbeitsstelle zu kündigen, weil man an einem bestimmten Tag besonders frustriert ist, durch die Überlegung neutralisiert, daß die Arbeit meistens nicht frustrierend oder eine notwendige Stufe zu einer besseren Stelle ist. Manchmal schützt also die Reflexion vor aufsteigenden Impulsen; und manchmal trägt sie dazu bei, daß ein Einfall oder Impuls in ein aktives und dauerhaftes Ziel oder Bestreben weiterentwickelt wird. Auf jeden Fall schützt die Kognition des normalen Menschen ihn zusammen mit den beschriebenen, stabilen affektiven Strukturen gegen die unmittelbare Entladung unmodulierter Impulse.

Im Falle des impulsiven Charakters jedoch übt die Kognition nicht eine solche stabilisierende Funktion aus. Hier ist die Wahrnehmung dominiert durch das, was unmittelbar beeindruckt und persönlich relevant ist, das heißt, durch das, was den momentanen Bedürfnissen oder Impulsen Rechnung trägt. Der impulsive Mensch überlegt nicht weiter, er schafft sich keinen "inneren Abstand", und sein Bewußtsein für langfristige oder unerläßliche Überlegungen ist begrenzt. Ein solcher kognitiver

Modus kann nicht gegen vorschnelles, impulsbedingtes Handeln stabilisieren; im Gegenteil, er *unterstützt* die unmittelbare Impulsumsetzung noch.

Man kann sogar noch weiter gehen. Aus der Perspektive solcher Kognitionen kann die Welt nur als diskontinuierlich und wechselhaft erlebt werden - als eine Serie von Gelegenheiten, Versuchungen, Frustrationen, sensorischem Erleben und fragmentarischen Eindrücken. Eine solche Kognition und ein solches Erleben der Welt können nicht nur nicht gegen impulsives Handeln stabilisieren, sondern fördern es sogar. Wo zum Beispiel die Wahrnehmung und das Erleben von der momentanen Frustration am Arbeitsplatz dominiert werden, und wo kein Sinn für Verhältnismäßigkeit oder Zukunftsperspektiven vorhanden ist, da wird es kein Halten geben. In der Tat ist unter den Bedingungen einer so gearteten subjektiven Welt Zurückhaltung unsinnig, und dann kann die Intelligenz nur die Funktion haben, das schnelle Handeln so perfekt wie möglich zu gestalten.

Insofern sind der kognitive und der affektive Modus des impulsiven Stils eng verzahnt, und es ist im Grunde unmöglich, sie voneinander zu trennen. Jeder von ihnen könnte den psychologischen Primat beanspruchen. Man könnte mit anderen Worten argumentieren, daß der impulsive Mensch nicht über das unmittelbar Relevante hinaus prüft und nachdenkt, weil seine Interessen und emotionalen Engagements auf unmittelbare Gratifikationen und Befriedigung beschränkt sind. Genauso könnte man aber umgekehrt argumentieren, daß die Beschränkung seiner Kognition und die Dominanz des unmittelbar Beeindruckenden, Konkreten und persönlich Relevanten in seiner Wahrnehmung die Entwicklung langfristiger Interessen oder dauerhafter Ziele und Werthaltungen verhindert. Meines Erachtens sind solche Argumente trügerisch. Beide Funktionsbereiche samt ihren dazugehörenden Modi existieren miteinander, beide sind ohne den anderen kaum vorstellbar, und aller Wahrscheinlichkeit nach entwickeln sie sich simultan. Beide Modi haben grundlegende Probleme gemeinsam: Die Unmittelbarkeit des Erlebens und der Ausdruck des Impulses finden ihre Parallele in der Unmittelbarkeit kognitiver Reaktionen. Die Insuffizienz grundlegender affektiver Strukturen, die für eine integrative Weiterentwicklung eines Impulses notwendig wären, findet ihre Parallele in der Insuffizienz der kognitiven Grundausstattung. Ein klarer Sinn für objektive, unabhängige Realitäten, für Stetigkeit, für Zeit und ähnliches wäre zum Beispiel Teil dieser kognitiven Grundausstattung, die bei solchen Menschen aber unzureichend ist. Hier jedoch begeben wir uns auf das Terrain der Entwicklungspsychologie.

Bevor ich im folgenden das allgemeine Verständnis des impulsiven Stils auf zwei spezielle Spielarten desselben anwende, möchte ich noch auf ein Problem zurückkommen, das ich in der Einleitung ansprach. Es handelt sich meines Erachtens um ein Grundproblem beim Verstehen und in der Behandlung impulsiver Menschen, und in seiner Lösung lassen sich auch ohne weiteres einige Grundzüge dieses Stils zusammenfassen.

Ich möchte das Problem in Form einer imaginären Frage eines impulsiven Patienten vorstellen:

"Sehen Sie, ich habe mich einfach nicht unter Kontrolle. Ich kann diese Impulse nicht steuern. Ich weiß, daß die Leute recht haben, wenn sie mir sagen, daß ich Probleme bekommen werde, aber ich kann nicht anders. Sie stimmen mir bestimmt zu, daß ich nicht anders kann. Ich weiß, daß Sie deterministisch denken und daß Sie die Macht des Unbewußten anerkennen. Sie stimmen mir doch zu, oder?"

Wie können wir diese Frage beantworten, nicht nur dem Patienten, sondern auch für uns selbst? Wie können wir ihm zustimmen, daß wir in der Tat deterministisch denken und die Macht des Unbewußten anerkennen, ohne dies so zu tun, daß er das für seine Zwecke nutzbar machen kann? Das "Marionetten-Modell" der Psychiatrie (siehe S. 27ff.) hilft uns hier nicht weiter; es würde uns zwingen, einfach mit "Ja" zu antworten. Es gibt aber noch eine andere Möglichkeit:

"Nein, ich kann Ihrer Aussage nicht zustimmen, denn wenn Sie sagen, daß Sie nicht anders 'können', steht ja dahinter, daß Sie es anders wollen würden; zumindest schiene es Ihr vorherrschender bewußter Wunsch zu sein. Und das glaube ich nicht. Ihre Gefühle sind in dem Moment wahrscheinlich sehr gemischt. Vielleicht spüren Sie, daß andere Leute meinen, Sie sollten es bleiben lassen, vielleicht spüren Sie sogar selbst, daß Sie es lassen sollten und bereuen es manchmal, daß Sie es dennoch tun; und ich meine, wenn Sie von sich selber denken müßten, daß Sie es absichtlich tun, würden Sie sich dabei sogar noch unwohler fühlen. Aber all das ist etwas anderes als der eigene Wunsch, es nicht zu tun.

Sie sprachen davon, daß Sie stets wissen, daß Sie langfristig Probleme bekommen werden, aber darüber würde ich genau das gleiche sagen. Sie spüren vielleicht, daß Sie auf die langfristigen Ergebnisse mehr achten sollten, sich mehr darum kümmern sollten, und daß Sie Ihnen wichtiger sein sollten als die momentane Befriedigung. Aber ich glaube nicht, daß Sie Ihnen in dem Moment wichtig *sind* oder daß so etwas Sie *wirklich* interessiert.

Und darum kann ich Ihnen nicht zustimmen, wenn Sie sagen, 'Ich kann einfach nicht anders', denn ich glaube nicht, daß Sie daran ein echtes Interesse hätten. Aber in einem Punkt haben Sie sicher recht - ich denke deterministisch, und ich glaube nicht, daß Sie oder andere willentlich kontrollieren können, was Sie wollen oder nicht wollen oder wonach Sie streben und wonach Sie nicht streben."[11]

11 Diese Ausführungen verdanken sich in vieler Hinsicht den therapeutischen Ideen von HELLMUTH KAISER. Siehe HELLMUTH KAISER: The Problem of Responsibility in Psychotherapy. In: Psychiatry, 18, Nr. 3 (1955), S. 208-209.

6. Der impulsive Stil: Varianten

In diesem Kapitel soll kurz auf bestimmte Eigenheiten zweier spezieller Varianten des impulsiven Stils eingegangen werden, nämlich des psychopathischen und des passiven Charakters. Ich führe diese Varianten nicht nur deshalb an, weil sie interessant und wichtig sind, sondern auch, um die Bandbreite dieses Stils beispielhaft zu demonstrieren. Weiter ergibt sich bei beiden die Möglichkeit, einige Probleme von allgemeinerer Bedeutung zu diskutieren.

Einige psychopathische Persönlichkeitszüge

In vieler Hinsicht ist der Psychopath sozusagen der Modellfall des impulsiven Stils. Bei ihm ist alles das gravierend und durchgängig vorhanden, was bei anderen nur eine Neigung oder Tendenz ist. Er handelt aus einer Laune heraus, sein Ziel ist der schnelle, konkrete Erfolg, und seine Interessen und Talente liegen darin, Mittel und Wege dafür zu finden. Über einen längeren Zeitraum betrachtet wirkt sein Verhalten in der Regel sprunghaft, kurzfristig gesehen wirkt er jedoch oft recht kompetent. Ich möchte hier aufzeigen, wie einige seiner Persönlichkeitszüge - die unzureichende Gewissensbildung und die Neigung zu Lüge und Unehrlichkeit - mit den allgemeinen Formen impulsiven Funktionierens konform gehen, und wie man sie innerhalb dieses allgemeinen Stils als spezielle Probleme eines Spezialfalls ansehen kann.

Moral und Gewissen

Aus psychoanalytischer Sicht entsteht das Über-Ich aus dem Einfluß äußerer Autoritäten und Sanktionen auf das Kind mit seiner Triebstruktur, wobei als Resultat dieses Prozesses eine Internalisierung (Introjektion) der besagten Autoritäten und Sanktionen entsteht. Für die individuelle Ausprägung des Über-Ichs (oder der pathologischen Über-Ich-Bildung) sind also zwei Quellen unterschiedlicher Relevanz in Rechnung zu stellen: erstens die individuelle Eigenheit und Intensität der kindlichen Triebstruktur und zweitens und hauptsächlich die Natur dessen, was als Material für die Internalisierung zur Verfügung steht. So werden zum Beispiel pathologische Über-Ich-Bildungen im allgemeinen auf die Abwesenheit, Inkonsistenz oder extreme Härte elterlicher Autorität zurückgeführt.

Es scheint mir jedoch sinnvoll, diesen beiden allgemeinen Determinanten des Über-Ichs eine dritte hinzuzufügen: Den Status verschiedener Ich-Funktionen, speziell den Modus des Denkens, die vorherrschenden Formen emotionalen Erlebens und ähnliches, die an der Transformation äußerer Autorität in innere Haltungen, Erlebensformen und Affekte beteiligt sind. Wie die Antwort auf die Frage nach den ursprünglichen Determinanten des Über-Ichs auch ausfallen mag: Ohne Zweifel kann die Gestalt des Über-Ichs beim Erwachsenen (genauer: jener Über-Ich-Anteile und Manifestationen, die vom Individuum bewußt erlebt werden - Gewissen, Moralvorstellungen usw.) nicht unabhängig von den Modi des Denkens und subjektiven Erlebens gedacht werden, die ihn allgemein charakterisieren.

Es erhebt sich folgende Frage: Welche allgemeinen Modi des Denkens und subjektiven Erlebens bilden die Grundlage für eine normale Gewissensbildung und Moralentwicklung? Und weiter: Sind im Kontext der oben beschriebenen impulsiven Funktionsmodi normale Moralvorstellungen und Gewissensbildungsprozesse vorstellbar? Ich will versuchen, diese Frage zu beantworten, wenn die Antwort auch knapp und unvollständig ausfallen muß.

Dazu ist es sinnvoll, das Problem moralischer Wertvorstellungen vom Problem des Gewissens zu trennen. Betrachten wir zunächst die Natur moralischer Wertvorstellungen, verstanden als Interessen oder Zielvorstellungen. Solche Moralvorstellungen wie Gerechtigkeit, Wahrhaftigkeit oder persönliche Integrität sind zunächst einmal außerordentlich abstrakte Interessen und Ziele. Sie sind Ideale. Hier soll abstrakten Prinzipien nachgekommen werden; ob und wie weit das gelingt, ist oft nur schwer feststellbar; und insgesamt muß man hier langfristig denken. Zudem sind diese Moralvorstellungen in gewissem Sinne überpersönlich, das heißt, sie sind gewissermaßen objektiv definiert und relativ unabhängig von unmittelbaren persönlichen Neigungen oder Interessen. So kann zum Beispiel das Verhalten, das jemandem gut und richtig erscheint, zugleich einen unmittelbaren Vorteil für ihn bedeuten oder aber seinen Interessen zuwiderlaufen; wenn nun Gerechtigkeit ein hoher Wert für ihn ist, wird sie ihm selbst im zweiten Falle mehr bedeuten als ein unmittelbarer Vorteil. Weiter ist eindeutig, daß moralische Werte und Ideale, wenn sie denn überhaupt subjektiv wichtig sind, relativ stabil und kontinuierlich sind. Werte, und vielleicht Ideale im allgemeinen, müssen also als hoch entwickelte und differenzierte Ziele und Interessen verstanden werden; sie widersprechen dem Interesse an konkreten, unmittelbaren Befriedigungsmöglichkeiten nicht nur inhaltlich, sondern auch in ihrer Form.

Moralische Werthaltungen erfordern daher ein bestimmtes affektives Entwicklungsniveau, eine allgemeine Fähigkeit, sich für relativ abstrakte und von persönlichen Interessen unabhängige Ziele und Werte emotional zu engagieren. Wahrscheinlich sind moralische Werthaltungen auch ohne ein bestimmtes kognitives Entwicklungsniveau nicht denkbar: Allgemeine Prinzipien zu achten und zu schätzen, erfordert die Fähigkeit, langfristig zu denken und über sich selbst nachdenken zu können. Es verwundert daher nicht, daß moralische Werte wie Gerechtigkeit und ähnliches sich bei normalen Kindern nur langsam und über einen langen Zeitraum hinweg entwickeln.[1] Kaum vorstellbar ist, daß sich solche Werte und Ideale im Kontext eines allgemeinen Stils entwickeln können, der nur das Interesse an unmittelbarer, konkreter Bedürfnisbefriedigung kennt und bei dem das Bewußtsein vom persönlich relevanten Gegenwärtigen dominiert wird.

Nun kann man einwenden, daß Moralvorstellungen nicht unbedingt nur das Respektieren abstrakter Prinzipien und Ideale erfordern, sondern daß auch persönliche Interessen und in gewissem Sinne auch praktische Gründe dabei eine Rolle spielen. So wird der Menschenrechtler anführen, sein Eintreten für soziale Gerechtigkeit sei nicht nur eine Prinzipienfrage, sondern habe auch mit einer umfassenden Menschenliebe zu tun; der Soziologe mag darauf hinweisen, daß Respekt vor Gesetzen und sozialen Regulationsprinzipien soziale Notwendigkeiten sind, die Schutz und Vorteile für jeden einzelnen bieten; der Wissenschaftler mag sagen, daß er der Wahrhaftigkeit verpflichtet sei,

---

1 Siehe JEAN PIAGET: Das moralische Urteil beim Kinde. Frankfurt/Main 1973.

weil ohne sie keine Wissenschaft möglich ist; und der Künstler kann versichern, daß sich seine hohen Leistungen keinem geringeren moralischen Wert als seiner Hingabe an die Kunst verdanken.

In der Tat stehen abstrakte Moralwerte, Prinzipien und Ideale in der Regel im Kontext anderer, quasi-moralischer Werte und Interessen sozialer, ideologischer, intellektueller oder sogar ästhetischer Art. Aber alle diese Werte, Ziele oder Interessen sind recht abstrakt, alle sind langfristig angelegt und relativ unabhängig von unmittelbaren, konkreten Vorteilen für das Individuum. Im Gegenteil, jedes einzelne kann einem unmittelbaren individuellen Vorteil zuwiderlaufen. Mit anderen Worten: Es sind recht hoch entwickelte, stabile und kontinuierlich bestehende Ziele und Interessen, und auch diese Interessen erfordern doch wohl eine relativ hoch entwickelte affektive Struktur sowie eine Kognition, die problemlos und gewohnheitsmäßig über das unmittelbar relevante Gegenwärtige hinausreicht. Auch diese quasi-moralischen Werte und Interessen, die von moralischen Idealen nur undeutlich zu trennen sind, werden daher kaum bei durchgängig impulsiven Charakteren auftreten. Sie haben weder die affektive noch die kognitive Ausstattung dafür.

Erleben und Funktion des Gewissens sind keineswegs mit moralischen Wertvorstellungen gleichzusetzen. Beim Gewissen ist ein andersartiges Erleben beteiligt - das Erleben eines "ich sollte" oder "ich müßte" (vgl. Kapitel 2). Das "sollte" oder "müßte" des Gewissens hat immer einen Bezug auf einen moralischen Standard - "ich sollte" (mit Rücksicht auf...) - manchmal in Form eines generellen moralischen Prinzips, aber manchmal auch nur in Form einer konkreten Autorität, einer Respektsperson. Außerdem ist es notwendig, die eigene Person oder die eigene Handlung vom Standpunkt der betreffenden Autoritätsperson oder der Prinzipien aus betrachten zu können, oft auch mißbilligend. Diese Sicht seiner selbst "von außen" ist gemeint, wenn wir von der "Stimme des Gewissens" sprechen.

Das Erleben von "Gewissen" ist daher abhängig von der Fähigkeit des Individuums, sich in bestimmter Weise von sich selbst zu distanzieren, sich selbstkritisch zu betrachten und zu erforschen. Selbstkritisches Prüfen seines Verhaltens - beim Zwanghaften etwa wird im Grunde jede einzelne Handlung geprüft - im Lichte eines moralischen Prinzips kann manchmal recht abstrakte Dimensionen und Überlegungen mit einbeziehen. So mag ein Verhalten (das kann auch ein Gedanke oder ein Motiv sein) auf seine implizite oder potentielle moralische Bedeutung hin geprüft werden, daraufhin, was es moralisch "bedeutet", was passieren würde, wenn das jeder täte usw. - was mit der praktischen Bedeutung nur wenig zu tun hat.

So befand ein Patient zum Beispiel, daß es falsch sei, zu Prostituierten zu gehen, weil diese Handlung implizit die Prostitution als solche mit all ihren Übeln und Ungerechtigkeiten rechtfertigt und unterstützt; die tatsächlichen Konsequenzen der Handlung als solcher spielten für ihn kaum eine Rolle.

Aber selbst, wenn die selbstkritische Prüfung von einem konkreteren Standpunkt her erfolgt - zum Beispiel: "Was würde mein Vater (Lehrer, Chef) darüber denken?" - ist eine vom eigenen Ich losgelöste Aufmerksamkeit erforderlich, die sich auf das Denken und Verhalten des Individuums selbst richtet und diesen oder jenen Aspekt von diesem - fremden - Standpunkt aus beurteilt.

Eine solche vom eigenen Ich abgelöste und selbstkritische Aufmerksamkeit findet sich unter allen neurotischen Stilen wohl am deutlichsten beim Zwanghaften; sie zeigt sich in seinem Gewissen, in seinen Zweifeln und in dem besonders typischen Symptom, das irgendwo zwischen Zweifel und Gewissensnöten anzusiedeln ist: Sich-Sorgen-Machen. Ausgesprochen fremd jedoch sind diese Formen des Denkens dem impulsiven Stil. Ich meine damit nicht, daß impulsive Charaktere niemals Gewissensbisse erleben, sondern folgendes: Je durchgängiger ein Mensch durch diesen Stil charakterisiert ist, desto oberflächlicher und kurzlebiger wird sein Gewissen sein.

Eine egozentrische und an passiv-unmittelbarer Konkretheit orientierte Kognition erlaubt keine selbstkritische Prüfung. Vielmehr kann, das habe ich hier zu zeigen versucht, die allgemeine Fähigkeit zu selbstkritischer Betrachtung und aktiv-prüfender, sachlicher Aufmerksamkeit bei diesem Stil so weit eingeschränkt sein, daß selbst der gesunde Menschenverstand und logisches Denken zuweilen beeinträchtigt sind. Wenn man davon ausgeht, daß eine selbstkritische "innere Stimme" bei der Urteilsbildung eine formale Ähnlichkeit mit dem Gewissen hat, läßt sich auch sagen, daß letzteres wohl nicht besonders entwikkelt sein kann, wenn sogar die gedanklichen Voraussetzungen für erstere fehlen. Ganz ähnlich kann man sich fragen, ob eine Denkweise, die selbst das, was logischerweise potentiell oder implizit bedeutsam ist, zugunsten unmittelbar eindrücklicher oder Ich-relevanter Aspekte mißachtet, überhaupt dazu kommen wird, sich mit potentieller oder impliziter moralischer Bedeutsamkeit zu befassen. Insgesamt und mit anderen Worten: Ein Individuum, das eine momentane Versuchung zu handeln nicht im Hinblick darauf überdenkt, welche logischen Konsequenzen daraus folgen, wird wahrscheinlich ebensowenig dieses Handeln im Hinblick auf abstrakte moralische Bedeutungen überdenken, also etwa: Was ein solches Verhalten für die allgemeine soziale Ordnung hieße, wenn es jeder täte, oder ähnliches.

Ein letzter Punkt soll hier noch angefügt werden: Wenn es zutrifft, daß ein durch diesen Stil extrem charakterisierter Mensch weder gewohnt noch dafür ausgestattet ist, selbstkritisch (auch im Sinne einer Gewissensbildung) zu denken, dann fehlt diesen Menschen auch eine andere ebenso grundlegende Basis, und zwar im allgemeinen Handlungsmodus wie im subjektiven Handlungserleben. Ich meine das bei diesen Menschen generell beeinträchtigte Gefühl der eigenen Absicht, Freiwilligkeit und Intentionalität und das allgemeine Fehlen von Phasen, die der Handlungsvorbereitung dienen würden. Nicht nur, daß diese Vorbereitungsphasen - Planung, Antizipation usw. - die normalerweise wohl entscheidende Phase für eine Intervention des Gewissens darstellen, sondern auch, daß moralische Verantwortlichkeit nur empfunden werden kann, wenn das Gefühl der Verantwortlichkeit für das eigene Handeln, also Intentionalität und Freiwilligkeit, als Voraussetzung gegeben sind. Wenn ein Mensch durchgängig zu unmittelbar handelt, um noch das Gewicht des eigenen Wünschens, Durchdenkens, Entscheidens und schließlich Tuns zu empfinden, dann fällt nicht nur die entscheidende Zeit fort, in der das Gewissen eingreifen könnte, sondern ebenso ein bedeutsamer Teil der individuellen Subjektivität überhaupt.

Dazu ist bei psychopathischen Menschen häufig eine bemerkenswerte Haltung zu beobachten, wenn es um eine Handlung geht, die jedem anderen Gewissenbisse bereiten würde; es ist die Haltung "so ist nun mal das Leben", und sie besagt: "Zu schade, aber keiner hat Schuld - jeder andere hätte unter diesen Umständen dasselbe getan." Mir erscheint diese Haltung deswegen bemerkenswert, weil sie nicht nur ein fehlendes Gewissen dokumentiert, sondern auch das fehlende Gefühl, sich für diese spezielle Handlungsweise entschieden zu haben, also freiwillig und absichtlich angesichts alternativer Möglichkeiten so und nicht anders gehandelt zu haben.

Ein Straftäter zum Beispiel, der eine Bar betrieben hatte, wurde von einem Fernsehjournalisten gefragt, warum er einen Kunden in seiner Nähe brutal verletzt hatte. Er antwortete mit einem leichten Achselzucken, daß dieser (unbewaffnete) Kunde sich auf ihn zubewegt hatte, und seine Antwort schien zu implizieren, daß seine Reaktion einfach wie ein Reflex auch von jedem anderen hätte kommen können. Es war ganz deutlich, daß er die zahllosen Handlungsalternativen - Rückzug, Drohungen und ähnliches -, die objektiv möglich gewesen wären, vollständig ausblendete.

Demnach sind Moral und Gewissen nicht elementare psychische Fähigkeiten, sondern hängen von etlichen kognitiven und affektiven Funktionen ab. Die Moralität wird also unter bestimmten Bedingungen wachsen und gedeihen und ihrerseits verschiedene allgemeine Aspekte des Gesamtstils beeinflussen oder vielleicht erst ermöglichen, während das unter anderen Bedingungen nicht der Fall sein kann. Beim impulsiven Stil, der ja den breiten diagnostischen Bereich umfaßt, den ich zu Beginn des vorigen Kapitels angeführt habe, werden moralische Grundhaltungen wahrscheinlich relativ unterentwickelt und ohne Einfluß bleiben, so daß die Gewissensbildung oberflächlich bleibt. Dieser Persönlichkeitszug wird jedoch oft jener affektiv und kognitiv primitiveren Stilvariante zugeschrieben, die wir als "psychopathischen Charakter" bezeichnen, und wird sogar oft - fälschlicherweise - als Hauptdefinitionskriterium angesehen. Der Psychopath lehnt moralische Haltungen nicht unbedingt ab, und erst recht lehnt er konventionelle Moralvorstellungen nicht etwa aus Prinzip ab (weil er vielleicht anderen Werten, die er für sich entwickelt hat, den Vorrang gäbe); zutreffender ist die Behauptung, daß ihn Moral und moralische Werte einfach nicht interessieren. Das heißt, daß er kein Interesse an einem System moralischer Werte oder Prinzipien (als etwas, woran man glauben kann) hat, obwohl er ausgesprochen präzise in der Lage sein kann, soziale Moralvorstellungen als einen Faktor wahrzunehmen, der einkalkuliert werden muß - dem man sich zum Beispiel beugt, wenn es sich aus praktischen Gründen empfiehlt. Vom moralischen Standpunkt aus ist er daher ein Zyniker; von seinem eigenen konkreten und praktischen Standpunkt her versucht er lediglich, aus allem das Beste zu machen.[2]

2 Ich weiß, daß manche Psychiater und Psychologen, besonders jene ohne viel Institutionserfahrung, bestreiten, daß große Unterschiede im Bewußt-

Lüge und Unehrlichkeit sind bei psychopathischen Charakteren hinreichend bekannt, und offensichtlich hängen sie mit einem Defizit an moralischen Werthaltungen und an Gewissen zusammen. Dieser Zusammenhang kann auf zweierlei Weise verstanden werden: Erstens können diese Züge einfach eine Folge mangelnden Gewissens, mangelnden Verantwortungsgefühls oder mangelnder Ehrlichkeit und Wahrhaftigkeit sein; so wird es wohl meistens gesehen. Es gibt jedoch eine zweite Möglichkeit, die mir plausibler erscheint: daß der Mangel an Gewissen und Moral auf der einen Seite und die Unehrlichkeit und Lüge auf der anderen Seite, unabhängig voneinander auf dieselben allgemeinen psychopathischen Funktionsmodi zurückzuführen sind. Eine interessante Entdeckung der Testpsychologie scheint diese Sicht zu stützen. Es wurde festgestellt, daß die psychopathische Tendenz zum Lügen und Fabulieren aus projektiven Tests eruiert werden kann, obwohl diese nur Vorstellungen, keine Fakten, abfragen. Es gibt, anders gesagt, in diesen Tests keine Verpflichtung, "die Wahrheit zu sagen", keine Möglichkeit, im eigentlichen Sinne zu lügen, und so können keine wirklichen Gewissensprobleme auftreten. Dennoch ist es möglich, bestimmte Denkformen zu identifizieren, die für Menschen, die leicht zum Lügen und zur Unehrlichkeit neigen, charakteristisch sind. So erhebt sich die Frage, welche speziellen Denkformen denn das psychopathische Fabulieren charakterisieren.

Die Tatsache, daß psychopathische Menschen in der Lage sind, unehrlich zu sein oder zu lügen, unterscheidet sie keineswegs von anderen. Selbst die Tatsache, daß sie öfter unehrlich sind als andere, ist nur eine grobe Unterscheidung, denn letztlich sind für jeden Menschen Umstände denkbar, unter denen er fortgesetzt unehrlich sein und lügen müßte. Recht deutlich jedoch unterscheidet sich der Psychopath von anderen darin, daß er so leichtherzig und ungebrochen lügen kann. Er hat, wie man sagt, auf alles eine Antwort, "man kriegt ihn nicht zu fassen".

---

sein oder Moralempfinden wirklich existieren, und sogar die Existenz von Psychopathen "alten Stils" leugnen. Weder bei diesen noch bei anderen Stilen glaube ich, daß die Typen als solche, sozusagen pur, existieren; ich meine jedoch, daß solche Leute offensichtliche Fakten ignorieren, zum Teil vielleicht deshalb, weil sie ausschließlich mit Psychodynamik und Vorstellungsinhalten beschäftigt sind.

Diese spontan-unreflektierte Zungenfertigkeit ist eine spezielle und in mancher Hinsicht extreme Form des impulsiven Denk- und Verhaltensstils. Es geht darum, daß eine Idee nicht das Ergebnis von Absicht und Überlegung ist, sondern daß es sich um einen Einfall oder flüchtigen Gedanken handelt, der ohne kritische Prüfung geäußert wird, sozusagen "aus dem Bauch heraus". Auf eine direkte Frage wie auch auf ein Rorschach-Testbild reagiert der Psychopath so, wie es ihm gerade einfällt, oder je nach Laune oder den äußeren Umständen.

Aus diesem Grund hat man leicht den Eindruck, daß seine prompten Antworten nicht das sind, was er "wirklich" denkt, oder daß er kaum "wirklich" meinen kann, was er sagt, ganz gleich, ob er im Einzelfall die Wahrheit sagt oder nicht. Und ganz sicher zögert er fünf Minuten später nicht, etwas ganz anderes zu sagen. Dem psychopathischen Charakter fehlt jener Sinn für Objektivität, Intentionalität oder Folgerichtigkeit, der dem normalen Menschen selbst beim Tagträumen noch eigen ist, das heißt auch dann, wenn die üblichen Zwänge der Realität bewußt ausgeblendet werden. Dabei geht es nicht darum, daß der Normale mehr oder der Psychopath weniger moralische Skrupel hat. Vielmehr geht es darum, woran sich das Interesse orientiert, und um automatische kognitive Tendenzen. Die Promptheit und selbstunkritische Unmittelbarkeit des psychopathischen Denkens und Assoziierens sind nicht per se schon Lüge und Unehrlichkeit, vielmehr reduzieren und verwischen sie die subjektive Distanz zwischen Ehrlichkeit und Unehrlichkeit; das schafft eine der konstituierenden Grundlagen für die leichtfertige Unehrlichkeit, die den Psychopathen charakterisiert. Diese unreflektierte Spontaneität ist eins der Kriterien, anhand derer es möglich ist, aus dem Ergebnis eines projektiven Tests auf eine gewisse Tendenz zum Lügen zu schließen.

Allerdings: Auch wenn diese Tendenz zur schnellen, passenden Antwort teilweise die Leichtigkeit erklären kann, mit der ein Psychopath lügt, so sagt sie dennoch nichts über seine dabei maßgeblichen subjektiven Ziele aus.

Ein psychopathischer Patient zum Beispiel kommt in die Praxis eines Psychologen, wo er für einen Rorschach-Test angemeldet ist. Im Plauderton macht er deutlich, daß er dieser Untersuchung freundlich-interessiert entgegensieht und schon ganz begierig ist, den Test endlich durchzuführen. Und wenig später teilt er allen Ernstes mit, daß er sich schon lange für den Rorschachtest interessiert. Sein Verhalten ist erkennbar unaufrichtig und das be-

hauptete Interesse wahrscheinlich nicht vorhanden - aber welches Interesse motiviert ihn eigentlich zu diesen Unehrlichkeiten?

Eine Antwort auf allgemeiner Ebene wäre einfach: Vermutlich will er gut "durchkommen", auf den Psychologen einen guten Eindruck machen, ihn entwaffnen oder ähnliches. Aber solche Motive finden sich sicher nicht nur bei Psychopathen, eigentlich sind sie unter solchen Umständen - wenn auch in unterschiedlichem Ausmaß - wahrscheinlich recht verbreitet. Was also kennzeichnet denn dann die Ziele und Sichtweisen speziell von Psychopathen in dieser Situation? Den Weg zur Antwort weist uns eine weitere Eigenschaft der ihm eigenen Kognitionsweise, auch dies eine Variante einer generellen Eigenheit des impulsiven Stils.

Interesse und Aufmerksamkeit des impulsiven Charakters werden tendenziell immer vom Unmittelbaren, Konkreten und persönlich Relevanten dominiert. Beim Psychopathen nimmt diese Einengung eine besondere und extreme Form an. Ständig ist er innerlich damit beschäftigt, in jeder Situation einen unmittelbaren praktischen Gewinn oder Vorteil herauszuschlagen, und seine Aufmerksamkeit richtet sich auf jene Aspekte einer Situation, die dafür relevant sind. Er ist ganz befangen in den Möglichkeiten und Erfordernissen seiner momentanen Situation, und Dinge wie "gut durchkommen", den anderen für sich einnehmen, ihn beeindrucken oder entwaffnen sind für ihn nicht etwa periphere oder passagere Ziele, sondern zentrale und gänzlich dominierende. Diese Tatsache beeinflußt unweigerlich einen Großteil der Kommunikation eines Psychopathen.

Im normalen Gespräch setzt man ein gewisses objektives und unvoreingenommenes Interesse am Inhalt der Kommunikation voraus, und ein weniger ausgeprägtes an ihren konkreten Umständen. So nimmt man beispielsweise an, daß eine gewöhnliche Sachfrage wie "Wo sind Sie in die Schule gegangen?", die in vielen verschiedenen Situationen gestellt werden kann, im Grunde in allen Fällen gleich beantwortet wird, solange es sich nicht um eine wirklich außergewöhnliche Situation handelt. Natürlich erwarten wir keine stereotypen Wiederholungen, und es überrascht uns zum Beispiel nicht, wenn ein neurotischer Mensch, wenn auch unbewußt, einmal diese und einmal jene Darstellungsweise wählt, die den Zuhörer auf die eine oder andere Weise anspricht oder beeindruckt.[3] Dennoch erwarten wir in der Regel, daß ein gewisses Maß an objektivem Interesse am Kommunikationsinhalt aufrechterhalten bleibt. Im Grunde ist eine solche Objektivität für normale Kommunikation so wesentlich, daß es gar nicht leicht ist, ihre Bedeutsamkeit zu erfassen - womit auch erfaßt wäre, wie radikal die Kommunikation sich ändert, wenn dieses objektive Interesse fehlt.

Im Falle des psychopathischen Charakters wird das eher unpersönliche Interesse am objektiven Inhalt der Kommunikation häufig vom egozentrischen Interesse an unmittelbar-konkreten, situativen Aspekten der Kommunikation überlagert. Es interessiert ihn mit anderen Worten nicht so sehr, *was* gerade gesagt wird, sondern welche Möglichkeiten diese Situation für ihn bietet. Entsprechend interessiert ihn - und zwar bewußt - nicht unbedingt, *was* er sagt, sondern ob er sich davon irgendwelche Vorteile erhoffen kann. Und wieder geht es dabei nicht primär um moralische Skrupel oder Skrupellosigkeit, sondern um die individuelle Einengung und Ausrichtung von Aufmerksamkeit und Interesse.

Ineinandergreifend scheinen diese beiden verwandten Tendenzen - das prompte, selbstunkritische Reagieren einerseits und das Vorherrschen des Interesses an konkreten persönlich relevanten Aspekten der Kommunikation andererseits - zur beschriebenen Produktion der leichtfertigen Unehrlichkeit von Psychopathen zu führen. Nun könnte man vielleicht die Frage stellen, ob nicht auch bei einem solchen Funktionsstil moralische Skrupel, so vorhanden, intervenierend wirksam werden könnten. Die Antwort darauf scheint mir jedoch zu sein, daß gerade dieser Funktionsstil impliziert, daß es nicht viele moralische Skrupel geben kann; insofern ist die Frage nicht sinnvoll. Wahrscheinlich ist also das "antisoziale Verhalten" des Psychopathen nicht als ein Resultat mangelhafter Moral- und Gewissensbildung zu verstehen, sondern so, daß letztere zusammen mit ersterem aus bestimmten spezifischen und extremen Ausprägungen verschiedener Eigenheiten des impulsiven Stils folgen: egozentrischer, konkretistischer Blickwinkel, Fehlen von Zielen und

---

3 HELLMUTH KAISER hat in der Tat deutlich gemacht, daß eine solche Verzerrung des Kommunikationsprozesses zur Symptomatik aller Neurosen gehört. Siehe: LOUIS B. FIERMANN (Hrsg.): Psychotherapy: The Contribution of Hellmuth Kaiser. - New York 1965.

Werten, die über den schnellen Erfolg hinausweisen, und rasches, ungeplantes Handeln.

Der passive, "schwache" Charakter

Schon zuvor habe ich einige Gründe genannt, warum extrem passive Charaktere als Variante des impulsiven Stils anzusehen sind, und im folgenden möchte ich dazu einige weitere Erläuterungen vortragen. Erklärungen scheinen mir notwendig, weil vom deskriptiven Standpunkt her die Zusammenfassung dieser passiven Menschen, die für gewöhnlich durch ihre offensichtliche Inaktivität auffallen, mit dem mehr handlungsorientierten impulsiven Charakter zunächst befremden mag. In Wirklichkeit jedoch sind die beiden Gruppen selbst vom deskriptiven Standpunkt her nicht so deutlich geschieden, wie man annehmen kann, und viele Individuen, Alkoholiker etwa, können sowohl als "passiv" als auch als "impulsiv" beschrieben werden.

Auf die tiefe Ähnlichkeit beider Gruppen weist schon das hin, was beiden fehlt, nämlich das geplante, zielstrebige Handeln auf der Grundlage von Absicht, Einsicht und Freiwilligkeit. Genauer gesagt, zuallererst haben wir eine große Ähnlichkeit im subjektiven Erleben von Motivation und Handeln, eine Ähnlichkeit, die durch die übliche deskriptive Terminologie leicht verschleiert wird. Wer "schwach" wird, das heißt, einer Versuchung nicht widerstehen kann, hat das charakteristische passive Erleben, zum Handeln getrieben oder verführt zu werden, er muß (wem auch immer) "nachgeben". Genau dieselben Beeinträchtigungen und Einengungen der normalen Selbststeuerung und Intentionalität, dieselben Partial- oder extrem instabilen Motivationen charakterisieren den impulsiven Menschen im allgemeinen. Diese Schwächung des Gefühls für Selbststeuerung formt sowohl beim passiven wie beim impulsiven Charakter den Kern des abwehrenden Leugnens von Verantwortlichkeit, speziell in Form der sogenannten Externalisierung von Verantwortung. Des weiteren ist diese Beeinträchtigung des Erlebens sowohl beim passiven wie auch beim impulsiven Charakter verbunden mit einer starken Reduktion oder "Kurzschlüssigkeit" integrativer Prozesse.

Unter den passiven Charakteren können wir unterscheiden: bei den Passiv-Impulsiven scheint das Nachgeben gegenüber

Versuchungen vorherrschend zu sein, während bei den Passiv-Unterwürfigen überwiegend einem Druck von außen nachgegeben wird. Bei ersteren ist die Verwandtschaft zum allgemeinen impulsiven Stil offensichtlicher, während beim zweiten, dem passiv-unterwürfigen Stil eine etwas speziellere Variante vorliegt, die noch weiter zu diskutieren ist. Von allen impulsiven und passiven Charakteren scheinen die passiv-unterwürfigen Menschen noch am wenigsten planlos zu leben. Sie handeln nicht sprunghaft drauflos und lassen sich auch nicht ziellos treiben; sie sind wohl getrieben, aber mit Richtung, und die scheint ein Kompromiß zwischen den vorherrschenden Erfordernissen und einem gewissen Maß an geplanter Steuerung zu sein. Diese Menschen machen äußere Zwänge aus, die im subjektiven Erleben wohl deshalb so wichtig werden, weil die autonome Richtungsgebung relativ unentwickelt blieb. Diese äußeren Zwänge und Anforderungen scheinen bestimmte psychologische Funktionen zu erfüllen, die normalerweise durch interne Steuerungsapparate erfüllt werden.

Ein solcher Patient, ein 35 Jahre alter Homosexueller, hatte in seinem Beruf im Theaterbereich durchaus gewisse Fähigkeiten, hatte ihn jedoch nur hier und da ausgeübt und keine kontinuierliche Karriere durchlaufen. Er war der Meinung, daß sein Lebenslauf - wo er gelebt hatte, mit wem er zusammengewesen war, welche Arbeit er getan hatte - bisher nicht von ihm bestimmt worden war, sondern von den verschiedensten zufälligen Sachzwängen und Gegebenheiten. Er hatte mit anderen Worten das Gefühl, daß seine Geschichte die eines wiederholten "Sich-Fügens" war. Entsprechend war er auch zu homosexuellen Handlungen ursprünglich verführt worden und dann von verschiedenen aufeinanderfolgenden Partnern unter Druck gesetzt worden, weiter als Homosexueller zu leben. Diese oder jene Person hatte "darauf bestanden", daß er hierhin zog oder dieses tat und jenes unterließ. Im Grunde führte er ein ruhiges und, abgesehen von der Homosexualität, fast konventionelles Leben, aber auch diese Art zu leben, so behauptete er, ergab sich aus seinen Rücksichten auf die unterschiedlichsten Menschen - seine Nachbarn, seinen Chef und andere - immer ging es mehr darum, was diese von ihm erwarten, als darum, was er selbst wohl gern täte. Insgesamt konnte er sehr eindrücklich darstellen, daß sein Leben durch äußere Umstände und Sachzwänge bestimmt war. Für jeden einzelnen Augenblick konnte er das Erfordernis oder die Person benennen, die für sein Handeln verantwortlich waren. Objektiv jedoch schien keiner dieser Zwänge besonders unausweichlich, und nur dadurch und durch die Tatsache, daß sein Leben im Grunde eine gewisse Kontinuität bot, wurde erkennbar, daß er durchaus hier und da seine Entscheidungen getroffen haben mußte und nicht gänzlich ohne Plan zu sein schien.

Mit anderen Worten: Dieser Patient übertreibt das Ausmaß, in dem sein Leben tatsächlich durch die Macht zufälliger, äußerer Umstände bestimmt wurde; die Auswahl der Umstände folgt zu deutlich einem Muster. Auf der anderen Seite gibt es kaum Zweifel, daß äußere Zwänge tatsächlich eine ungewöhnliche Rolle in seinem Lebenslauf gespielt haben und daß er tatsächlich an vielen Stellen diesen Zwängen "nachgegeben" hat. Das ist an dem Ausmaß erkennbar, in dem sein Leben relativ ziellos und ohne aktive Pläne, Ziele oder Entwicklungen verläuft. Wie können wir diesen Prozeß verstehen?

Aktives Planen ist keine "Alles oder nichts"-Angelegenheit. Passiv-unterwürfige Menschen scheinen wohl zu planen, aber nur vage.[4] Ganz ähnlich mögen sie relativ stabile Intentionen, Ziele und Interessen haben - mehr als der typische impulsive Charakter -, aber auch diese sind wahrscheinlich vage und kaum definiert. Unter diesen Umständen wird eine heftige Versuchung oder ein hinlänglich starker Druck nicht nur normales Interesse hervorrufen, sondern eine zutiefst abrupte Handlung, eine unmittelbare Reaktion, durch die jeder weitere integrative Prozeß "kurzgeschlossen" wird.

Oft befinden sich passiv-unterwürfige Menschen implizit in einer Art Wartestellung: Sie warten auf einen Umstand - einen Zwang oder eine Versuchung (oder, wie bei diesem Patienten häufig, eine Verführung, die ja Zwang und Versuchung vereint) -, der aus einer vagen Intention heraus nun eine plötzliche Handlung auslöst. Manchmal wird dieses Warten sogar explizit und recht spezifisch geäußert, wie etwa ein Patient ganz überzeugend sagte, daß er momentan nicht wisse, ob er zum Spielen aufgelegt sei, aber er habe "irgendwie das Gefühl",[5] daß er gern an einen Ort gehen würde, wo es gut möglich war, daß er gedrängt würde, bei einem Spiel mitzumachen; und er fügte hinzu, daß er sich "immer noch entscheiden kann, wenn es soweit ist". Aber nicht nur Aufforderungen und Versuchungen, die eine vage In-

---

4 Aus dynamischer Sicht läßt sich hinzufügen, daß sie vor klar konturierten, genauer definierten Plänen deutlich zurückscheuen.

5 Solche Leute fühlen sich oft "irgendwie" danach, etwas zu tun, "meinen irgendwie", daß sie etwas wollen, verspüren "irgendwie Hunger" usw. Eine solche Ausdrucksweise ist nicht nur verbaler Manierismus oder verbale Abwehr, sondern reflektiert einen tatsächlichen Mangel beziehungsweise ein Vermeiden, Motivationen oder Gefühle scharf konturiert zu erleben.

tention gewissermaßen auf den Punkt treffen und sie herauskristallisieren, lösen ein plötzliches Handeln bei passiv-unterwürfigen Menschen aus. Selbst eine Aufforderung, die von den vagen Intentionen des passiven Menschen relativ weit entfernt ist oder sie nur am Rande berührt, kann dennoch einen sehr zwingenden Charakter annehmen, weil ihm klar definierte eigene Absichten und Ziele sowie eine hinreichend kritische und objektive Grundhaltung fast gänzlich fehlen. Bei diesen Menschen kann man leicht eine Gehirnwäsche vornehmen.

Einige Probleme dieses Prozesses will ich noch weiter diskutieren, wobei ein Beispiel für ein solches "Sich-Fügen" des geschilderten homosexuellen Patienten mir zur Illustration dienen soll.

Der Patient war auf einer Party und hatte die vage Erwartung, einen neuen Sexualpartner kennenzulernen. Schließlich jedoch näherte sich ihm ein Mann, den er vom Aussehen her nicht "besonders attraktiv" fand. Dennoch "gab er nach", wie der Patient sich ausdrückte, als der andere seinem Interesse Nachdruck verlieh. Als er sein Handeln erläuterte, meinte er, letztlich habe er gedacht: "Warum nicht? - Und so schlecht sah er nun auch nicht aus. Und außerdem war es ihm sehr dringend."

Man kann natürlich dem Wunsch eines anderen entgegenkommen, eines Freundes zum Beispiel, weil man ihn mag und möchte, daß es ihm gut geht. Ein solches Entgegenkommen sieht objektiv nicht aus wie "sich fügen" und wird auch subjektiv nicht so empfunden. Ein Entgegenkommen dieser Art erfordert, wie auch das Entgegenkommen, das sich einfach aus echter Übereinstimmung mit der Sicht eines anderen ergibt, aktives Beurteilen, eine Einschätzung des Erfordernisses oder des Wunsches und dessen, was dafür spricht, ein klares Erkennen möglicher Alternativen und schließlich eine Entscheidung, einen vollständig intentionalen und freiwilligen Akt. Das Entgegenkommen dieses Patienten jedoch war ein ganz anderes. Mit Sicherheit hatte er kein echtes Einverständnis mit den Interessen des anderen entwickelt; das zeigt sich klar daran, daß er zum Schluß betont: "Und *ihm* war es doch so dringend". Sein Handeln kann weder mit einem Interesse an noch einem Respekt für die Bedürfnisse des anderen Menschen begründet werden. Im Gegenteil, es ist höchst unwahrscheinlich, daß er irgendein nennenswertes Interesse daran hatte, daß es diesem Mann gut geht. Seine Zustimmung ist, wie die Zustimmung solcher Menschen allgemein, nicht auf die emphatische Wahrnehmung der Bedürfnisse und Interessen des anderen gebaut, sondern basiert auf dem konkreten Empfinden des Nachdrucks, mit dem solche Bedürfnisse präsentiert werden und auf dem Interesse, so schnell wie möglich Entlastung zu schaffen. Für den empathischen Menschen, der einem Freund etwas Gutes tun möchte, ist es unwichtig, ob dieser seinen Wunsch ängstlich oder laut polternd vorbringt, für den passiv-unterwürfigen Menschen jedoch ist genau das der entscheidende Unterschied. Wenn also der Patient sagt: "Ihm war es so dringend", meint er damit in Wirklichkeit eher: "Er bestand mit großem Nachdruck darauf".

Wenn ein passiver Mensch sein Handeln erklärt, indem er sagt: "Aber er hat erwartet, daß ich das tue", kann man einfach antworten: "Und Sie fühlten sich natürlich verpflichtet, dieser Erwartung sogleich zu entsprechen." Eine solche Antwort bewirkt beim passiven Menschen oft ein erstauntes Aufmerken, als sei ihm eine neue Dimension eröffnet worden. Hier wird plötzlich die objektive Tatsache klar, daß er eine Wahl unter verschiedenen möglichen Alternativen gehabt hätte. Er hatte den von außen auf ihn ausgeübten Druck des anderen nicht aus diesem Abstand betrachten können und hatte die Erwartungen daher nicht geprüft oder bewertet; er hatte nur deren Gewicht gespürt.

Am Ende eines solchen Prozesses steht nicht ein Beurteilen von Alternativen und die Entscheidung für eine davon, sondern eine Einschätzung, die durch das Ausblenden alternativer Möglichkeiten verzerrt ist; statt daß integrative Bewußtseinsprozesse durch ein relativ flüssiges Handeln abgerundet werden, kulminieren vage Intentionen in psychologisch unreifer Weise in einer letztlich abrupten und diskontinuierlichen Handlung; nicht das subjektive Gefühl eines partiellen, unvollständigen und halbherzigen Motiviertseins herrscht vor. Kurz gesagt, kann man so zumindest von einem partiell impulsiven Handlungsmodus sprechen.

Ich möchte hinzufügen, daß die Berichte des passiven Charakters, wie er "sich fügte", ähnlich wie bei den "unwiderstehlichen Impulsen" des impulsiven Menschen nicht einfach als objektive Berichte betrachtet werden sollten, bei denen jemand erzählt, wie er sich trotz anderer Wünsche nicht selbst helfen konnte. Am entscheidenden Punkt ist er nicht einfach nur unfähig, sich selbst zu helfen; er ist unfähig, sich selbst helfen zu *wollen*. Das Gefühl, "sich zu fügen" ist daher kein Ausdruck des Gefühls, gegen den eigenen Willen von einer überlegenen Macht überwältigt zu werden, sondern drückt vielmehr den Verlust des Interesses aus, in diesem Moment überhaupt Widerstand zu leisten.

Interessanterweise sind männliche Homosexuelle, wie mein Beispiel schon nahelegt, häufig durch diesen passiven oder passiv-unterwürfigen Funktionsstil und die konstituierenden kognitiven, affektiven und Handlungsmodi charakterisiert. Demzufolge führen diese Männer oft die Art von Leben, die ich bereits beschrieben habe - relativ ungeplant und sich treiben lassend, allerdings nicht völlig sprunghaft. Besonders interessant ist jedoch die Tatsache, daß dieser generelle Funktionsstil uns helfen kann, bestimmte Probleme ihrer sexuellen Orientierung besser zu verstehen.

Das Abweichende an der homosexuellen Sexualität beschränkt sich keineswegs auf die Objektwahl oder die vorherrschenden erogenen Zonen, obwohl diese und andere Bereiche sexueller Abweichung die psychiatrische Diskussion bisher beherrscht haben. Oft sind diese Männer auch durch eine deutliche sexuelle Übererregbarkeit charakterisiert, wenn man sie mit dem normalen Durchschnitt vergleicht. Häufig ist ihr Leben mehr oder weniger von Handlungen dominiert, bei denen es um sexuelle Spannungszustände geht - häufige, unterschiedlich impulshafte sexuelle Aktivitäten, bei denen das rein sinnliche Interesse und Erleben relativ wenig durch affektives Interesse und Empfinden moduliert wird und selbst das sexuelle Interesse recht diffus zu sein scheint; eine Sexualität, die zutiefst egozentrisch ist und wenig oder gar keine weitere Beziehung mit dem Partner impliziert. Diese Übererregbarkeit kann meiner Meinung nach nicht mit soziologischen Überlegungen und auch nicht mit der Annahme zusätzlicher Fixierungen auf bestimmte Inhalte hinreichend erklärt werden.[6] Mir scheint vielmehr, daß dies eine Art von sexueller Aktivität und Impulserleben ist, die einfach den generellen Funktionsformen dieses Stils entspricht.

Ich behaupte mit anderen Worten, daß die Affekt-, Handlungs- und Erlebensmodalitäten, die ein Individuum generell charakterisieren, auch in seinem sexuellen Leben wirksam sind.

---

6 Für diese Fälle wird zum Beispiel zuweilen eine spezifische Fixierung auf kutane Sensationen angenommen. Siehe OTTO FENICHEL: Psychoanalytische Neurosenlehre. - Olten und Freiburg 1988, Bd. II, S. 255.

Wir kommen hier zu allgemeineren Fragen, die von beträchtlichem Interesse sind. Dabei denke ich an das allgemeine Problem der Beziehung zwischen Trieborientierung oder Triebinhalt einerseits und Funktionsstil andererseits, und darüber hinaus das speziellere Problem der Beziehung zwischen Geschlecht ("männlich oder weiblich") und Neurosenform (oder "-wahl").

7. Allgemeine und theoretische Überlegungen

An dieser Stelle möchte ich einen Überblick über mein Verständnis der Stile geben und vor diesem Hintergrund einige Fragen erörtern. Die klinischen Untersuchungen hätten auch ohne diese allgemeineren Überlegungen Bestand; jedoch möchte ich darstellen, wie ich im Laufe der klinischen Untersuchungen die Vorstellung vom Funktionieren und von der Entwicklung der Stile gewann und wie ich versuchte, Antworten auf bestimmte allgemeine Fragen dazu zu finden, was in einigen Fällen nicht leicht war. Zunächst zur Frage des Ursprungs und der Entwicklung der Stile. Wo liegen ihre Anfänge? Inwieweit beruhen sie auf angeborenen psychischen Anlagen? Wie wird ihre Entwicklung durch die Triebentwicklung beeinflußt? Weiterhin, unter diesem Aspekt der Beziehung zwischen Stilen und Trieben: Welche Bedeutung haben die Stile für die Steuerung und Regulierung der Triebspannung? Und schließlich: Welche Beziehung gibt es zwischen Stil und Abwehr?

Die initiale organisierende Konfiguration

Wie können wir uns die Anfänge relativ stabiler psychologischer Stile vorstellen? Können wir behaupten, daß von Anbeginn, beim Neugeborenen, schon ein gewisser elementarer Stil existiert? Und wenn ja, was bestimmt seine Beschaffenheit? Sicher ist, daß die Fähigkeiten, die psychische Ausstattung für die von uns betrachteten allgemeinen Funktionen - Kognition, affektives Erleben und andere - zumindest rudimentär von Anbeginn des menschlichen Daseins vorhanden sind. Die Elemente dieser Ausstattung - sensorische und perzeptorische Apparate, der Gedächtnisapparat, gewisse Affekte oder zumindest affektähnliche Ausstattungen zur Spannungsabfuhr usw. - funktionieren wohl von Geburt an. Ebenso ist offensichtlich, daß individuelle Unterschiede in der angeborenen Ausstattung die Beschaffenheit entwickelterer Funktionen beeinflussen, und insofern können sie als unabhängige Quellen individueller Stile betrachtet werden. So weit dürfte es keine Einwände geben.

Wie aber kann die Beziehung zwischen angeborener psychischer Veranlagung und den Ansätzen eines psychischen Stils genau beschrieben werden? Denn es ist doch ein weiter und keineswegs selbstverständlicher Weg von einer Ansammlung angeborener, sicher rudimentärer psychischer Anlagen eines Säuglings, der seinen inneren Spannungszuständen noch mehr oder weniger unmittelbar ausgeliefert ist, bis zu generalisierten, relativ stabilen und charakteristischen Funktionsmodi oder eben "Stilen". Ich möchte dennoch zu zeigen versuchen, daß man die Elemente des ersten Bildes ein wenig anders anordnen kann, und zwar so, daß die Beziehung zwischen angeborener Ausstattung und Funktionsmodus deutlicher wird und daß es so eher denkbar scheint, daß diese Ausstattung in der Tat eine substantielle Basis für die Entwicklung des individuellen Stils bereitstellt.

Zunächst einmal sollte man sich vor der Vorstellung hüten, daß die psychische Ausstattung des Neugeborenen lediglich aus einer Anhäufung von ein paar Möglichkeiten besteht - Spannungszustände, erste sensorische Fähigkeiten, kognitiver Apparat und ähnliches. Auch wenn wir diese Ausstattung heute noch nicht vollständig beschreiben können, braucht uns das nicht an der Einsicht zu hindern, wie bedeutsam und entscheidend sie ist. Vielmehr können wir davon ausgehen, daß, läßt man die Triebe für einen Moment beiseite, eine solche Ausstattung in psychologischer Hinsicht all das umfaßt, was im Neugeborenen das eigentlich Menschliche konstituiert.

Es ist auch nicht zu rechtfertigen, daß man die unterschiedlichen Aspekte dieser Ausstattung als isoliert und ohne Beziehung untereinander oder ohne Gesamtintegration ansieht. Wenn der Säugling zum Beispiel auf die Aktivität des Saugens eingestellt ist, wenn er bereit ist, auf eine bestimmte Art von Objekt zu reagieren, und im Laufe des ersten Versorgtwerdens schon Antizipationen in bezug auf dieses Objekt entwickelt, sind das Zeichen für ein organisiertes Zusammenspiel von Gedächtnis, Wahrnehmungsapparat, Handlungsmustern und so weiter. Man kann von dieser Ausstattung also mit Fug und Recht behaupten, daß sie aus einer angeborenen Konfiguration von beachtlicher Komplexität besteht. Und tatsächlich kann man sich ja - weit entfernt vom Bild einiger dissoziiert installierter psychologischer Grundfunktionen - auf dem Hintergrund der Annahme von Triebspannungen kaum vorstellen, daß überhaupt irgend ein biologischer Spannungszustand sich psychisch manifestieren könnte, ohne daß er durch den einen oder anderen Aspekt dieser Konfiguration vermittelt würde, wie primitiv und unspezifisch diese Vermittlung zu Beginn auch sein mag. Ich gehe also davon aus, daß eine Konfiguration angeborener psychischer Ausstattung für Triebe wie für externe Stimuli und generell für alle psychischen Spannungszustände eine Form oder Organisation bereitstellt, und sei sie zu Beginn auch nur minimal differenziert. Genauer gesagt, ich meine, daß ein solcher angeborener Apparat dem *subjektiven Erleben* innerer Spannungszustände und externer Stimuli von Anbeginn eine bestimmte Form und Organisation gibt.

Wenn also Hunger oder ein Drang zum Saugen empfunden wird, wenn Wärme, Kälte, Licht oder die mütterliche Brust und ein Lächeln wahrgenommen werden, spiegeln sich darin biologische Spannungszustände oder aber Außenreize, die entsprechend der individuellen frühkindlichen psychischen Ausstattung (des sensorischen Apparates) vom subjektiven Erleben vermittelt wurden und dadurch auch eine Form bekamen. Die individuellen Variationen dieser Ausstattung implizieren Variationen im Erleben von Spannungszuständen und Außenreizen. Und bald treten im Prozeß der Strukturierung subjektiver Spannungszustände weitere Unterschiede hinzu: Unterschiede in der Fähigkeit zur Antizipation, in der Wahrnehmungsfähigkeit beim Wiedererkennen des Objekts und so weiter, so daß im einen Fall Spannungszustände dann eher gerichtet, im anderen Fall eher diffus erlebt werden können; und so fort.

Sofern es angeborene organisierende und formgebende Konfigurationen eines psychischen Apparates gibt - für die Gesamtheit dieser Ausstattung schlage ich den Begriff "initiale organisierende Konfiguration" vor -, müssen wir unser Bild vom Säugling, der hilflos den eigenen Trieben ausgeliefert ist, revidieren. Insofern er mit spannungsorganisierenden Fähigkeiten ausgestattet ist, spielt er nicht, wie bisher angenommen, eine rein passive Rolle und beruht sein Verhalten auch nicht unmittelbar und in vollständiger Abhängigkeit auf biologischen Trieben oder externen Stimuli. Man könnte sagen, daß man in dieser Hinsicht davon sprechen kann, daß der Säugling bereits eine psychische Existenz hat, die bei der Determinierung seines Verhaltens einen autonomen Faktor darstellt. Aufgrund dessen kann man meines Erachtens von den Anfängen eines psychischen Stils, eines psychischen Funktionierens sprechen, das ein Produkt nicht nur von Trieben und Außenreizen ist, sondern ebenso ein Produkt der mentalen organisierenden Prozesse des Individuums.

Die Modifikation, Entwicklung und Ausdifferenzierung der "initialen organisierenden Konfiguration" schreitet unter dem Einfluß der Außenwelt und kontinuierlicher Reifungsprozesse rasch fort. Sowohl für die weitere Entwicklung des Individuums als auch für sein aktuelles Funktionieren hat die Existenz einer solchen Konfiguration bestimmte allgemeine Implikationen. Wenn es von Anbeginn eine solche Organisation innerer Spannungszustände und wahrgenommener Außenreize gibt, dann folgt daraus, daß alle späteren Entwicklungseinflüsse, seien sie äußeren oder inneren Ursprungs, zunächst so organisiert werden, wie es die aktuell vorherrschenden Funktionsformen und Formen des subjektiven Erlebens, Wahrnehmens usw. zulassen. Mit anderen Worten: Die Entwicklung schreitet immer *im Rahmen der bestehenden Formen* voran, und diese Formen selbst entwickeln sich immer von innen heraus, immer durch Transformationen und niemals additiv.

Die Entwicklung *allgemeiner* Funktionsformen ist aus dieser Sicht vielleicht einfacher zu verstehen, denn so gesehen wird jeder neue entwicklungsrelevante Einfluß, wenn er aufgenommen wird, durch die existierende Organisation geprägt. Aus dieser Sicht wird auch klar, daß bestimmte Entwicklungseinflüsse beim einen Stil "greifen", während andere, die objektiv gesehen vielleicht viel nachdrücklicher oder kräftiger wirken, nicht "greifen" - das heißt dann, daß sie mit den existierenden Funktionsformen inkonsistent sind oder in ihnen keinen Nährboden finden. Ohne eine solche allgemeine Sichtweise - wie zum Beispiel bei der Vorstellung, Entwicklung oder Veränderung käme allein durch den Einfluß zwingender äußerer Umstände oder durch die Inkorporation ganzer Segmente der äußeren Realität in Gang - wäre es schwierig, überhaupt die Existenz von Stilen oder formalen Konsistenzen psychischen Funktionierens zu verstehen.

Bevor ich nun das Thema der angeborenen psychischen Ausstattung abschließe, möchte ich noch ein paar Worte zu einer verwandten Thematik verlieren, nämlich zur Frage der angeborenen Determiniertheit des *erwachsenen* Stils. Dazu sollte eines klar sein: Die außerordentliche Bedeutung der angeborenen psychischen Ausstattung für die Ursprünge des psychologischen Stils beim Säugling bedeutet keineswegs, daß die angeborenen

Faktoren eine vergleichbare Bedeutung für den voll entwickelten und ausdifferenzierten Stil des Erwachsenen haben. Im Gegenteil, die angeborenen Faktoren, wie wir sie uns vorstellen, können nur für sehr allgemeine und nicht sehr differenzierte Formtendenzen verantwortlich sein. Im allgemeinen gilt: Je spezifischer der Aspekt eines Stiles ist, desto weniger kann eine angeborene Anlage dafür verantwortlich gemacht werden. Und umgekehrt scheint mir die angeborene Determiniertheit sehr genereller Stiltendenzen recht wahrscheinlich zu sein.

Ein interessantes, wenn auch sicher vieldeutiges Beispiel dafür scheint mir die Tatsache zu sein, daß es unter den Geschlechtern bestimmte Unterschiede in der Affinität zu unterschiedlichen neurotischen Zustandsbildern gibt. Unter den hysterischen Patienten z.B. scheint es eine überwältigende Mehrheit von Frauen zu geben, während unter den zwanghaften Patienten ein relatives Vorherrschen von Männern zu beobachten ist. Beziehungen wie diese zwischen biologischem Geschlecht und Neurosenform sind aus der Dynamik oder dem Symptomgehalt nicht einfach zu verstehen, auch nicht unter dem Aspekt spezifischer Abwehrmechanismen, die für verschiedene neurotische Zustandsbilder jeweils typisch sind. Bei einer formalen Betrachtungsweise jedoch ist - natürlich nicht die Existenz spezieller angeborener Neurosendeterminanten, sondern - die Existenz angeborener Geschlechtsunterschiede bei allgemeinen Stiltendenzen, die sich in der Neurosenform niederschlagen, wenn denn eine Neurose entwickelt wird, leicht verstehbar, vielleicht sogar offensichtlich. Ich denke dabei an solche Geschlechtsunterschiede in den Stiltendenzen wie die allgemeine Aktiviertheit, vielleicht bestimmte Aspekte der kognitiven Haltung und ähnliches.

Stilentwicklung und Triebeinflüsse

Ob die Triebe die Entwicklung des psychologischen Stils beeinflussen, kann kaum die Frage sein, fraglich ist höchstens: in welchem Maße und auf welche Weise? Ganz sicher haben neu sich entfaltende Triebe mit ihren neuen Bedürfnissen und Motivationen, mit ihren neuen Potentialen, was Erleben, Interessen und Handlungsmöglichkeiten und -modalitäten[1] des Individuums

1 "Aktivitätsmodus" wird hier in ERIKSONs Sinn verwendet. Vgl. ERIK. H. ERIKSON, Kindheit und Gesellschaft. - Stuttgart 1972.

betrifft, auf die bestehenden Konfigurationen mentaler Organisationsstrukturen ihre Auswirkungen. Aber wie sieht dieser Einfluß konkret aus?

Die einfachste und naheliegendste Möglichkeit wäre, daß jede Phase der Triebentwicklung alle mentalen Funktionsstrukturen ihrem Modus gemäß neu prägt und umformt. Diese Konzeption erweist sich jedoch in verschiedener Hinsicht als nicht haltbar. Zunächst einmal gibt es einfach keine Anhaltspunkte dafür, daß Kognitionsmodi, allgemeine Formen subjektiven Erlebens und ähnliches tatsächlich solchen radikalen, phasenspezifischen Umwälzungen unterworfen sind. Im Gegenteil, alle Beobachtungen deuten umgekehrt darauf hin, daß sie relativ stabil sind und sich nur sehr schwerfällig verändern. Zweitens, und präziser, berücksichtigt ein solches Konzept nicht die allgemeinen Implikationen, die die primäre Existenz einer organisierenden Konfiguration für *jede* neue Entwicklung hat. Während die spezifische Triebspannung mit den ihr eigenen Qualitäten dazu tendiert, einen modifizierenden Druck zum Beispiel auf den allgemeinen Modus des affektiven Erlebens auszuüben, werden diese Modi ihrerseits einen primären Einfluß auf die affektive Qualität der Triebspannung haben. In gewisser Weise ist das vergleichbar mit der Tatsache, daß Menschen in der Regel am ehesten das lernen, was ihren Vorannahmen entspricht. Das heißt nicht, daß solche Vorannahmen oder Grundeinstellungen unveränderbar wären, aber sicherlich muß man eine allgemein menschliche Tendenz zum Konservatismus gegenüber neuen Tatsachen annehmen. Auf jeden Fall ist der Einfluß neu erwachender Triebspannungen auf die bereits vorhandenen organisierenden Konfigurationen keine einfache Sache, denn es handelt sich um ein recht komplexes Zusammenspiel beider.

Beginnen wir, indem wir uns eine Seite dieser Interaktion genauer vorzustellen versuchen, und zwar die Qualität der modifizierenden Kräfte, den Druck, den eine aufkommende Triebspannung - wenn man anderes für den Moment vernachlässigt - auf eine gegebene Konfiguration organisierender mentaler Formen auszuüben versucht. Dieser Druck besteht im Grunde darin, daß das Andrängen und die Forderungen jeder aufkommenden Triebspannung mit allen *ihr innewohnenden* Potentialen neuer Funktionsmöglichkeiten und neuer Erlebensqualitäten auf die schon existierenden Strukturen trifft. Diese Potentiale sind sehr umfangreich und keineswegs auf das Erleben und Funktionieren des Triebes selbst beschränkt. Eine Triebspannung und ihr Modus sind nur Fokuspunkte in der Entfaltung einer ganzen Bandbreite neuer Entwicklungen, zu denen auch das Heranreifen neuer körperlich-muskulärer Fähigkeiten und neuer Verhaltensdispositionen gehört.[2]

In der Weise, wie der Trieb Anstoß zu neuen Handlungsmustern und Interessenorientierungen gibt, sind nicht nur physiologische und muskuläre, sondern auch kognitive Fähigkeiten beteiligt und auch diese auf neue Art und Weise. Nicht nur zur körperlich-physikalischen Welt, sondern auch zur menschlich-sozialen Umwelt bringt der Trieb sein Subjekt in eine neue Beziehung und verändert somit auch die affektiven Fähigkeiten des Individuums. Mit anderen Worten: Eine solche Entwicklung birgt in sich das Potential für ein rapides und erstaunlich weitreichendes Aufkommen neuer psychischer Funktionen und neuer emotionaler Möglichkeiten. Es scheint also, daß diese Potentiale auf die gegebenen organisierenden Formen einen tiefgreifenden und radikalen Effekt ausüben. Stellen wir uns also vor, auf welche Weise solche Potentiale wahrgenommen werden können - oder auch nicht.

Eine Triebspannung tritt weder urplötzlich noch sofort voll ausgebildet und präzise artikulierbar auf. Im Gegenteil, zu Beginn wird sie subjektiv als außerordentlich diffus empfunden, sagen wir: Als ein Drang in Richtung auf bestimmte äußere Objekte oder zu einem bestimmten Handeln. Dieser diffuse Drang jedoch reicht, um sein Subjekt auf die Außenwelt hin auszurichten, es zum Handeln zu bewegen und auf Objekte zusteuern zu lassen oder zumindest, etwa beim Säugling, ein Verhalten zu verursachen, das im Normalfall das Objekt veranlaßt, zu kommen. Im Verlauf dieses realen Erlebens und je nach der Eigenart des äußeren Objekts und der Umstände wird die zunächst diffuse Spannung in neue Qualitäten subjektiven Erlebens umstrukturiert, in neue Affektqualitäten und Befriedigungsmöglichkeiten und in neue Verhaltensmöglichkeiten.

So schreit zum Beispiel ein Baby zunächst nicht nach der Mutter und nicht in Erwartung einer bestimmten Befriedigung, ja, wohl noch nicht einmal mit dem Gefühl, Befriedigung zu brauchen; vielmehr schreit es allein, so stellen wir uns vor, aufgrund einer Unlustspannung. Die Mutter reagiert, und das Baby

2 Siehe ERIK H. ERIKSON, ebd.

ist befriedigt. Im Laufe solcher Erfahrungen wird die zunächst diffuse Spannung in eine zunehmend gerichtete Spannung organisiert, in ein Bedürfniserleben, das sich vielleicht zunehmend deutlich auf die Mutter ausrichtet.[3] Gleichzeitig mit dieser Gerichtetheit kommen Antizipationen der Befriedigung auf, ein Gefühl von Erwartung und Vertrauen vielleicht, und damit eine wachsende Fähigkeit, das Aufschieben der Bedürfnisbefriedigung zu erfahren.

Auf diese Weise entstehen viele neue Qualitäten des subjektiven Erlebens. Die Fähigkeit zu antizipieren wächst, ein affektives Erleben beginnt, und eine bestimmte Form der Organisierung von Triebspannungen zeichnet sich ab, wobei alles determiniert ist erstens durch die Potentiale, die dem Trieb innewohnen, und zweitens durch die äußeren Umstände, überwiegend der mütterlichen Versorgung, in der der Trieb seine Möglichkeiten zur Befriedigung findet. Es gibt für die letztendliche Beschaffenheit dieser neuen Funktionen und Erlebensformen noch eine dritte Determinante, denn unzweifelhaft ist das Ergebnis nicht bei allen Babies gleich, und wäre selbst bei identischer mütterlicher Versorgung nicht identisch. Die zusätzliche Determinante ist die initiale Konfiguration spannungsorganisierender psychischer Strukturen. Insofern wird der Triebdrang zunächst entsprechend jenen Dimensionen und Qualitäten des subjektiven Erlebens empfunden, die durch Faktoren wie Frustrationsschwellen, Ausgeprägtheit des Saugreflexes und ähnliche geprägt werden; bei letzterem scheinen manche Säuglinge schon früh die Spannung in gerichteterer Form zu erleben (als Bedürfnis zu saugen), während andere ein eher diffuses Spannungserleben auszudrükken scheinen - und so weiter.

Zu diesen Faktoren, die das initiale Spannungserleben determinieren, müssen viele weitere gerechnet werden, die das Wie all jener Funktionen beeinflussen, die in den Prozeß der mütterlichen Versorgung involviert sind. Es gibt Unterschiede in der Antizipationsfähigkeit, die es dem einen Baby schneller ermöglicht, erwartungs- und vertrauensvoll Spannungszustände zu steuern, Unterschiede bei der motorischen Koordination, allgemeine Unterschiede des Körperempfindens, wenn z.B. ein Kind beim Stillen gewiegt werden will, ein anderes nicht, oder das eine mehr

3 Dieser Prozeß wird diskutiert bei HANS LOEWALD: On the Therapeutic Action of Psychoanalysis. In: Int. Journal of PsA, XLI, 1960, S. 24.

Liebkosungen zu brauchen scheint als ein anderes usw. All diese Faktoren, die den initialen Modus der Spannungsorganisation und der psychischen Funktionen determinieren oder reflektieren (ganz zu schweigen von jenen Faktoren, die insbesondere das Wahrnehmen der Mutter prägen), führen zu Unterschieden im Ausmaß und in der Richtung der Entwicklung - nicht nur, was das Erleben der Triebspannung selbst betrifft, sondern auch bei unterschiedlichsten Funktionen, die unter dem Druck der Triebspannung entwickelt werden. Durch deren initialen Stil, wenn man in diesem frühen Stadium schon von Stil sprechen kann, kristallisieren sich mittels der mütterlichen Versorgung die subjektiven Formen des Triebes und die spezifische Gestalt der damit zusammenhängenden psychischen Fähigkeiten heraus.

In genau gleicher Weise kann dieser Prozeß auch für spätere Stadien der Triebentwicklung und Reifung allgemein beschrieben werden. Später, wenn der vorherrschende Funktionsstil schon klarer definiert ist, wird es sogar deutlicher, daß seine weitere Entwicklung unter dem Druck neuer Triebe nicht nur vom Wesen dieser Triebe oder den äußeren Umständen abhängt, sondern auch von seiner überkommenen Beschaffenheit, seiner eigenen Empfänglichkeit für Veränderung und Entwicklung, und das heißt: seine Entwicklung unter solchen Triebanforderungen besteht aus speziellen Differenzierungen allgemeiner stilspezifischer Tendenzen. So kann man sich z.B. vorstellen, daß ein frühentwickelter, aufgeweckter und aktiver kleiner Junge unter einer Erziehung, die das befriedigende Ausprobieren der eigenen willentlichen Schließmuskelkontrolle oder andere willkürliche und willentliche Funktionen unterbindet, aufsässig wird, während ein passiver Spätentwickler zum selben Zeitpunkt unter denselben Einflüssen nicht nur einfach passiv, sondern insbesondere unterwürfig wird.

Wie auch immer das Zusammenspiel zwischen stilmodifizierenden Tendenzen eines bestimmten Triebentwicklungs- und Reifungsstadiums einerseits und dem bereits vorhandenen Stil andererseits im einzelnen auch aussehen mag, das Ergebnis kann immer nur ein Kompromiß und eine wechselseitige Veränderung sein. Der Triebdruck mit den ihm eigenen Potentialen für neuartige Erlebensmöglichkeiten, Verhaltensweisen usw. und die entwicklungsbedingt neu gewonnene Ausstattung mit ihren dazugehörigen neuen Neigungen und Orientierungen differenzieren den allgemeinen Funktionsstil zunehmend in die eine oder andere Richtung aus, während letztlich diese Triebe und reifungsbedingten Neuorientierungen durch den bisherigen Stil organisiert und strukturiert werden. Wie sie subjektiv erlebt werden, wie sie sich im Verhalten ausdrücken usw., all das entspricht schließlich genau dem, was im allgemeinen für dieses Individuum charakteristisch ist.

Die steuernde und regulierende Funktion der Stile

Nachdem sich am Anfang das Interesse überwiegend auf das Wesen und Entwicklung angeborener Triebe gerichtet hatte, wandte sich die Aufmerksamkeit der Psychoanalytiker zunehmend dem Problem zu, wie Triebspannungen, die auf sofortige Entladung und Befriedigung drängen, gezügelt und kontrolliert werden, und wie und mit welchen Mitteln die Spannung aufrechterhalten und moduliert wird, womit das Individuum sich also stabilisiert. Das heißt, die Aufmerksamkeit richtete sich zunehmend auf den Einflußbereich des "Ich". Dieses Interesse war primär klinisch geprägt, denn bei neurotischen Zustandsbildern handelt es sich um den Zusammenbruch oder die fehlende Entwicklung der Triebspannungskontrolle, was zu Mißbehagen, Symptombildung und ungewöhnlichen Abwehrmaßnahmen führt.

Allerdings hat die Fähigkeit, die Entladung einer Spannung zu unterlassen oder aufzuschieben, auch noch eine weit allgemeinere Bedeutung. Die Entwicklung des Denkens und der Reflexion und Handlungsimagination anstelle des unmittelbaren Agierens, die Entwicklung und Differenzierung von Affekten, die Entwicklung all jener "höheren" Funktionen und die Modulation all der notwendigen Basisfunktionen und ganz allgemein die Transformation des Individuums vom Zustand relativer Hilflosigkeit gegenüber drangvollen Spannungszuständen hin zu der Fähigkeit, adäquate Befriedigung zu suchen, Intentionalität und "Willen" zu entwickeln - all dies beruht unter anderem auf einer zunehmend differenzierten Fähigkeit, Spannungszustände zu ertragen, aufrechtzuerhalten und zu beherrschen. Dabei geht es jedoch nicht um "Selbstbeherrschung" oder "Willensanstrengung" von seiten des Individuums, sondern es geht um eine Steuerung, die automatisch als Teil des Ichs fungiert, als Eigenanteil des Individuums.

Ich habe oben den psychischen Stilen und Strukturen eine organisierende und stabilisierende Funktion zugeschrieben. Ich habe diese Strukturen als konstituierend für die Kontinuität und Stabilität des Individuums beschrieben und sie in der Tat als Spannungsregulatoren angesprochen. Daher erhebt sich die Frage, welche Position und Funktion die Stile bei der Entwicklung dieser Triebspannungskontrolle einnehmen.

Ursprünglich verstand die Psychoanalyse solche Kontrollmechanismen als Gegenkräfte, die sich den Triebspannungen entgegenstellten und sie zügelten; später jedoch entwickelte sich ein strukturelles Konzept, zum Beispiel von Abwehrstrukturen, in denen solche Kontrollmechanismen und Hemmungen mehr oder weniger stabil verankert und konsolidiert sind. Ursprünglich herrschte die Vorstellung, daß diese zügelnden Gegenkräfte oder Strukturen ausschließlich unter dem Einfluß äußerer Realitäten entstanden, die Triebregungen bestraften, Befriedigung verweigerten oder sich insgesamt versagend verhielten. Spätere Überlegungen - auch hier spielt die Tatsache angeborener psychischer Apparate eine wesentliche Rolle - führten zu einer Erweiterung dieser Sichtweise. Selbst die Existenz minimaler angeborener psychischer Apparate impliziert gewisse angeborene spannungsregulierende psychische Strukturen. So war die Vorstellung, daß selbst die Spannungsabfuhrschwellen - zum Beispiel die Schwelle, oberhalb derer der Bewegungsapparat aktiv wird -, die festlegen, wie weit Spannung ausgehalten wird, als angeborene Kerne anzusehen sind, um die herum sich später differenziertere Strukturen zur Kontrolle oder Aufrechterhaltung von Spannung entwickelten.[4]

Dieses Konzept angeborener Kerne spannungsregulierender oder kontrollierender Strukturen erinnert uns wieder daran, daß die Vorstellung von der frühkindlichen Hilflosigkeit oder Passivität gegenüber Triebspannungen, also die Vorstellung der unmittelbaren Spannungsabfuhr, nur eine theoretische Extremvorstellung ist, ein Modell, das durch die Extrapolation von einer Tendenz entstanden ist. In Wirklichkeit ist es schlicht unmöglich, daß für irgendeinen psychologischen oder biologischen Zu-

4 Dieser Punkt wurde auch von DAVID RAPAPORT betont. Siehe DERS.: The Conceptual Model of Psychoanalysis. - In: Journal of Personality, 20, 1951, S. 56-81.

stand keinerlei spannungsregulierende Strukturen vorhanden sind. An dieser Stelle können wir uns in der Tat erneut fragen, ob unser Bild angeborener spannungsregulierender Elemente in so rudimentärer Form (etwa als Spannungsabfuhrschwellen) der Bedeutung solcher angeborenen Apparate wirklich in vollem Maße gerecht wird.

Wie bereits ausgeführt, nehme ich an, daß man aus der Vorstellung von einem Konglomerat angeborener psychischer Apparate das Bild einer initialen organisierenden Konfiguration extrapolieren kann, einer Konfiguration angeborener Ausstattungen, die das Erleben des Säuglings und seine Abfuhr der Triebspannungen (wie auch das Erleben von und Reagieren auf Außenreize) mit einer primitiven Organisation und Struktur versehen. Nun möchte ich die weitergehende Annahme diskutieren, daß eben diese initiale organisierende Konfiguration, die erste grobe Determinante des individuellen Stils, auch als initiale spannungsregulierende Struktur betrachtet werden kann, und zwar nicht allein im Hinblick auf bestehende Schwellen, sondern auch unter gewissen organisierenden Aspekten. Dies will ich weiter verdeutlichen.

Allgemein gesagt, kann ein Steuerungsmechanismus in Form einer spezifischen Gegenkraft oder eindämmenden Struktur existieren oder aber als Aspekt, sozusagen als Vektorkomponente einer Energieorganisation, die auch andere Resultate verfolgt und erreicht. Z.B. ist ein Staudamm hauptsächlich dafür gebaut, um elektrische Energie zu produzieren, aber die Transformation der an diesem Prozeß beteiligten Energie erfordert notwendigerweise ein Zurückhalten der ursprünglichen Kräfte. Und in der Tat sind Hemmung und Transformation von Energie in diesem Sinne notwendig miteinander verknüpft: Ohne eine Transformation kann keine kontinuierlich fließende Energie zurückgehalten werden, und eine Transformation ist nicht möglich, ohne daß zunächst Energie zurückgehalten wird.

Bei seiner Geburt ist der Säugling für bestimmte Modi des Erlebens und der Abfuhr von Spannung ausgestattet, das heißt, Spannungszustände werden in irgend einer Form, wie primitiv auch immer, organisiert. Er besitzt z.B. die Fähigkeit zu saugen, eine psychische "Disposition" zum Saugen, und eine "Disposition", auf die mütterliche Brust adäquat zu reagieren. Wenn diese angeborene Disposition gut ausgebildet und adäquat mit bestimmten physiologischen Fähigkeiten und Apparaten koordiniert ist, dann wird sich das, was sich sonst als diffuse Aktivität entladen würde, stattdessen als Saugen manifestieren, und was sonst als wenig differenzierter Spannungszustand erlebt würde, wird differenzierter und gerichteter erlebt.

In dem Maße, wie dies auftritt, kann man diese "Disposition", das heißt diese umfassende psychologische Ausstattung, die einen differenzierten Modus des Erlebens und der Abfuhr erlaubt, als spannungsorganisierende und spannungsregulierende Struktur ansehen. Man kann sich mit anderen Worten vorstellen, daß der Säugling, der in dieser Hinsicht besser ausgestattet ist, eine relativ höhere Schwelle zur Spannungsabfuhr in diffuse Aktivitäten hat, also in der Lage ist, mehr zu "tolerieren". An dieser Stelle wird es jedoch notwendig, die weitere Entwicklung spannungsregulierender Fähigkeiten in Betracht zu ziehen, um die Beziehung zwischen ihnen und den organisierenden psychischen Strukturen zu verdeutlichen.

Erinnern wir uns an den oben beschriebenen Prozeß, in dem die zunächst wenig ausdifferenzierten Bedürfnisse des Säuglings zunehmend organisiert und gerichtet werden. Mit der Zeit findet ein anfänglich wenig differenzierter Spannungszustand sein äußeres Objekt, und nach und nach lernt das Baby nicht nur, die Befriedigung zu antizipieren oder zu erwarten, sondern auch, die Spannung in einer gerichteteren Weise zu erleben und letztlich *nach* der Mutter zu schreien. Das bedeutet, daß eine neue, spannungsstrukturierende Ausstattung entwickelt worden ist. Was ist nun im Laufe der Entwicklung dieser neuen Ausstattung mit der ursprünglichen Spannung geschehen? Sie ist in ihrer ursprünglichen Form verschwunden. Wo eine relativ diffuse Spannung war, findet sich nun eine gerichtete, erwartungsvolle Aktivität. In dem Ausmaß, wie eine solche neue, organisierende Ausstattung geschaffen wird, wird die zunächst erlebte diffuse Spannung in *Intention* verwandelt; es wurde eine die Spannung haltende Struktur entwickelt, die sich von der organisierenden Struktur selbst nicht unterscheidet.

Zusammenfassend ist zu sagen: Wenn die organisierende psychische Ausstattung sich weiterentwickelt und die Funktionsmodi zunehmend ausdifferenziert werden, wandelt sich der Stand des Individuums von einer relativen Hilflosigkeit gegenüber Triebspannungen zu einem Zustand vermehrter Intentionalität, und relativ diffuse Spannungszustände werden in intentionale, gerichtete Aktivität und Erwartung umgewandelt. Ein

Aspekt dieses Prozesses ist dann die Entwicklung spannungsregulierender Fähigkeiten oder der Fähigkeit, die Spannungsabfuhr zu zügeln, zurückzustellen oder zu dosieren. Diese vergrößerte Fähigkeit, die Spannungsabfuhr zu beherrschen oder zu unterbinden, entwickelt sich nicht aufgrund einer kindlichen Willensanstrengung, sondern weil sich die Form der Spannung verändert hat; die Existenz von Antizipation, Erwartung und Gerichtetheit hat sozusagen die Bedeutung von Beherrschung und Zurückhaltung revidiert. Soweit die Spannung undifferenziert ist - wenn subjektive Strukturierung, Ziele oder Richtungen fehlen -, scheint sie zutiefst unregulierbar zu sein, und entsprechend häufig finden unmittelbare Spannungsabfuhren in der einen oder anderen Form statt. Auf der anderen Seite erfordert die Spannung, die zu Intention, Antizipation und gerichteter Aktivität umgeformt wurde, keine weiteren Zügelungen, sondern wird, in gewissen Grenzen, automatisch reguliert. Aus dieser Sicht sind die vermehrte Strukturierung der Spannung, gesteigerte Intentionalität und vermehrte Fähigkeit zum Aufschub der Spannungsabfuhr allesamt einzelne Aspekte desselben Prozesses.[5]

---

5 Wie die Beziehung zwischen diesem Prozeß und dem Prozeß, der als "binding" bezeichnet wird, aussieht, kann ich nicht sagen. Möglicherweise sind sie identisch. Siehe ROBERT R. HOLT: A Critical Examination of Freud's Concept of Bound versus Free Cathexis. In: Journal of the American psychoanalytic Association, X, No. 3, Juli 1962, 475-525.
Möglicherweise läßt sich in Verbindung mit der Wahrnehmungsentwicklung ein eingeschränkt paralleler Prozeß beschreiben. Man kann mit anderen Worten die Entwicklung der Wahrnehmung von einer relativen Passivität gegenüber Außenreizen und auch großer Ablenkbarkeit durch alles, was sensorisch beeindruckt, hin zu einer intentionalen, mobilen Aufmerksamkeit als Entwicklung einer wahrnehmungsorganisierenden Ausstattung beschreiben, mit der reifere Wahrnehmungs- und Kognitionsmodi aufkommen. SENDENs Beobachtungen an Blindgeborenen, die nach einer Operation sehen können und lernen, die optische Wahrnehmung zu strukturieren, nachdem sie durch Helligkeit, Farben usw. zunächst nur verwirrt waren, scheinen diese Ansicht zu stützen. Siehe: M. VON SENDEN: Notizen zur Raum- und Gestaltauffassung bei operierten Blindgeborenen vor und nach der Operation (1932). Siehe auch: DAVID SHAPIRO: A Perceptual Understanding of Color-Response, In: Rorschach Psychology, ed. M. RICKERS-OVSIANKINA. New York 1960, S. 154-201. In diesem Sinne könnte auch die von FREUD angenommene angeborene "Reizschranke" verstanden werden. Das heißt: Die Reizschranke wäre dann nicht nur als ein Schutzschild gegen zu starke Außenreize zu verstehen (ein Konzept, das

Stil und Abwehr

Die Beziehung zwischen Stil und Abwehr läßt sich einfach beschreiben. Der Funktionsstil eines Individuums - zum Beispiel beim Denken - charakterisiert dessen Abwehrmanöver genauso wie andere psychische Operationen und bestimmt ihre spezifische Gestalt. Eine nahezu gleiche Formulierung findet sich bei HOLZMAN. "Der Stil der Abwehr wird vom generellen Lebensstil des Betreffenden diktiert sein, wie er sich aus den Vektoren von Konstitution, Reifung und Erfahrung heraus entwickelt."[6] In einer anderen Formulierung, die mir aber weniger befriedigend erscheint, stellt er fest, daß der Abwehrprozeß Denkmodi "benutzt", die für das Individuum auch allgemein charakteristisch sind.[7]

All diese Formulierungen sind in gewisser Weise adäquat, aber nach wie vor höchst schematisch, und in der Tat enthalten sie bestimmte Unklarheiten, die nicht sofort erkennbar sind. Abwehrmechanismen können als spannungskontrollierende oder -regulierende Strukturen betrachtet werden, und m.E. spiegeln auch Stile bestimmte regulierende Strukturen wider. Sollen wir uns nun vorstellen, daß Regulatoren ihrerseits Regulatoren "benutzen"?[8] Auf jeden Fall ist es am besten, konkreter zu argumen-

---

eher ein passives Wahrnehmungsmodell zugrunde legen und kaum eine Unterscheidung zwischen psychologischer Reizschranke und anatomisch schützenden Gegebenheiten zulassen würde). Stattdessen kann die psychologische Reizschranke als Aspekt oder Resultat einer angeborenen Fähigkeit zur Wahrnehmungsstrukturierung betrachtet werden: Je besser die angeborene Strukturierungsfähigkeit, desto geringer ist die Irritierbarkeit durch undifferenzierte, jedoch beeindruckende sensorische Stimuli. Absolut gesehen, ist die Fähigkeit des Säuglings, seine Wahrnehmung zu strukturieren, natürlich begrenzt, dennoch mögen individuelle Unterschiede durchaus bedeutsam sein. Ich meine, wenn ich mir auch nicht sicher bin, daß Dr. SIBYLLE ESCALONA ebenfalls eine solche Sichtweise vertreten hat, als sie vor einigen Jahren im Austin Riggs Center einen Vortrag hielt.

6 PHILIP S. HOLZMAN: Repression and Cognitive Style. In: Bulletin of the Menniger Clinic XXVI, No 6 November 1962, S. 277.

7 Ebd., S. 281.

8 Wenn ich mich nicht irre, werden diese Definitionen noch weiter verkompliziert durch einen doppeldeutigen Sprachgebrauch, zu dem auch ich beigetragen habe. Psychologische Autoren gebrauchen das Wort "Stil" mit zwei Bedeutungen: Die eine beschreibt eine formale Konsistenz, die in der Regel aus formgebenden Strukturen resultiert. Andererseits jedoch wird

tieren und das zu illustrieren, was ich meine, wenn ich sage, daß die Abwehrfunktionen eines Individuums durch seinen allgemeinen Funktionsstil charakterisiert sind. Ich möchte dazu zunächst, so sorgfältig wie möglich, Abwehrfunktionen im Prozeß beschreiben, das heißt im Zustand relativer Instabilität.

Wenn ein Affekt, ein Triebspannungszustand oder ein Abkömmling des einen oder anderen, der mit extremem Unbehagen oder Angstgefühl einhergeht, bewußt erlebt wird oder erlebt zu werden droht, dann führt dies Erleben das Individuum dahin, entsprechend seinem Stil spannungsreduzierende Funktionen zu mobilisieren. Der Betreffende wird zu einem Gefühl, Gedanken oder Handeln veranlaßt, dessen eines, wenn auch nicht das einzige Ergebnis ist, daß das anfängliche Erleben und die dazugehörige Unlust aus dem Bewußtsein verschwindet.

Bevor wir dies mit einem Beispiel illustrieren, möchte ich auf zwei Aspekte einer solchen Sicht des Abwehrprozesses aufmerksam machen. Erstens ist das bewußte Individuum an diesem Prozeß aktiv beteiligt, nicht qua Entscheidung, sondern einfach durch das, was es ist. Dies widerspricht der "Marionetten"-Vorstellung, die es als passives, von der Abwehr vor Bedrohungen oder Unlustspannungen geschütztes Wesen betrachtet. Zweitens ist dieser Prozeß, sofern mit dem spezifischen und charakteristischen Erleben einer speziellen Spannung automatisch eine charakteristische spannungsreduzierende Funktion ausgelöst wird, ein Prozeß zur Selbststabilisierung und Aufrechterhaltung eines bestimmten psychischen Zustandes. Diese Sicht folgt mit anderen Worten jenen, insbesondere MENNINGER,[9] die ein "homöostatisches" Verständnis des Abwehrprozesses vertreten haben. Nun zu einem Beispiel.

Ein zwanghaft-gehemmter Patient - ein nüchterner, technisch denkender und aktiver Mann - blieb stets in auffälliger Weise ohne Enthusiasmus oder Aufregung, selbst wenn die Umstände eigentlich nichts anderes zuließen. Eines Tages sprach er über eine bestimmte Zukunftsperspektive für sich selbst, nämlich darüber, daß er gute Chancen hatte, in seiner Arbeit einen wichtigen Erfolg verbuchen zu können. Für einen Moment wurde sein nüchterner Gesichtsausdruck durch ein Lächeln unterbrochen. Nach einigen weiteren Minuten des Erzählens, in denen er seine Sachlichkeit nur schwer aufrechter-

---

"Stil" als formgebende Struktur verstanden. Letzteres scheint mir jedoch der angemessene Sprachgebrauch zu sein.

9 KARL MENNINGER u.a.: The Vital Balance. - New York 1963.

halten konnte, begann er sehr zögernd über bestimmte Hoffnungen zu sprechen, die er früher einmal gehabt hatte. Ein breites Lächeln zog daraufhin über sein Gesicht. Fast unmittelbar danach jedoch gewann er seinen üblichen, irgendwie besorgten Gesichtsausdruck wieder. Dabei sagte er: "Natürlich ist es überhaupt nicht sicher, was dabei herauskommt", und das sagte er in einem Ton, der, wenn er überhaupt etwas nahe legte, vermuten ließ, daß alles eigentlich nur scheitern konnte. Nachdem er etliche Möglichkeiten, wo die Sache einen Haken haben könnte, abgeklopft hatte, schien er schließlich sozusagen wieder er selbst zu sein.

Dieser Mann erlebte einen Affekt und eine Vorstellung (oder begann zumindest, beide zu erleben), die ihm sichtbares Unbehagen bereiteten. Ein Abwehrprozeß trat in Aktion, der die Intensität dieses Affektes und der dazugehörigen Vorstellung blokkierte oder zumindest reduzierte, und er gewann sein Wohlbefinden zurück. Wir wollen versuchen, einige Aspekte dieses Prozesses zu rekonstruieren.

Aus normaler Sicht wäre das Erleben und Ausdrücken einer gewissen Begeisterung eine eher triviale Angelegenheit - nicht aber für diesen Mann. Oft hatte er seinen Ansichten über "verfrühte" Hoffnung oder Begeisterung Ausdruck gegeben. Solchen Hoffnungen nachzuhängen war für ihn kindisch und unrealistisch. Während er einerseits keineswegs glaubte, das bloße Ausdrücken von Begeisterung könne die Erfolgschancen auf magische Weise verringern, glaubte er auf einer anderen, pseudo-logischen Ebene, daß das doch sein könnte. Er sah es nämlich so, daß Begeisterung dazu führen konnte, daß man "den Boden unter den Füßen verlor" und daher die Gefahr wuchs, sich unvorsichtig oder gedankenlos zu verhalten.

Diese Ansichten und diese phantastischen Gedanken können nicht an sich für das Blockieren des aufkommenden Affekts verantwortlich gemacht werden, denn er war, auch wenn ihm das vielleicht lieber gewesen wäre, genauso wenig wie irgendjemand sonst in der Lage, seine Gedanken willentlich zu beeinflussen. Die Art dieser Ansichten jedoch reflektierte die Qualität des erlebten Unbehagens, das dieser spezielle Affekt ihm bereitete, also die Qualität seiner persönlichen Übersetzung des aufkommenden Affekts. Er *empfand* diesen Affekt als leichtsinnig. Dieser Mann hatte in der Vergangenheit bei Anlässen, wo er einen ungewohnten Affekt empfunden hatte oder versucht gewesen war, sich einen Moment lang spontan zu verhalten, unter beträchtlicher Angstentwicklung das Gefühl erlebt, er könne "verrückt werden", "die Kontrolle verlieren" oder ähnliches, und man kann mit Sicherheit sagen, daß er bei dieser Gelegenheit etwas ähnliches erlebte, wenn auch in modifizierter und abgeschwächter Form. Genau genommen und entsprechend seiner subjektiven Definition erlebte er also keineswegs so etwas wie Begeisterung, auch wenn es zunächst danach ausgesehen hatte. Sein Erleben verwandelte sich blitzartig in ein anderes, vielleicht weniger moduliertes Gefühl der Erregung, eventuell erlebte er auch die Versuchung, leichtsinnig zu werden, und fürchtete sich davor.

Der Vorsichtige wird, wenn er spürt, daß er Gefahr läuft, seine Position leichtsinnigerweise zu überschätzen, Vorsichtsmaßnahmen treffen. Er hat sich nicht bewußt entschieden, ein vorsichtiger Mensch zu werden; er ist einfach so. Er überprüft seine Aussichten genau auf Schwachstellen und mögliche Probleme und findet auch ohne weiteres etliche davon. Dabei bildet er sich diese Schwachstellen keineswegs ein, sondern es gibt sie in der Tat, wenn sie auch eher fernliegen. Er jedoch findet sie mit seiner wachen, suchenden Aufmerksamkeit, zu der ihn seine ängstliche Anspannung treibt. Diese Schwachstellen, das Haar in der Suppe, dominieren dann seine Wahrnehmung, und charakteristischerweise verliert er zunehmend den Sinn für ihr wirkliches Gewicht. Ein solcher Ablauf läßt jede aufkommende Begeisterung oder Erregtheit ebenso wie das damit einhergehende Unbehagen - das Gefühl, leichtsinnig zu werden - aus dem Bewußtsein verschwinden, zumindest aber wird es in der Wahrnehmung beträchtlich reduziert. Nun braucht er nicht mehr gegen sein Lächeln anzukämpfen; er ist gar nicht mehr in der Stimmung zu lächeln. Dieser Prozeß ist nicht vom Patienten gewollt, und er kann ihn auch nicht willentlich vermeiden; aber er ist sehr darin involviert, und zwar nicht nur partiell, sondern als ganzer Mensch.

Wie ist dieser spezielle Abwehrprozeß zu beschreiben? Es handelt sich um nichts anderes als um die automatische Arbeitsweise des zwanghaften Funktionsstils selbst. Ein unlustauslösender Affekt, der mit dem existierenden Stil inkonsistent und für ihn nicht tolerabel ist, wird im Sinne dieses Stils wahrgenommen und erlebt ("leichtsinnig") und bringt das Individuum automatisch auf Gedanken und Verhaltensweisen, die die Spannung reduzieren und es zu einem mentalen Gesamtzustand führen, der dem Funktionsstil besser entspricht und in dessen

Rahmen der ursprüngliche Affekt und seine Unlust verschwinden.

Der Abwehrprozeß kann daher als Spezialfall der Wirkungsweise des allgemeinen Funktionsstils betrachtet werden: Nämlich als Funktionieren dieses Stils unter der speziellen Bedingung eines Spannungszustandes. Insoweit, als also jeder Stil ein spannungsstrukturierendes System darstellt, kann man ihm sich-selbst-aufrechterhaltende Aspekte zuschreiben, nämlich die Fähigkeit, ungewohnte Spannungszustände in vertraute, handhabbare Erlebensformen umzuwandeln; unter den Bedingungen besonderer Spannungszustände werden diese Aspekte besonders deutlich. So empfindet der Zwanghafte, der Gefahr läuft, sich zu einer für ihn ungewohnten Begeisterung hinreißen zu lassen, sogleich die Notwendigkeit, nach dem "Haar in der Suppe" zu forschen. Der Paranoide, der für einen Moment dazu neigt, in seiner Wachsamkeit nachzulassen, entdeckt unmittelbar darauf einen verdächtigen Hinweis auf Bedrohliches. Die Hysterikerin, die gerade dabei ist, eine klar definierte Position zu beziehen, spürt plötzlich deutlich ihre mangelnde Qualifikation und vergißt mit der sie überkommenden Verwirrung völlig, was sie eigentlich sagen wollte. Der Impulsive, der über eine ernsthafte, langfristige Planung nachdenkt, fühlt sich plötzlich unangenehm überlastet und spürt, daß ihm momentan doch nur eins wichtig ist, nämlich daß er schnell etwas zu trinken bekommt.

Auch wenn wir diese außergewöhnlichen Spannungszustände anhand eines entsprechenden Erlebens normaler Menschen beschreiben, sind sie für das neurotische Individuum nicht mit normalem Erleben äquivalent. Für den Paranoiden ist eine unachtsame Handlung ein Ernstfall, denn er fühlt sich dadurch verwundbar, und was gibt es anderes für jemanden, der sich verwundbar fühlt, als wieder und wieder zu prüfen, wie sicher er ist? Mit anderen Worten: In jedem dieser Fälle entsteht ein Spannungszustand, der nur gemäß dem existierenden Funktionsmodus erlebt werden kann und das Individuum ausschließlich in eine Richtung treibt, nämlich die, in der Spannungsreduktion möglich ist. Natürlich eliminiert ein solcher Prozeß nicht die ursächlichen Quellen dieser Spannungszustände - er verhindert lediglich, daß sie ins Bewußtsein dringen.

Im Grunde ist der Unterschied zwischen einem Abwehrprozeß bei außergewöhnlichen Spannungszuständen oder beim Zustand vorübergehender Instabilität und den stabileren Abwehrfunktionen nur graduell. Das defensive Funktionieren ist insofern ein Aspekt aller neurotischen Funktionen, und zwar ein kontinuierlicher, als jeder neurotische Stil tendenziell verhindert, daß aufkommende Affekte, Motivationen oder Neigungen, die nicht zu ihm passen, ins Bewußtsein vordringen. Unter bestimmten Bedingungen mag ein neurotischer Funktionsmodus so anpassungsfähig operieren, daß er das Aufkommen von deutlichen Spannungszuständen bis auf gelegentliche unwesentliche Vorkommnisse weitgehend vermeiden kann. Bei solchen Menschen, die zuweilen "gut integrierte" Neurotiker genannt werden, wird man die extremen Formen neurotischen Funktionierens, wie sie unter Destabilisierungs- oder Spannungszuständen auftreten, kaum beobachten können.

Aus dieser Sichtweise der Abwehr lassen sich bestimmte Schlußfolgerungen ziehen. Drei davon möchte ich hier anführen.

1. Der Abwehrprozeß kann nicht nur als Manöver eines speziellen triebhemmenden Mechanismus betrachtet werden, da der gesamte triebspannungs- und stimuliorganisierende Stil daran beteiligt ist. Im Gegenteil, wenn diese Sichtweise richtig ist, müßten die üblicherweise aufgezählten Abwehrmechanismen einer Analyse zugänglich sein, die nach daran beteiligten Denk- und Aufmerksamkeitsprozessen, Affektmodalitäten und ähnlichem fragt - mit anderen Worten, einer Analyse, die die Abwehrmechanismen als Aspekte oder Eigenschaften allgemeinerer Funktionsmodi begreift.

2. Da jeder Abwehrprozeß ein Aspekt der individuell charakteristischen Spannungsstrukturierung ist, schließt er nicht nur bestimmte mentale Inhalte vom Bewußtsein aus, sondern bestimmte *Klassen* mentaler Inhalte und subjektiven Erlebens. So werden beim Zwanghaften nicht nur bestimmte aggressive oder passive Impulse und deren Abkömmlinge vom Bewußtsein ausgeschlossen, sondern die gesamten dazugehörigen Klassen von Affekten, Kognitionen und motivationalem Erleben. Dabei ist festzustellen, daß dies Implikationen für die Psychotherapie hat: Man ist hier mit den Abwehrprozessen auf breitester Ebene konfrontiert, in vielen psychischen Inhalten einschließlich der scheinbar "oberflächlichen".

3. Der Abwehrprozeß ist, genau genommen, kein rein intrapsychischer. Da der gesamte Funktionsstil daran beteiligt ist, ist an bestimmten Punkten auch die Beziehung des Individuums zu seiner äußeren Realität involviert. So gesehen sind Handlungs-,

Wahrnehmungs- und Kommunikationsmodus des neurotischen Individuums wahrscheinlich allesamt, wenn auch in unterschiedlicher Weise und zu unterschiedlichen Zeiten, essentielle Elemente der Abwehrfunktionen.

Neurotische Stile und ihre Abwehrmotive

Wir haben festgestellt, daß durch jeden neurotischen Stil bestimmte Klassen subjektiven Erlebens und mentaler Inhalte aus dem Bewußtsein ausgeschlossen werden; können wir darüber hinaus davon ausgehen, daß ein solcher Ausschluß, mit anderen Worten: eine Abwehrmaßnahme, der ursprüngliche Anlaß oder das auslösende Motiv für die Entwicklung des neurotischen Stils war?

Mit Sicherheit gibt es für jeden Stil, neurotisch oder nicht, viele nicht-motivationale Gründe oder Ursachen. Ich meine nicht nur die angeboren-konstitutionellen und die Reifungsfaktoren, sondern auch zahlreiche Umweltfaktoren, physische, soziale und kulturelle, die das Klima ausmachen, in dem sich die angeborenen Potentiale entfalten. Diese Umstände in der persönlichen Entwicklung beeinflussen sicher die letztendliche Gestalt des psychologischen Stils, haben jedoch nichts mit Motiven oder Triebkonflikten zu tun. Die Tatsache, daß es vom Triebkonflikt unabhängige Quellen der Stilprägung gibt, bedeutet, daß die Ausgestaltung eines Stils niemals einfach nur dynamischen Faktoren wie etwa Abwehrbedürfnissen zugeschrieben werden kann. Andererseits können diese nichtmotivationalen Quellen eines Stils nicht allein für die Entwicklung einer Neurose und die Herauskristallisierung neurotischer Stile verantwortlich gemacht werden. Mit anderen Worten: Die jedem neurotischen Stil eigene, kontinuierliche und mit Unlust verbundene Abschwächung, Verzerrung oder Eliminierung jeglicher Tendenzen zu neuem Erleben und Funktionieren kann nicht auf diese nicht-motivationalen Quellen zurückzuführen sein.

Wenn ein relativ stabiler, erwachsener neurotischer Stil einer intolerablen Spannung ausgesetzt wird, ist zu erwarten, daß die stiltypischen Funktionen defensiv intensiviert werden, um die Spannung zu eliminieren. Bei Erwachsenen sind die Möglichkeiten, sich zu einem solchen Spannungsdruck zu verhalten, ziemlich festgeschrieben. Was aber passiert unter vergleichbaren

Umständen in der Kindheit? Was geschieht, anders gesagt, wenn ein Kind einer außergewöhnlichen Spannung ausgesetzt wird - nehmen wir an, einer neuen Triebspannung, für die noch kein Befriedigungsmodus und keine strukturierende Form entwickelt werden konnte, wobei, nehmen wir weiter an, die äußeren oder inneren Bedingungen so sind, daß sie die Entwicklung, das heißt Ausdifferenzierung solcher Formen aus den bestehenden Formen verhindern?

In den meisten Fällen ist die Antwort offensichtlich: Wenn kein Modus entwickelt werden kann, der die bestehende Triebspannung in eine modulierte Form mit angepaßten Abfuhrmöglichkeiten umwandelt und die Entwicklung der affektiven Potentiale, Handlungsfähigkeiten und ähnliches, die zu dieser Spannung gehören, zuläßt - dann wird ein Modus entwickelt, der die Spannung auf andere Weise eliminiert. Dann werden die organisierenden Formen so ausdifferenziert, daß sie die Stabilität in genau der Weise wieder herstellen, wie ein erwachsener neurotischer Stil auf Abwehrebene funktioniert, indem nämlich die Spannung oder einzelne Aspekte derselben aus dem Bewußtsein verbannt werden. Die Unlust verursachende und intolerante Triebspannung bringt also das Kind dazu, entsprechend seinem bisherigen Stil und entsprechend der speziellen Art und Weise, in der es diese Unlust erlebte, Gefühle, Gedanken oder Aktivitäten zu entwickeln, die geeignet sind, die Spannung zu reduzieren. Neue Affekte, Denkformen und Verhaltensweisen entwickeln sich, schöpfen jedoch nicht das volle Potential des jeweiligen Entwicklungsstadiums aus. Folglich gibt es etwa statt eines neuen Gefühls von Stolz und Neugier auf das Ausprobieren neu erworbener, selbst bestimmter Fähigkeiten eine neue Rigidität und Scham. Statt eines aktiven Verfolgens neuer Interessen herrscht Hemmung vor, usw. Eine neue, aber neurotische Differenzierung hat sich aus dem allgemeinen Funktionsstil herausgebildet, und eine relative Stabilität ist auf eine Weise wiederhergestellt worden, die nicht nur die Triebe, sondern auch die Ich-Entwicklung verzerrt und einschränkt.

Solche neurotischen Differenzierungen haben einen interessanten Nebenaspekt. Einerseits, nämlich sofern sie die normale, umfassende Entwicklung von Kognition, Affekt und Aktivität einengen und zunehmend stabil werden und sich selbst aufrechterhalten, führen sie in eine Sackgasse. Andererseits führen sie häufig zu Hypertrophien, wenn sie ihre Abwehrzwecke durch die Entwicklung spezieller Funktionsverzerrungen gewährleisten; im Vergleich mit Normalen finden wir bestimmte Fähigkeiten mit bestimmten adaptiven Vorteilen überentwickelt. Der impulsive Mensch verfügt so vielleicht über exzellentes praktisches Know-How, der Psychopath wird etwa als überaus charmant und liebenswert auftreten, der Paranoide hat möglicherweise eine außergewöhnliche Beobachtungsgabe, der Zwanghafte kann ausgesprochen ausdauernd arbeiten usw.

Wir können also schlußfolgern, daß die Erfordernisse der Abwehr mit Sicherheit den Verlauf der Stilentwicklung beeinflussen. Allerdings läßt sich REICHs Behauptung, daß sich unter bestimmten Triebbedingungen im resultierenden Charakter die spezifische Qualität der externen Unterdrückung spiegelt, nicht aufrechterhalten. Im Gegenteil, das Ergebnis, die neurotische Differenzierung, ist außerordentlich unterschiedlich, je nach den zuvor vorhandenen Funktionsmodi. Dieser Tatsache schreiben wir übrigens die klinische Alltagserfahrung zu, daß eine dynamische Erklärung retrospektiv vollkommen begründet sein kann und doch recht wenig Möglichkeiten bietet, eine Entwicklung vorherzusagen. Es liegt in der Natur der Sache, daß dieselben Triebgegebenheiten und äußeren Realitäten eine Vielzahl unterschiedlicher Ergebnisse zeitigen, und wir können uns daher höchstens partielle Korrelationen zwischen solchen Umständen und dem daraus erwachsenden endgültigen psychologischen Zustandsbild erhoffen.

Register